U0059726

台灣山地傳道記

上帝在編織

原著｜井上伊之助

漢譯｜石井玲子

校註｜鄭仰恩、盧啟明

目錄

CONTENTS

一九五九年十一月十六日攝於日本靜岡縣清水市

神學生時代

一九〇八年三月結婚當時

一九一二年春天妻千代與長子獻

一九五三年五月廿六日
攝於日本靜岡縣清水市東海大學
井上伊之助伉儷

井上伊之助伉儷及三子井上進伉儷
一九五六年三月十八日金婚紀念攝於大阪

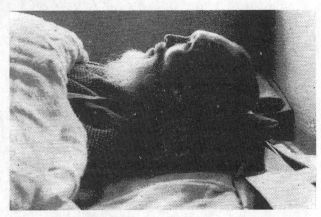

一九五九年四月躺臥床上之井上先生

最初進入深山之加拉排原住民

一九三一年攝於台中州眉原部落

一九三三年攝於馬烈霸部落，左端著白衣戴安全帽者為井上先生

一九三二年三月抵達馬烈霸部落一週時在工事中之診察室所照

1936年夏天內茅埔部落布農族之舞蹈
左側大樹後的家就是診療所及住宅

布農族出外狩獵

紋面的台灣原住民婦女

泰雅女子一九三五年攝於馬烈霸部落

一九三一年三月十八日銀婚紀念
前左起知惠子、伊之助、千代、祐二
後左起正明、獻、路得子、進

一九一三年與長子獻、次子正明一起攝於樹杞林加拉排部落

墓（日本埼玉縣入間紀念公園）
墓碑：トミーヌン・ウットフ（台灣泰雅族語：上帝在編織）

漢譯版初版序一
我敬愛井上伊之助先生

他的愛、信仰與堅忍，深深地感動了我。
年輕時，他的父親被原住民殺害，
但因耶穌的愛，他赦免了原住民的作為
而立志到台灣醫療傳道。

數年後，他抵達台灣的原住民部落。
他遭遇到了許多的苦難，
日本政府也禁止他傳道。
但三十多年如一日，他默默地實踐了耶穌的愛。
日本戰敗後，他不得不離開心愛的台灣，回去日本。
那時，他還看不見他勞苦的結果。

十數年後，我去拜訪他，
他已老邁病弱地躺臥在床上，
我對他說：我是原住民神學校的校長，
現在已有成千上萬的原住民熱心信主耶穌。
他的臉忽然充滿了無上的喜樂而感謝上帝說：
上帝用我做肥料，使福音的種子發芽了。
聽了，我深受感動。

他那三十多年的血汗與眼淚的日子，
確實成為最好的肥料，
使福音的種子發芽，
使信望愛的花盛開了。

切望，我們都能學習他的為人，
成為有淚、有血、有愛的人。

高俊明
一九九六年十月廿六日

恭祝 石井玲子女士將井上伊之助先生
的「台灣山地傳道記」譯成中文
我要誠懇地鼓勵更多的人讀它
而成為更能榮神益人的人
主耶穌說：你們要彼此相愛，我怎
樣愛你們，你們也要怎樣相愛，你
們若有彼此相愛的心，眾人因此就認
出你們是我的門徒了
　　　　　約翰福音十三章34、35節
主後一九九六年十二月 高俊明敬題

漢譯版初版序二

　　我是《台灣山地傳道記》著者——將一生奉獻在台灣山地傳道的井上伊之助——之三子，名叫井上進。

　　今年（一九九六）是家父逝世後滿三十年，為了紀念家父，身為人子的我認為這是我最後所能盡的孝順，決定將父親的傳道記，自費再版出版，想要送給許多親朋好友，最近，好不容易地終於由東京新教出版社來發行。目前的台灣，到底尚有多少人能懂得日文，我覺得很不安，正在這個時候，突然接到石井玲子女士的電話，告訴我，她讀了父親的書——《台灣山地傳道記》，十分感動，正在將它翻譯成中文，希望我能答應，對我來說，這真是及時的幫助，所以我立即就答應了。如此一來，父親的書在台灣能讓許多人閱讀，若在基督教傳道上能有所助益的話，實在萬幸。

　　青春時代大半在台灣度過的我，實在是禁不得思鄉之苦，事實上，我及內人去年一整年都在住院療養中，現在雖然出院了，卻仍在門診治療中，年齡也已經七十六歲了。不知是不是去得了台灣。可是，在心情上，我是一定要再去台灣的。

　　最後，我祈願石井女士的健康及今後越來越發展，也衷心地希望住在台灣的人幸福，鞏固的基督教信仰，能夠更加地堅強。

井上進

日本大阪府岸和田市岡山町七八〇之四九

校譯者新版序
恬恬的見證者
──井上伊之助先生

　　毫無疑問的，原住民（包括所謂的高山族及平埔族）一直是台灣社會最弱勢的族群。他們原本是台灣島嶼的主人，但長期以來卻在外來殖民勢力的壓制與剝削，以及漢人移民的侵佔與掠奪下，逐漸喪失文化和族群的生機。不但土地權、經濟權被剝奪，連「族我認同」也幾乎喪失殆盡，成為一個僅存「認同之污名」的「夕陽族群」。在這種困境下，他們或自屈於苦悶破敗的老舊部落裡殘喘掙扎，或被迫在現實無情的現代都會底層裡流竄。他們的故事往往令人聞之欲哭無淚，思之欲振乏力。可幸的是，近廿年來風起雲湧的原住民運動，至少已經為爭取人性最後的基本生存尊嚴而發出過沉痛的吶喊。不過，可悲的是，就連這個曾經令人燃起些許盼望的運動，也在統治者的刻意操弄下隨時可能面臨崩離的命運。從台灣歷史的角度來看，我們發現過去真正用心關懷原住民的人，實在太少。

　　從另外一個角度來看，原住民在教會中的處境似乎也未能有顯著的改變。自基督教傳到台灣以來，原住民往往成為宣教最直接且最有效的對象。不過，基督的福音所帶給他們的，卻是兼有正負面的印象的雙重感受。一方面，他們經驗到「靈裡的自由與解放」，

更在基督徒的新「信仰認同」裡找到生命的尊嚴與意義。但另一方面，早期宣教師對原住民傳統文化的忽視、不了解，甚至壓制，也讓他們逐漸喪失原本賴以生存的價值體系及「文化認同」；此外，在「集體改教」（mass conversion）的宣教模式下，原住民教會雖然被譽為「二十世紀的神蹟」，但這同時卻也隱含著將他們僅僅化約為「宣教之數字」的危機。近年來，有識之士都已深深體認到，原住民仍然是台灣教會在資源上、經濟上、以及權力分配上最為弱勢的一個族群教會。坦白說，台灣教會史中能真正用心關懷原住民的人也是不多。

翻開台灣教會史的記錄來看，如果我們跳過十七世紀荷蘭、西班牙時期的宣教不談，近代台灣的原住民教會史，其實是開始於日治時期的「禁教」處境中。在那種艱難的環境下，有兩位宣教師開始在原住民當中散播福音的種子：一位是以六十七歲之高齡來台灣東部擔任自給宣教師，與阿美族及卑南族（普悠瑪族）人相處，因過著清苦簡樸生活而被稱為「聖人」，後因「營養失調」而死在台北馬偕醫院的加拿大聖公會葉資牧師（Narcissus Peter Yates）；另一位則是在日本聖書學院唸書時，得知父親在台灣東部太魯閣山谷內被太魯閣族人殺死，矢志要以耶穌基督的福音來向台灣原住民報「殺父之仇」，在「理蕃政策」無法直接傳道的環境下，前後三十多年間以醫生的身分在台灣各地為原住民服務的日本人井上伊之助先生。雖然他們倆人的宣教並未有實質的成果，甚至從「得人」的角度來看，可以說是失敗的，但是他們所表現出來的信仰熱誠及宣教精神，卻是充沛無比、感人至深。這種出於信仰，發之於愛的「精神力」，可以說是基督教宣教史上最重要的見證。無疑的，他

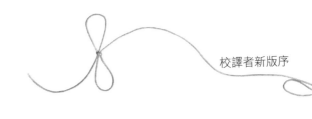

們是台灣原住民宣教史上最令人難以忘懷的「恬恬見證者」。

　　《台灣山地傳道記》一書，就是井上伊之助先生根據其在台灣原住民當中行醫傳道的經驗與探查所寫成的。他於一九一一年抵台，在新竹州加拉排地區工作六年，後來一度因為健康關係返回日本治療，其後並在種子島傳道，一九二二年再度來台，在平地巡迴傳道，並順路訪視各原住民部落且行醫，一九二六年起在台中州原住民各部落服務，太平洋戰爭後轉往台北仁濟院及松山養神院服務，二次大戰後還在羅東服務一年，一九四七年間才因二二八事件之政治情勢等因素，被遣送回日本。這本書是由井上氏於一九二六年出版的《生蕃記》以及一九五一年出版的《蕃社之曙》所合成，於一九六〇年以《台灣山地傳道記》為名出版。一九九六年剛好是井上氏過世三十週年，其三子井上進將其再版發行，以為紀念。

　　過去許多人都只知井上伊之助之名，而不知其人其事。數年前旅日台灣人黃聰美女士，因為長期以「井上魯鈍」之名捐款給致力於台灣獨立運動之「台灣青年社」，而在過世後引發許多海外台灣人的悼念，井上伊之助之名也因聰美女士之引用而受到台灣人的注目。事實上，在本書附錄中所收「井上伊之助的生涯」一文，就是由黃聰美女士之夫婿伊藤邦幸醫師（於一九九三年過世）所著。正因如此，這次井上先生的遺世之作經由中崙教會石井玲子執事之苦心翻譯，而得以在台灣面世，讓更多人得以從井上先生之自述而一窺其事蹟，實在是極具歷史意義。事實上，本書除了充分反映井上先生的個人觀點之外，它也能讓讀者對日治時期台灣原住民之歷史、文化、生活實況，以及宣教經驗有更深刻的了解，更提供了不少有關當時日本基督徒如賀川豐彥、內村鑑三等對台灣處境之觀點

的資料，可以說是彌足珍貴。

井上先生在本書中，對台灣這塊島嶼以及台灣原住民之未來命運所表現出來的真實關懷與疼惜，著實令人感動。譬如，他在一九五一年五月三日所著「台灣將往何處去」一文中提到，毛澤東主張台灣當然是屬於中共的，蔣介石主張台灣應屬於在戰爭結束的時候，從日本手中接收之國民政府所有，英國政治家主張應歸還給日本，美國政治家則主張台灣應交由聯合國處置，而在那之前，是屬於日本的。相對的，對井上先生而言，台灣雖然歷經荷蘭、西班牙、鄭成功、滿清、日本的統治，但就台灣原住民族的觀點來看，這塊土地歷代以來就由其先祖所治理，他們理應享有主權。這段寫於「舊金山對日和約」簽訂前四個月的文字，可以說充分表露出井上先生對台灣處境的深刻理解，更真切反映他對台灣的關懷與大愛。認真分析起來，他的這段描述，至今仍有其適切性，令人沉思再三。

另外，他在「論台灣原住民之命運」一文中也明確指出，原住民雖被日本文明人視為野蠻人，但他們並非「異人種」，而是肉體與精神都與我們相同的人。任何人若願意去觸摸他們的心靈，就必能與他們培養合一且互相認同的感情。正因如此，井上先生早在一九二五年為《生蕃記》所寫的序言中就已明白表示，他向來就不贊成「蕃人」、「生蕃」等帶有輕視意味的名詞，而寧可稱該族人為「泰雅族」或稱全體原住民為「高砂族」。他本身就是最早主張廢除這些用語的人。另外，在該序文中他也指出，他之所以會使用這些名詞，主要是怕讀者難以理解而沿用俗稱，絕無輕蔑之意。也因如此，石井女士在本譯文中一律使用「台灣原住民」來取代上述

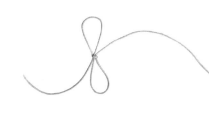

舊稱。我想這實際上正是延續了井上先生的寫作精神。

　　誠願所有讀這本書的人都能因井上先生「恬恬的見證」而心有
所感。

鄭仰恩
一九九六年十二月廿日

再版序
感謝的話

　　因為協助《台灣山地傳道記：上帝在編織》一書的再版工作，
再度加以細細展讀，發覺本書的幾個獨特之處，在此簡單分享：首
先，本書展現了井上伊之助這位獨特歷史人物的一生及其內心世
界，往往在平實的語調中讓我們深刻感受到他那沈潛內化的信仰熱
誠和深厚情感，當我們讀到他面對父親遇難的心境，以及在艱險的
生活環境中面對自己數度感染疾病、妻子患傷寒症，特別是 1937-45
年間長女路得子、次子正明、次女知惠子接續過世的情景時，不禁
令人悲從中來、不能自已。其次，井上的敘事呈現出他眼中的台灣
和原住民世界的美好風貌。本書雖然不像馬偕的《福爾摩沙紀事》
那麼豐富多元地呈現台灣島國的風土人情，但井上對泰雅族傳統文
化、習俗、語言、倫理規範的描寫，以及他對台灣於荷西時期宣教

事蹟的回顧，都顯示出他對這塊土地與人民的委身和熱愛。第三，藉著井上的述說，讀者更可以一窺當時代發生的重大事件或議題，例如霧社事件、日本軍國主義、二次大戰後的台灣歸屬問題，甚至二二八事件等。另外，由於井上獻身台灣山地傳道的決心與熱忱受到當時日本督教界相當的注目，因此，本書有不少敘述他跟當時對台灣教會深具影響力的重要人物（包括矢內原忠雄、內村鑑三、賀川豐彥、河合龜輔、植村正久、大谷虞、上與二郎、中田重治等）第一手相處、會遇的經驗，非常珍貴。當然，書中也有述及一些本地人物如高俊明牧師、樂信 瓦旦（林瑞昌）醫師等。整體而言，再次閱讀本書，深深感覺到它的歷史價值與意義，誠摯地向讀者們大大推薦。

最後，要特別感謝石井玲子女士在翻譯和審閱上的用心與堅持，林文欽社長的大力支持，安力‧給怒（賴安淋）牧師提供的畫作，達亞‧尤命（Taya Yumin）先生從頭到尾審閱泰雅語的人名、地名及專有名詞，林婉君小姐在美編上的細膩與用心，以及在審訂和編輯過程中出力最多的盧啟明先生。沒有他們的熱誠參與和付出，本書是無法完成的。

鄭仰恩
二〇一六年一月十七日
嶺頭台灣神學院

譯者新版序

（一）一九九七年版

　　今年中崙長老教會成人主日學開了一門課程：「先人的腳蹤」，敘述馬偕博士及信仰前輩們如何在台灣獻身奮鬥的事蹟。接著七月又邀請鄭仰恩牧師來本教會特別講座「台灣基督長老教會的歷史」。當我提及看了井上伊之助先生的《台灣山地傳道記》，深受感動，有意將它翻譯成中文，以讓更多人知道他的事蹟。鄭牧師積極的鼓勵我，所以才疏學淺的我，竟然如吃了猛藥般，埋頭苦幹地著手翻譯。其間為了考證及尋找資料，在中央圖書館台灣分館 [現國立台灣圖書館] 遇到師範大學施添福教授，他指導我如何尋找山地的地圖，讓我一下子就解開了一大段歷史地理的疑難，詩詞部分亦得到台灣神學院高天香博士不吝賜教，接著又受到許多信仰前輩的鼓勵及協助，才得以完成這項工作，謹在此致謝。

　　井上伊之助先生業已逝世三十週年，當他深入台灣山地時，正值日本統治台灣，台灣總督府特設專門機構來管理台灣原住民，並高築鐵絲網通高壓電來隔離他們。井上先生冒著生命的危險，以「基督的愛」來「報父仇」──深入台灣山地為他們服務。但是礙於政治因素，僅以祈禱及自己的言行來「愛」這些原住民。我無意高舉他，僅將事實（他的著作）翻譯成中文，希望原住民知道，曾經有個人這麼深愛著他們。經由他的愛，進而更體認到上帝的大愛。因擁有愛，以致燃起希望，勇敢地、堅強地、積極地創出輝煌的人生。一線一梭、一步一腳印地編織出美麗的布來。對於基督徒，希望藉著他的事蹟，能深思自己的使命及天賦，完成上帝所託

負的使命。而對一般人，則希望能經由此書，得知基督徒的真愛，進而受感動成為基督徒。

本書翻譯期間，我每週末皆在中央圖書館台灣分館查核資料。本文中凡用 [ ] 符號標誌者，皆是我為了使讀者更加明瞭而加以註釋的。我也曾數次前往新竹尖石鄉，有時也在夜裡去尋訪，體驗當年井上先生在沒有水電、極不自由過著原始生活的情景。也深入到梅花教會，走訪書中所提到的加拉排、西拉克、天打那等地方。也得到嘉樂教會李有德傳道帶路及介紹長老，考證本書所提及的地名、人名及風俗習慣、語言，才得知井上先生當時實在極深入原住民生活及熟識當地語言，也許有些語言已不合現代時尚，但仍極具意義。

另外，經由本書，得以認識陳忠輝牧師及其公子陳克理牧師。他們也提供我許多珍貴的資料，感激不盡。陳忠輝牧師更因本書而與三十多年毫無音訊的井上　進先生取得連繫，彼此都很高興。他們都是活生生的見證人，證實書上所記絕無虛構。

本書乃是依據井上先生一九九六年再版本翻譯，此書包括一九二六年、一九五一年以及一九六〇年出版的《台灣山地傳道記》等，其中三一〇頁至三一二頁"仰望富士山"及其他極少部分之詩詞，因與台灣無關連，所以省略掉，敬請鑒諒。

本書承蒙高俊明牧師恩賜墨寶及鄭仰恩牧師在百忙中寫序文，實在感謝，又蒙會友幫忙照片翻拍及賴安淋（安力·給怒）先生封面設計，無限感激。對於答應出版的人光出版社、社長張立夫牧師，不僅極力協助並賜予跋，不勝感激。此外也蒙其他同仁極力幫忙，本書才得以順利出版，在此一併致上萬分的感謝。

石井玲子

一九九六年十二月十五日

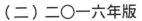

（二）二〇一六年版

　　時間飛逝，轉眼間距離中文初版（一九九七年）已經過了將近二十年了，台灣在各方面改變了許多，台灣本土化意識也提高很多，書中所提人物也好多人安息歸天了，井上伊之助先生三子井上進夫婦也安息了，其實在初版出版時，他們夫婦身體都不太好，雖然我極力邀請他們前來台灣，因為健康因素而無法成行，不過達成他們的願望完成中文版，所以十分高興，連新教出版社社長秋山憲兄先生也來台灣與我見面，我也很高興彼此在主內的交通。

　　現在原住民所居住的高山管制區也都開放了，連當初井上先生第一次入山的內灣，如今已成了非常熱鬧的觀光區，當年他服務的地方都已經相當進步，他所留下來的記錄就成為非常重要的資料，沒有這些資料，我們無法去想像當年他所面臨的危險及艱辛，為了堅持他的決心，他所遭遇到的挫折，若不是信仰帶給他的力量，他所做的工作至他被遣送回國都沒有看到成果，卻是何等可貴，他的生命是何等高貴，是我所望塵莫及的。

　　此次前衛出版社林社長在林恩朋先生的介紹下找到我，希望能夠再版讓更多人知道井上先生以及他的事蹟，在一年多前我被診察患癌，領了重大傷病卡，覺得生命有限，而二〇一五年正值台灣基督教傳教一五〇週年紀念，二〇一六年則是本書原著井上伊之助逝世五〇週年忌，暨父親井上彌之助逝世一一〇週年忌，歷史意義非常重要，所以加緊再翻譯一次，懇請鄭仰恩牧師鼎力幫忙將初版所不足的地方，如原住民泰雅族文字，人名、地名，以及井上先生當時所提及的人事物都盡量詳細整理，希望能夠將最好的東西遺留下來，讓讀者更能夠瞭解他的生平意義，其他協助本書的多名人士在此一併致謝。

石井玲子
二〇一六年六月

日文原著再版序

　　我是個能力、資格都沒有的人，也不考慮自己的身分，惟恐會玷污了聖名，僅以衷心地對井上伊之助先生的感謝，以笨拙的言詞來記述。

　　井上先生一九二六年末被任命為醫務囑託[約聘]而進入台中州白毛社時，歌詠著：

　　"主的聖靈激勵著軟弱的我催促我前往白毛山。"

　　我認為井上先生終其一生，全是領受聖靈引導的順從的生涯（那是經由井上先生的祈禱來完成的）。井上先生真正是個祈禱的人，以祈禱做為惟一的武器深入台灣山地，將生死置之度外，拚命地工作。井上先生從接受呼召使命，至蒙召歸天為止，無論做什麼、如何地祈禱、又如何地持續祈禱，並且如何在全家族重大犧牲中度過艱難勞苦，本書中均有詳細記載。但是，我常自省有無粗覽謙遜的井上先生的記述，是否汲取了藏在字裡行間的井上先生內心深處的想法？

　　一九五三年五月，清水市要舉行井上先生的感恩聚會時，有一位曾經去訪問當時居住在楠仔腳萬部落的井上先生，之後終生與他親密交往的政池仁先生在《聖經的日本》雜誌上寫著：「雖然我們必須感謝在這世上曾經盡心為國家工作而得到文化勳章的許多人，但是為了上帝的聖國在工作的人，由於工作實在太大，以致於在這世上沒有得到正確的評價，甚至毫無顧念他們。」

　　這世間雖然忽略了井上先生，但是「上帝的眼睛是大的」。我

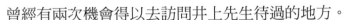

曾經有兩次機會得以去訪問井上先生待過的地方。

最初是一九七四年六月，去台北市郊外的「內湖」這個地方之「小診所愛生醫院」，現在這個名字仍存在著，當我把《台灣山地傳道記》的相片出示給鄰居老婦人尤秀梅女士看時，她立即感慨萬分地說：「就是這個人！」「井上先生及太太都是非常親切的人，井上先生的腳有點不自由。曾盡力過自來水的建設，實在是個偉大的人。」當我瞭解到《台灣山地傳道記》裡所記載的一個又一個紀事是如此真實時，內心非常激動。

第二次是一九八九年三月，與堤道雄先生、土屋孝一兄、石倉啟一兄一起去訪問井上先生在一九一一年末最初派赴勤務所在地的新竹州加拉排部落（今為尖石鄉嘉樂村）。

在深山裡，有一間十分壯觀的「梅花教會」，泰雅名為沙卡斯・他侯斯，有位漢名陳光松的牧師（其父親對井上先生十分詳知）熱烈歡迎我們，在晚上的聚會中，聽到年輕的弟兄姊妹們以優美的歌聲合唱泰雅語聖詩，我內心不禁火熱地輕呼著：「井上先生，請聆賞。」

第二天，山麓的尖石教會高萬金 [布興・大立] 牧師以車子帶我們去嘉樂村內拜訪三、四間教會，在車程中，他這麼見證著說：「井上先生一面祈禱，一面十分親切地為我們醫療服務。雖然當時日本政府並未許可傳揚基督教的自由，但藉著井上先生的生活，他的言詞就傳達了福音，因此日本戰敗後，平地的莊聲茂牧師來傳道時，我們馬上就很容易地接受信仰了。」

我很慎重地留意高牧師的這番話，將它深深地刻在我的心版上。

　　井上先生的太太也真是個柔和謙遜的人，在我們心目中，她的言詞、眼神是無論到什麼時候都無法忘懷的。

　　愚拙又無法道盡的回憶，全是在對井上進先生伉儷的孝心驅使下所記述的。

　　惟願一切榮耀歸與上帝！

石原正一

一九九六年七月廿日

日文原著初版序
寄望於《台灣山地傳道記》

　　去年 [一九五九] 我國曾經盛大舉行基督新教日本宣教百年紀念會，在那場合上，若要表彰功勞者，有一個人是再怎麼樣都無法令人忘記的，那就是這個著作集的作者井上伊之助先生。因為他畢生事業就是在台灣傳道，類似李文斯敦在非洲的傳道。當然在規模、舞台、成果上無法相提並論，但是我認為在傳道動機之美，徹底信賴上帝當作傳道的武器這一點上，還有冒著傳道的危險、困難、為時之漫長、為此而付出莫大犧牲等等，都是值得在世界傳道史上加以著墨的。——我這樣寫出來，明知會遭這位生性隱忍、不愛出風頭的井上先生責備，可是，我若沉默不語，連石頭都會喊叫出聲的。井上先生的台灣傳道動機，就是要對殺害他父親並取其頭顱的台灣原住民「報父仇」。惟僅這個理由而已，並不是受到教會或傳教機構之命令或委託，也不是出自台灣教化的勇猛心。他僅是對不共戴天有殺父之仇的敵人，也就是對台灣原住民的咒詛，因著基督的愛被溶化，而迸出了對敵人的愛而已。基督在十字架上時，曾經祈禱著：「父啊，赦免他們，因為他們所作的，他們不曉得。」（路加福音廿三章卅四節）他只是想傚效愛敵人的那種大愛。

　　這件事，雖然井上先生被說成是「報父仇」，這樣的說法在歐美人中似乎理所當然，可是對今日的日本人來說，卻是根本令人無法理解吧，與其說是「將炭火放在敵人頭上」（羅馬書十二章廿

節），還不如說是在愛的純度、強度上有更強大的東西在催策著。事實上，若說井上先生對於台灣原住民的愛是「報仇」，實在還不足以表現它的強烈。正因為如此，他將這世間所有的東西都捨棄了，為了草莽凶暴的台灣原住民，奉獻上自己全部的生涯。當他的愛女路得子蒙召時，雖然他身居近處，卻也沒得見她最後一面，為了台灣原住民，他是如此不顧一切地拚命工作，在那時的信上，他如此寫著：「這一切皆因為我的無知、不信和禱告不夠所造成，特別是對於同胞（正在生病的未開化人）的愛與親切不足夠的緣故，上帝准許撒旦來打擊我的小孩。」

我認為，井上先生的傳道最令人尊敬的是，他始終以禱告做為傳道的惟一武器。他是一個祈禱的人，對他來說，祈禱就是他的一切，在犬吠崎的松原，經由祈禱，使他下定決心要對台灣原住民傳道。他在山地的茅草小屋過著孤獨單身的三十年生活，他經常是在祈禱中迎接拂曉，在祈禱中沒入天黑的。事實上，總督府指派他做為醫生，只許可他治療疾病而已，這對他來說，實是除了祈禱以外，並沒有其他傳道的路可走。

但是，像這樣單單依靠上帝的力量來傳道，是沒有理由成功的，正如同主耶穌基督忍受了曠野的誘惑，所有屬於這世界的傳道手段都被上帝禁止，且最終慘敗，僅勝得了一支十字架而已。井上先生的台灣傳道也是一樣完全的失敗。在《生蕃記》序文裡，他自己這麼地寫著：「我自渡台以來，很快地已經有十五年了，在這段漫長的期間，我自己做了些什麼事？……若是照現在這樣子來過世的話，無論對上帝、對人、對妻子的兄弟或是自己的五個孩子，都是說不過去的。我寧願還不如在入山當時，就倒在台灣原住民的毒

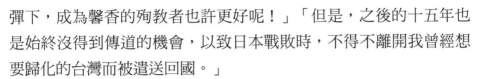

彈下，成為馨香的殉教者也許更好呢！」「但是，之後的十五年也是始終沒得到傳道的機會，以致日本戰敗時，不得不離開我曾經想要歸化的台灣而被遣送回國。」

「總之，我在台灣的事業是不成功的。……即使歸國，沒有什麼土產，也沒有什麼美談，我只是帶著三個孩子的遺骨和本身的老骨從佐世保上陸了。」

這是他回顧當時的情形所說的，在那淡淡的言詞裡，是含著眼淚說的。但是，在這世上只仰賴上帝的傳道，當然是註定要失敗的。同樣地，像這種極其耗神的、真誠的傳道，在最後，必然會結出新鮮的果實。一如基督，井上先生也因著上帝信守約定，對於信賴上帝的人，祂絕對不令他們感到羞恥。

一九三九年時，我安慰因生病而不得不下山的井上先生，曾寫了一篇公開的文章：「達成復仇──送給井上伊之助先生」，我最後這麼寫著：「經由您這偉大的愛並犧牲的貴重事業，哪有不結善果的理由呢？即使您沒說過一句福音的話語，但從那因基督的愛所燃燒的您──基督的生命，哪有不滲入台灣原住民心裡去的道理呢？正是『上帝的國不在乎言語，乃在乎於能力』的實證。我最近才深刻體會到，不是人能夠做什麼，而是上帝自己完成祂自己的事業，我們只有遵從祂的命令來忍耐勞苦，這才是真正福音之傳道。

對於身為一個日本人和基督教徒，三十年來受到無法用言語道盡的辛苦，我對您是致以深深的感謝。深信上帝對於在緬甸傳道的賈德遜先生身上所行的神蹟，同樣地也會發生在您的台灣山地原住民傳道上，我會一直為您祈禱的。」

上帝在僅僅二十年之後，竟然允許我們目睹這個奇蹟，雖然井

上先生現在七十八歲的老軀因著在台灣山地得到的老毛病坐骨神經痛而躺在病床上，但是在台灣深山裡，正如同馬可福音四章廿六節以下所記的「撒種的比喻」，他以眼淚來播種，沒想到竟然發芽，成長了：『先發苗、後長穗，然後穗上結成飽滿的子粒。』到處還一直成長出來。根據台灣某基督教雜誌的報導，現在的山地，單只長老教會就有三三五間，會員達到一七四六九人，與其他教會合計起來就有六萬人以上，台灣原住民總數是十五萬人，也就是說，實際上有百分之四十的台灣原住民是信徒。並且他們都稱呼井上先生為「山地傳道之父」。在他過去主要的傳道地加拉排部落，有位台灣教會的牧師 [莊聲茂] 寫信給他說：「井上先生來嘉樂以苦難的血和眼淚所播的種子，及至現今正在開花。我希望成為井上先生的後繼者來盡力。」並且談及已將聖經翻譯成部份原住民語言了，也作了讚美詩了。更諷刺的是：「現在在（舊日本時代）神社地，沒有一個人是神社的信徒，反而在其地上建立了教會，每個禮拜天都有崇拜。」

這是不可思議的事實，也令人非常驚奇上帝的攝理，上帝現在仍然活著在工作，只要祈禱就必得勝，耶和華上帝是應當頌讚的。

現在，井上先生的著作集出版了，真高興又感謝。但是這本著作對傳達井上先生及其事業上是太不充分了，我奉勸諸位讀者要讀取井上先生藏在字裡行間的堅強祈禱生活。

塚本虎二

一九六〇年五月十四日於鎌倉海岸

第一部

生蕃記

一九三三年十二月於馬烈霸部落
石河光哉畫家油畫

序

　　我與本書作者井上伊之助先生是心有戚戚焉的人，在我所知的範圍內，他是將拯救台灣原住民的靈魂當做他的畢生事業的惟一日本人。他父親在台灣從事樟腦製造業中被台灣原住民殺害，身為日本人，他將報父仇的心轉化為一生委身於拯救台灣原住民上。這真的是像基督徒的報仇方法，正因為如此，才能達成拯救靈魂的效果。世間人聽到拯救靈魂，就想到如同是在抓雲的工作，但是，倘若不從拯救靈魂來開始的話，則統治、開拓等事皆無意義。拯救靈魂就是人格的基礎建造。要將台灣原住民轉化成文明人的途徑，除此以外別無他路。怠懈了拯救台灣原住民靈魂，而隨便地教導文明的話，或許會將他們教成更甚未開化原住民的野蠻人。從領土統治上來看，如同井上君的事業，這是絕對必要的工作。倘若在日本人當中，有看到長遠的明智者，必然會禁不住地和我及井上君一樣，對他所從事的事業抱以甚大的同理心。台灣原住民全體，正透過井上先生，一直在向全日本發出「來拯救我們的靈魂吧！」的呼喊。

內村鑑三

一九二六年三月六日

自序

　　今年——是父親的二十年忌[1]，自我渡台以來，很快地將近十五年了，在這期間，我從未忘記我對台灣原住民教化的問題，很不幸地，總督府直到今天尚未准許傳道的自由，當然這不是我的本意，我也只好一直等待著時機。說到二十歲，也就是所謂的成年，該是可以獨當一面了。然而我不知要空等到什麼時候？也不是辦法。是要前進或是要撤退呢？無論怎樣，這種等待的生活已經令我受不了。本來這就是背水一戰在著手的工作，撤退也許就等於死吧，所以，無論如何，總得想辦法向使命邁進不可。

　　在這段漫長的期間，我自己做了些什麼事？我來這個島的動機，是因為我父親在此地遭遇了悲慘的結局。我在許多人的期待、同情、關懷下，帶著軟弱的妻子和天真無邪的小孩子，隨同我在危險的山地管制區過著很不自由的生活，現在也仍持續地與困苦、匱乏在奮鬥，嘗盡所有的辛酸，這到底是為了什麼？若是按照現在這樣子就過世的話，無論對上帝、對人、對妻子的兄弟，或是對自己的五個孩子，都是說不過去的。

　　我倒寧願不如在入山當時，就倒在台灣原住民的毒彈下，成為馨香的殉教者也許更好呢！我有時會思考：我替代那位親切的本田巡查，那位無罪的某水泥匠，那位令人喜愛的金傳，那些其他不知名的無數的犧牲者中之一人被殺害了，或許更幸福也說不定。而上

---

1 井上伊之助落筆之際為一九二五年，其父卒於一九〇六年，此處係指「二十回忌」，後同。

帝為什麼不召喚我回天國去呢？……等等，可是，我是相信上帝的全能和至愛的，當我想到宇宙包羅萬象，不知有幾萬年生物的歷史，一日如千年，千年又如一日，上帝那遠大的計劃，是渺小的人類思想所無法判斷的，人沒有必要去悲嘆那無法取代的過去，甚或恐懼懷疑無法預知的未來。上帝既然是掌管著我們的過去、現在和未來的存在，我只要將被給予的現在，盡最大的至善，好好地活就行了。

　　現在的我，能為他們做什麼事呢？若必須給予物質，我可什麼也沒有，也不准與他們接近來傳道，惟一可能的是，宣揚他們的實況和自己的希望，想辦法策畫促進教化，將他們所擁有的──卻漸漸地消失著──寶貴的東西記錄流傳起來，留待將來傳道被許可如旭日東昇時，可以讓參與事奉的人們當做參考，成為他們子孫的教化資料。

　　緬甸傳道之父賈德遜先生，在生前用盡所有的方法和手段來申請傳道許可，可是當時頑固的政府卻不許可，他始終沒有達到目的就去世了，可是他的祈禱和辛苦並沒有落空，之後不久就得到傳道的自由，如今幾乎成為基督教國家了。這輝煌的成功，大半歸功於他所留傳下來的緬甸語翻譯聖經和著書所造成的，這樣說，絕不過言。

　　所以我也就想將自己至今所研究的東西，將台灣山地原住民的生活狀況等加以整理著述。現在離父親的忌日，尚有約百日，相信我也能達成，下定決心來做已經是五月上旬的時候了。

　　一旦著手做了，才發現這並不是一件容易的事。為了生活所需，每日都須要工作，加上視力微弱，一切都進展得很不如意，直

到父親的忌日仍然無法出版，實在是萬分遺憾。

本來，我就沒有文學才華，自從投身於傳道界以來，穿著草鞋在千葉縣的鄉下巡迴，講論基督的福音，或是在種子島的孤島上，對農民講解耶穌的教訓，或是在台灣的深山中，與台灣原住民一起回歸原始生活，都是無緣於文筆的工作，特別是自一九一七年以來，礙於眼疾，除非不得已的事以外，讀書寫字都被禁止了。並且我也沒有對他人有益的深厚信仰體驗，像這樣的人竟然要向進步的現代讀書界來發表，自己也很吃驚這麼大膽。我對於詩、詞、小說等，完全是外行，雖然我連作夢也不曾想過要吟吟看、寫寫看等的事，可是在台灣山地管制區生活被那寂靜的自然環境所催迫，我只不過是將數種拙作以鉛字來排列而已。

因此，若想藉由讀這本書而得到信仰靈糧的人，也許會失望，要從這本書來找出深奧的哲理、新的知識、藝術的趣味等，是不可能的，更不是關於台灣原住民的專門研究，或是專門機構的論談，這種著書在現世中已經出版了許多，沒有必要像我這樣的人再加以畫蛇添足。

這本書，是二十年前的七月卅一日，被台灣原住民獵首而橫死的父親之血痕，是二十年來我所流眼淚的結晶、祈禱的香精。並且我很同情那些被嘲笑為野蠻，被侮辱為生蕃，被所謂文明人所排斥的十三萬台灣原住民，我成為他們的朋友，想為他們做點什麼事的吶喊聲。

這本書並不是為我自己寫的，我反而是對於要出版而躊躇著呢！自從著手以來，雖然好幾次想中斷，可是卻有某個看不見的力量強迫我繼續執行，一言以蔽之，即這本書是「為了教化台灣原住

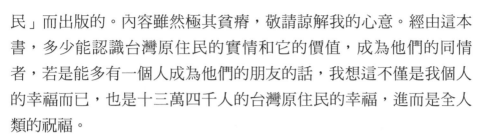

民」而出版的。內容雖然極其貧瘠，敬請諒解我的心意。經由這本書，多少能認識台灣原住民的實情和它的價值，成為他們的同情者，若是能多有一個人成為他們的朋友的話，我想這不僅是我個人的幸福而已，也是十三萬四千人的台灣原住民的幸福，進而是全人類的祝福。

對於這麼一個貧弱小子的我，賜予序文的內村鑑三先生，我由衷地深表謝意。這本書面世的期間，不，是永久的，我都會記得寫序文的二位先生的厚情，深切地祈願天父的祝福，豐富地降臨在他們身上。

對台灣原住民傳道，寄予深切關懷，不斷地禱告和給予許多援助的主內、主外諸位兄姊（特別是在台灣的），我深深地感謝。心靈、肉體都軟弱的我們一家，無論如何，在十五年期間，因著使命而蒙許生存，才能夠將這本拙著出版，這完全是拜諸君之恩賜。請為我禱告，祈願這本書在台灣原住民教化上能有所助益。求上帝在諸位兄姊身上不斷有主更豐盛的恩惠。

當這本書計劃要出版時，我實在是非常地忙碌，加上視力微弱，感到要完成實在是遙不可及，恰巧友人 K・I 先生來造訪，聽到這情形，非常地憐愛，就幫我謄寫原稿及其他種種勞苦，若是沒有他的援助，也許就會陷於流產的命運也說不定。我也是深深地感激他。

一、本書的內容，主要是我在台灣山地管制區內生活的日記，以及關於台灣原住民研究的一部分，其他也編入數種隨筆。日記是從一九一一年十二月到一九一三年七月為止，當時在《台灣教報》上所登載的佔過半，之後的部分只挑選了具代表性者。若是將日記

全部編纂的話，光是一年份，幾乎可以成為一本書了，本書礙於篇幅，到底是無法將日記完全編纂成冊的。此外，也有許多由於文體不同，雖然曾經想要把它訂正為同樣文體，可是又耽心會失去執筆時的靈感，所以就維持原狀。研究、隨筆等也是以住在台灣山地管制區當時，向新聞雜誌投稿的為主，再加上數種最近的部分，因此文體自然不同，也許有些地方會令人感到好像是思想的變化，那是因為歲月的隔閡和境遇變化的緣故，絕對沒有根本上的差異。

二、我在一九一七年八月底歸回日本國內，在福岡一年餘，在種子島三年半多，雖然是生病保養兼傳道，可是當一九二二年春天，賀川豐彥先生前往台灣，在台灣原住民傳道上共同有負擔，於是我就和他一起合作，為了將來做準備，預定從事聖經的原住民母語翻譯、台灣原住民青年的教育等（第一期十年計劃），於是在同年五月底，我再度渡台，不幸的是，無法得到長期居留山地管制區的自由，又因為台灣原住民青年教育委任尚未許可，以致不能執行預期的工作，他那遠大計劃很遺憾地暫時中止下來，因此我就從前年的六月起，為自立自給而戰，或是經營小店舖，或是當學校教師來維持一家的生活，另外一方面也在日本人及台灣人之間傳道，有時也去山地管制區旅行，繼續做幾分的事奉，直到今日。因為在本書中省略了那段期間的消息，也許有人會感覺奇怪，無法連貫起來，才將事情概略記述。

三、賀川先生對台灣原住民傳道一事深寄關懷，給予我很大的援助，這是我終身無法忘懷的事，在本著所收納的自一九二二年五月至第二年五月止的旅行記、感想等，實是在他援助期間的產物。特別是，若要追溯本書出版的動機，大多數是由於他的渡台、對台

灣原住民傳道的共鳴、事奉的合作等因由所構成，對於他及耶穌之友會員諸位，我深深感謝著。

四、書中，生蕃——蕃人——高砂族等名稱是同義異稱的，都是指大家直到今天仍在稱呼的所謂「生蕃」，泰雅是他們自稱的一個部族名稱，相當於在北海道的愛努族、熊襲族等，人口將近四萬人，在台灣原住民中佔有第二多人口的種族之名稱。我從來就不喜歡用生蕃、蕃人等歧視的名稱，對於上述種族，我稱呼為泰雅，對於全體，就叫高砂族，可是惟恐讀者不易瞭解，只好沿用舊來的俗稱，雖然寫成蕃人的地方很多，絕非輕侮，純為參考而已。

五、在本書中，舊稿的文章很多，承蒙曾刊載過的台灣基督教報社、大阪朝日新聞社、聖經之研究社、靈之糧社、開拓社、海之旅社等各社承諾所給予編入的好意，我深致謝意，而且在本書編纂時參考的書籍，有台灣總督府發行的蕃政誌、舊慣調查會發行的蕃族調查報告等等。

著者　井上伊之助

一九二五年十一月十五日

攜原稿上京之海上，於蓬萊號之一角落

第一章
從獻身到深入山地

　　一九○六年[2]八月十五日下午一點鐘左右，當時我正在參加埼玉縣大宮之冰川公園所舉行的關東退修會，我的學友 K 先生遞給我一張用紅墨汁寫的明信片，我讀著，只覺得胸口悸動，雙手發抖，眼睛被淚水所模糊，嘴巴緊閉地發不出任何聲音來，站在身旁的 K 先生替我說出話：「……令尊在台灣……」頓時百多人的眼光都投注在我身上，當場有人引用聖經經文來安慰我，有人祈求上帝來安慰我，有人就為台灣原住民來禱告，一下子現場成為對我深表同情的禱告會了。這就是我收到弟弟從家鄉通知我，家父在台灣花蓮山地遇害時的情景。弟弟當時還只是個十四歲的小孩，不會打電報，乃在明信片上以紅筆潦草地寫著的，儘管如此，對我來說，這是無法忘懷的噩聞。

　　我離開人群，獨自一個人躲在松林裡，終日哀悼思考父親的死亡，基督教導我們：「要愛你的仇敵。」即使自己被釘在十字架時，仍然為仇敵祈求。又有一次祂對門徒說：「兩隻麻雀，不是賣一分銀子麼？若是你們的父不許，一個也不能掉在地上。就是你們的頭髮也都被數過了，所以不要懼怕，你們比許多麻雀還貴重。」我相信人的生死、宇宙間的事，沒有一件不是經由上帝的旨意而發

---

2 日文原著為明治三十九年，即一九○六年，誤植為一九○五年。

生的。所以我深信父親的死，也是經由上帝的旨意而發生的。自己真是愚蠢，直到今天仍舊不能瞭解這個道理，但是將來總有一天會明白的。我相信上帝的恩惠和慈愛是永遠不會改變的，在悲傷中會得安慰，在失望中也會持有希望而繼續前進，從今天開始，我下定決心每天要為台灣原住民禱告，祈求早日有人傳福音給他們，使他們成為善良的人民。

　　第二年（一九〇七年）的七月，我從神學校畢業，準備到千葉縣的佐倉去赴任。那是我以前就熟知的地方，在那兒傳道很方便。我相信，即使那是我初次上任的地方，只要很努力的工作，相信就能獲得一些成果。想到現在在東京發行出版聖經講義錄而巡迴傳道的 H 先生，在千葉縣旭町傳道的 M 先生，還有沖野先生所著《魂的憂愁》中的男主角 S 先生等，我們每年在千葉縣內徒步傳道時那種愉快的情景，至今仍然無法忘懷。

　　一九〇八年的夏天，在面臨太平洋波濤之犬吠崎的松原，我與 H、M 二人通宵禱告，默想著自己的過去，現在和未來時，「你愛我嗎？」一個十分平靜卻又嚴肅的聲音在我心靈裡響著，我回答：「是的，主啊！我愛祢。」「去餵養我的羊。」如此反覆了三次。最後我自問自答：「誰是我的羊？」終於想到是我晝夜祈求的台灣原住民傳道之問題，但是，我身心皆軟弱，而且已經有妻眷，從人情上來看，即使我很想「將這苦杯，從我挪去」。我這樣祈求，卻禱告說：「不要照我的意思，只要成全祢的旨意。」「你要離開妻兒、親族、友人而去台灣，向台灣原住民傳福音。」於是我接受這個使命，奉獻所有，絕對順服。我祈求能得著那個時機。

　　當年快到聖誕節前，當主任宣教師到我那兒時，我將我的決心

告訴他，他回答我：「我們到這個月為止結束關係，你可以自由行事了。」真是十分乾脆果斷的回答。我只不過是坦白告訴他自己目前的精神狀況，因為事實上目前連去台灣適當的道路都未開啟，我也需要作相當的準備，竟然現在即立刻結束關係，我又不能說再給我一些時間，這真叫我不知如何是好，但是，是上帝下令叫我「去！」我只能相信上帝必定會為我開路，因此我離開了前後數年住得很習慣的地方，我曾經在此地流淚禱告，流汗拚命工作，在此地娶妻，也在此地生了長子，而要從已經有了許多信徒的佐倉出發到東京，那已是非常忙碌的年終：十二月三十日的事了。

「耶和華以勒（上帝必預備）」上帝確實活著。經由中田先生的介紹，我得以前住在伊豆的戶田開設一間身心治療醫院的諏訪先生處，在那兒，我從事我所希望的醫術研究。因為種種緣由，雖然未能完成所預期的全部研究，但是所學到的已經可以進入台灣山地的醫療所服務，多少能為台灣原住民工作，並且得到原住民母語研究的方便，這都是當時所得到的恩賜，我深深的感謝這兩位先生。當我離開伊豆到東京，一年半之久過著辛苦的流浪生活之時，衛理公會的本多庸一先生告訴我：「你若不能馬上去台灣，目前北海道札幌正缺牧師，先去那兒如何？待可以去台灣時再辭職好了。」這真是求之不得的好事，應該馬上就答應的，可是聖靈的判斷實在是很厲害，真的是比兩刃的利劍還銳利，甚至骨節與骨髓都能刺入剖開，上帝很嚴厲的告訴我：「你已經接受了往南去的命令，不可以為了逃脫一時的窮困而往北去，不可以像約拿該去尼尼微反而去他施。」所以我辭謝了他的好意。假使當時我去了札幌，也許我就失去赴台灣的機會了。就在這期間，由於日本傳道隊及其他兄姊的

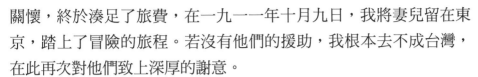

關懷，終於湊足了旅費，在一九一一年十月九日，我將妻兒留在東京，踏上了冒險的旅程。若沒有他們的援助，我根本去不成台灣，在此再次對他們致上深厚的謝意。

十月十六日早上，船抵達基隆港，踏上長久以來一直嚮往夢幻的台灣土地時，真是感慨萬千。住在基隆的 M 先生來迎接我，住了幾天就往台北出發，會見大津蕃務總長，向他陳述我的希望，請求給予方便，幸虧得到他的諒解，答應將為我設法，我滿懷感謝，期待早日實現我的願望。

後來，接到十二月二十日將向新竹廳報到的派令，當我收到「囑託山地事務，任命樹杞林支廳，加拉排台灣原住民醫療所勤務」這個派令時，真是言語無法表達的感激不盡。沒有一個人知道樹杞林是怎麼樣的地方？加拉排又是什麼樣的地方？但是我卻充滿著感謝和喜悅，馬上出發前往樹杞林，到達時已是冬日短晝的黃昏時分，立刻造訪支廳，但是已經下班了，只見到值班警官，當晚只好投宿於他所介紹的「日新館」旅社，在一間昏暗土牆的小房間過夜，當晚，多數的旅客們或喝酒或高歌，直到半夜還吵得不能睡覺，反正鄉下的旅社，每間都一樣的簡陋吧，也只好忍受了，朦朧中不知幾點，終於入睡。

台灣山地管制區生活

進入山地（一直開警槍）

一九一一年十二月廿一日　雇了二個挑夫挑行李，從樹杞林的旅館出發，時間是十二點鐘。第一次綁綁腿，穿台灣草鞋，自己的

樣子，看了都忍不住要笑出來。難免耽心六里多的山路是否會平安到達，可是一想到多年來的願望終於能實現，今天得以進入台灣山地管制區來與台灣原住民建立友誼，這種喜悅，令我腳步輕快，二點半左右，到達內灣發電所（送電給深山台灣原住民境界之鐵絲網[3]的機關），打電話給在葫蘆灣監督所（離現在居所更深入山裡三十公里處，當時尚未建築現今的醫療所，我有四個月之久住在葫蘆灣）的緒方先生，告知來意，他說：「稍待一會兒，馬上叫隘勇（滿清時代就有的義勇兵）去接你。」所以我就在那兒暫時休息一下。「馬上就要到了，請出發。」在發電所職員勸說下，我又再度啟程。才走了五公里左右，就遇到來接我的四個僕役，到達尖石（在內灣與葫蘆灣之間）已是過了下午四時，有數名警察來迎接我進入屋裡休息，喝茶，在此我將挑夫打發回去，由三個僕役護送我前進，約走了二十多公里時，遇到從葫蘆灣來迎接我的二個僕役，他們與由尖石派來的隘勇換班。途中為了警戒，隔段時間就朝天鳴槍，真是令我覺得渾身不對勁。我問為何要一路鳴槍？原來，這附近二天前才發生過原住民殺害事件。越進入深山，路越崎嶇不平，我心想，這種地方怎麼能夠帶家眷來呢？到達葫蘆灣已經黃昏，數名警察迎接我進入緒方先生的家，當時緒方先生正在洗澡，由夫人出來接待，打過初次見面的招呼後，等幾分鐘，緒方先生出來了。忘了是否跟他打過初見面的招呼，我們馬上就談起山上的種種，接著吃晚餐，飯後繼續高興地談到深夜。緒方先生是九州熊本縣人，

3 日治時代，在山地管制區境界常以鐵絲網通高壓電，禁止出入。

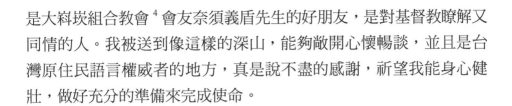

是大嵙崁組合教會[4]會友奈須義盾先生的好朋友，是對基督教瞭解又同情的人。我被送到像這樣的深山，能夠敞開心懷暢談，並且是台灣原住民語言權威者的地方，真是說不盡的感謝，祈望我能身心健壯，做好充分的準備來完成使命。

最初所學習的原住民母語，六人被殺頭

[一九一一年] 十二月廿二日　早上六點半起床，漱洗後讀經默禱，感謝主的恩典並祈求上帝保守。我一整天都在寫信，幸有台灣原住民來訪，馬上就室內的東西來學習原住民話語：（一）燈：Pilaw。（二）飯碗：Pyatu。（三）衣服：Lukus。（四）木頭：Qhoniq。（五）小孩：Laqiy。單字比較容易記，會話就不容易學了，特別是發音很困難，既無文字又沒書本來學習新語言，我早有不可能在短時間內學好的覺悟，但是若不早日學會原住民話語，和他們自由溝通的話，我又怎能為他們獻身服務呢？

這一天，我聽說在樟腦工寮內，有一對夫婦及小孩共六人被台灣原住民殺害，緒方先生率領著警備人員前往探視，黃昏時才回來。不知道台灣原住民要到什麼時候才不再殺人頭，祈願藉著上帝天父的大能，使他們早一日能從這恐怖的大罪悔改，成為善良的人民。

入山後第一次的聖誕節

[一九一一年] 十二月廿五日　今天是快樂的聖誕節，以往每年都是和許多弟兄姊妹共同參加聖誕節慶祝會，一起慶祝、一起談

---

4 日本教派名，屬會眾制，亦稱公理會（Congregational Church）。

話、一同訴說上帝的恩典，今年卻是只有自己一個人，連個可以一
起禱告、一起分享、一起讚美的人都沒有。可是想到耶穌不是降生
在耶路撒冷，而是在伯利恆鄉下的馬槽裡出生的，我現在在葫蘆灣
的深山裡的這間小屋子裡來慶祝聖誕節，正是最貼切的。如同有天
軍向野地的牧羊人傳報主的降生一般，求主也向卑微的我來顯現，
求主住在我這比馬槽更污穢的靈裡面，將榮耀歸於至高之處，在地上
有平安，在人類有豐盛的恩惠，憐憫我這個僕人，身心都安全，能活
出一個時常讚美的生涯，更進一步祈願，早日實現我將福音傳給台
灣原住民的使命，得以和他們共同來慶祝主降生的日子。阿們。

思念誕生馬槽君王
充滿感謝山地茅屋
不斷風聞戰鬥吵聲
欣然慶祝和平君王
我靈如同荒涼馬槽
求我主耶穌今來住
真心愛可憐原住民
懇求主加倍賜予愛

入山後首次的新年

　　一九一二年元旦　六點起床，恭讀創世記第一章，領受到許多
新的教訓。在世人看來，被認為跟野獸同樣的台灣原住民，也是按
照上帝的形象所創造的尊貴人類，我確信上帝必定拯救他們。有一
位母親在女兒出嫁時，勸勉她：「從妳丈夫的面貌得以認識到上帝

的存在。」我也必須做到，讓別人從原住民的面貌可以認識到上帝的存在，祈願上帝能夠光照他們的心，開啟他們的心眼。

　　早上十時開始，在辦公室由緒方先生帶頭，警官聚集大家一起舉行慶祝新年宴會，我也被邀請出席參加，看著大家吃喝聊天，我吃了二、三根香蕉就告辭回宿舍了，整天讀書。晚上接受樟腦製造會社營業所的邀請，同樣地當個石像陪著他們，過了十點鐘就回家。日本人無論在哪裡，都會很隆重地慶祝新年，連在這麼深山的地方，也是搗年糕、做佳餚，準備許多酒，真是豐盛。今天在各地，都會舉行初週禱告會，持續吃靈糧，可是我卻不得不要坐在這酒宴上，既不會喝酒，卻又任酒味撲鼻，聽那俗氣的流行歌，想起來這種遭遇，真是痛心至極。但是，想到這也是要完成使命的荒野路程，這小十字架不過是短暫的，終有一天會充滿著希望，跟台灣原住民一起真正的慶祝新年的日子來到，現在只好暫時忍耐等待那日子早日來臨。

父親被殺害的實況

　　[一九一二年] 一月三日　　這天去樟腦製造會社營業所，和跟我同縣吾川郡的伊東先生會面。他是當我父親被殺害時，一起在賀田組樟腦製造會社的同事，二名生還者其中的一位，所以想請教他當時的實況。伊東先生當時如何困難又苦心地逃出來，實非筆墨所能形容。台灣原住民侵襲的主要原因，是因為會社將本來要支付給甲乙兩部落的錢（台灣原住民相信土地是自己的，所以樟腦製造會社多少要支付一些賠償金）全部交給甲部落的頭目，告訴他要分一些給乙部落，但不知道是語言溝通失誤，還是有其他原因，甲部落

全額拿走，乙部落因為沒分配到錢，就向會社抗議，但會社已經全額付給甲部落了，所以要乙部落向甲部落索取，但是當乙部落向甲部落要錢時，甲部落已經把錢全額分配給自己部落的人，並且早已花光了。乙部落沒辦法，只好再次向樟腦製造會社索取，但是會社不可能再付款，結果傷害了他們的感情。當然，可能尚有其他種種原因，假若這是主要原因的話，僅僅為了五十圓左右的金額，就喪失廿五條寶貴的人命，真是太遺憾了。況且，慘案發生前數日，情況已十分不穩定，因為已經有二個人被殺害，當晚會社就決定要撤走，也已經下了撤退的命令。雖然情況危急，一切作業皆已停止，但是又覺得有一些產品及器物仍舊放置在會社，就這樣丟著而離去太可惜了，所以有些人就前往製造工廠，因而多數被殺害了。我的父親是倒在辦公室後面的，案發後過兩日才去處理屍體。因正值盛夏，屍體早已生蛆蟲。現在的我可以平靜地描述著當時的情景，但假若那時我看到現場，將不知會多麼悲痛！家父曾經向別人說：「我疼愛在東京學校唸書的次子更甚於疼愛長子，將來年老時可以倚靠他養，現在必須存點錢寄給他用，期待早日能去東京和他一起生活。」回想起來，我生病在伊勢的津那個地方養病時，覺得經濟拮据，曾經請父親寄錢給我，但是我從津回來不到一個月，他就被殺害了。父親年紀那麼大了，還遠渡到台灣，仍然惦記著我，真叫我感激不盡。我有時也許會忘記父親，但是家父卻從沒忘記過我，年老的父親冒著生命危險前往台灣，最後卻遭到這樣悲慘的下場，這是誰的罪過？家兄已是個中年人，而我也成長為青年了，家父卻仍然需要自己工作才能維持生活，其實家父曾經自祖父繼承了許多財產，卻自己揮霍一空，以致年老命苦。他自己說這是自我報應，

但是，如果家兄或是我都成功了，能夠照顧家父，也許就不會碰到
這樣的不幸吧！所以說，我們是無法推卸不孝的罪過的，為了彌補
這罪過，縱使我可能會遭遇到和父親同樣的命運，我最起碼必須將
台灣原住民教育，使他們變成善良的人民。山地情勢不穩定的消息
頻頻傳來，但我既然已將自己完全交託給上帝，就必毫無懼怕地勇
往前進，然而肉體實在脆弱，祈求主的保守，讓我能夠平安地生活
下去，來完成天賦的使命，可是不要依照我的意思，而是遵照上帝
的旨意成全，阿們。（持續不斷聽到合流山方面傳來山地情勢不穩
定的消息時所做的記載）

半夜在床上的禱告

[一九一二年]一月五日　夜晚時應某先生邀約，出席飲宴，看
到緒方先生和幾個人聚在一起，每個人都在喝酒，只有我和緒方先
生一面喝茶一面聽他談論現今的台灣原住民實情、過去發生的事等
等。沒經驗的我聽得時而驚訝，時而感覺怪異，只是傻傻地不知所
措。聽說昨晚原住民曾經潛入合流監督所的彈藥庫，傳聞今晚將要
侵襲該所，所以大家就一起嚴加警戒。回家後讀詩篇一百廿一篇，
然後禱告就寢。

　　半夜聽到吵雜的人聲，趕緊起床，原來是緒方先生計劃要率領
二、三個警官埋伏在原住民的通路上，先下手攻擊，迫使原住民撤
退，人員馬上就要出發了（台灣原住民儘管人數眾多，惟獨半途若
有一人受傷，就會認為是計劃不成功的徵兆，常常就會撤退。緒方
先生知道這個祕密，所以採取上述埋伏的戰略。）其他的警官就聚
集在辦公室升火取暖。於是我回到宿舍，伏在床上，祈求天父破壞

原住民的惡計劃，使這地方所有的人都得以平安，得到確信後才再次入睡，幸好原住民沒來襲擊，緒方先生一行人也在天未亮時返回辦公室。也許有人會說這不過是偶然罷了，但是我確信這是全能上帝的保守，所以不能不獻上感恩的禱告。

這次真的是原住民侵襲？

[一九一二年]一月八日　早上四點鐘左右，被警察官「緒方警部先生、警部先生……」的叫聲吵醒，豎起耳朵注意聽時，在和田派出所附近，有台灣原住民……等談話聲，這次真的是如傳聞的台灣原住民侵襲吧！我馬上起床，準備好防範措施，做一個簡短祈求上帝保護的默禱後就去辦公室，看到緒方先生和數名警備人員聚集在一起，因為在和田派出所附近有激烈的槍聲，大概是樟腦會社的斥候隊和原住民起了衝突，是應該要馬上去支援的，但警備員人數太少，所以緒方先生叫他們解散回家，我正跟其他警官在談話時，樟腦會社的某某先生帶著數名台灣人回來，據他說，跟未歸順的原住民起了衝突，大家一起開槍，以致原住民丟下蕃刀及其他物品逃掉了，只有一頭黃牛倒地，等天亮再去檢點處理。就這樣繼續談話直到天亮，早餐後，看到已稍加處理過的牛被帶回來，下午加拉排原住民來向緒方先生控訴，為了準備結婚用的一隻黃牛，昨夜不知被誰偷走，調查結果，原來是警戒線外的原住民好幾次來要「出草」（獵首），都被警戒線內的原住民知悉，告訴緒方先生，所以常得做好事先防範，以致引起他們的怨恨，昨夜來偷黃牛，在逃回家途中，與會社職員衝突。這就是昨夜事件的始末，所以緒方先生將牛肉全部歸還給加拉排原住民，他們將它放進網袋，背著帶回

去。今天還好沒有遭受到原住民來襲的事實，真是充滿感謝。

如亞伯拉罕一般

　　[一九一二年]一月十七日　早上六點起床，早餐後，讀創世記廿章及馬太福音第九章，默想領受靈糧，希望我能過著如亞伯拉罕般的生涯，忘記自己救別人，為別人禱告。甚願可憐的台灣原住民能早日接受上帝的光照，悔改蠻行而成為善良子民。我自己也正是為了這個原因而來到此地的，現在更須加把勁為他們祈求。我必須對他們傳講救恩的道理，也需要為此地周遭許多尚未信主的日本人、台灣人祈禱。現在我的生活太平順了，應該更加用心地跟隨主的腳蹤行進，但現在面臨不能公開傳道的境遇，我當拿什麼來對周圍的人傳道呢？只有以我自己日常的禱告及行為來傳道。的確，我若與一般人一樣的話，就會成了失去味道的鹽，只有被丟棄在地，任人踐踏而已。雖然我是一而再、再而三的懺悔，事實上我還是不足夠的。自己如何努力也是徒然，我要站起來，到父的面前去，藉由能七十個七倍寬容我的主，進到天父的腳前，赤裸裸地敞開心門，求主再次重新賜予潔淨的心，過一個完全的生涯，忘記過去所有一切，朝向目標努力向前，則必完成使命。我這樣深信地祈求著。

台灣原住民情勢不穩的消息頻傳不斷

　　[一九一二年]一月廿日　今天頻頻傳來台灣原住民情勢不穩的消息，據說在太田山附近有一名巡查及僕役被砍頭殺害。有人說在某地四百名原住民正準備要襲擊，也有人說有三十名已歸順的原住民逃到警戒線外去了等等，都是一些不吉祥的消息，真叫人心裡發

毛，但是若有充分的覺悟，就不會特別懼怕，必須靠著信仰大膽前進，若這樣子就被打倒的話，就不能完成原本的使命了，反而讓留守的家眷陷入困境。祈求上帝在我有生之年間，能夠打開台灣原住民教化的啟端，讓我能工作到也為家族做好完善的準備，以我個人的淺見，也許現在就倒下反而是完成使命最美善之道也說不定。萬事交託主，在主裡安息吧！

聽到路得子小姐逝世的消息

[一九一二年]一月廿六日　今天收到《聖經之研究》雜誌，打開一看，沒想到竟看到路得子小姐逝世的報導。若以世俗的眼光來看，落在流淚的深谷、悲傷的深淵中的內村先生真是非常的不幸，前些日子才與夫人別離，不久又失去父親，現今又加上女兒過世，正如內村先生所說，若沒有基督的安慰，真的是非常不想活在這世上，無論擁有如何的學問、經驗、地位或其他，皆無法治癒這傷痛，惟有主的恩愛而已。祈求上帝的安慰能豐富臨到內村先生一家人身上。啊！一九一二年一月廿六日呀！這真是什麼樣的日子，竟然報給我路得子小姐蒙天恩召的消息，這日子將會過去，不會再有今年今日的，我真恨這無情的日子，真願是接到和她在天上再相見那喜悅的消息，那將會是最快樂的日子。

首次探望病人

[一九一二年]一月廿九日　今天雖然下雨，但早已約好要去探望生病的原住民，所以在緒方先生的陪伴下，於早上十點左右出發。途中進去樟腦工寮取暖一下，這地方的樟腦製造，都是土佐式

的[5]，想起當我年少時，在故鄉曾經見聞過，所以深感興趣。出了樟腦工寮，一路淋雨走到部落，房子座落在山腹，日照良好，取水又非常方便，牆壁及屋頂皆是竹子建造的，室內有三張床（是用細竹與藤條編造）。寬敞的房間起了二處火，一家人圍坐著取暖，那團圓的樣子，令我想起在幔利橡樹林的亞伯拉罕一家人，大概也是如此吧！一家三對夫婦（父母及二對兒媳）、四個小孩同居，人數雖多，聽說相處得很和睦。一位男士因為瘧疾，已經臥病二個禮拜了。另一位男士從昨天就牙痛得很厲害，一個小孩也患瘧疾，情況真可憐，我雖然不能做很完善的診療，但也都讓他們的病狀緩和許多，診療後稍微休息時，他們請我們吃烤地瓜及用陸稻搗成的糕餅，告辭時，更要送我糕餅及他們織的粗布，盛情難卻，我只好拿了糕餅而把布還給他們就離開了。因為要取藥，他們的父親跟我一起回家，抵家後馬上將藥調配好，送到緒方先生家，藉由別人的翻譯，告訴他要如何用藥，我心想，真不知要到何時方能跟他們自由地交談。

晚上寫完幾封信，讀畢聖經，禱告後就上床了。但是天氣實在太冷，睡不著，只好又起床生火，待暖和後才再次上床入睡。今天晚上聽到在某某先生的房間有高吭的歌聲，大概他又喝了不少酒，某某先生好像在嘔吐，很是吵雜。儘管如此，他還大言不慚地說：「酒是百藥之長，不會喝酒的人不上道。」

5 清末，日人由高知縣土佐地區引進新式樟腦爐灶，效率比舊式高二倍以上。

光陰似箭

　　[一九一二年]一月卅一日　真的是光陰似箭，一月在今天就要結束，從入山至今，很快已滿四十天。心知日子一去不復返！不能無所事事地過日子，奈何今天覺得胃腸不對勁，頭又痛，連研究原住民語言的力氣也沒有，用過早餐，在辦公室的火爐邊取暖一下就返回宿舍休息。一去不再回頭、寶貴的日子就這樣虛度。但是在休息中也不是沒學到東西，祈願深富憐憫的天父，眷顧卑微的我，賜予戰勝自我及這世界的能力，讓我能夠天天背起十字架，與耶穌同行，過一個勝利的生涯，完成差遣我到此地的使命。呼召我的上帝若是信實的，祂必成全這件事。主啊！我相信，求祢可憐這小信的我，再次將我的身體、靈魂都奉獻給祢，求祢自己來佔領我，自由地使用我。阿們。

樟樹及亡父

　　[一九一二年]二月七日　早上七點起床，每日讀經，讀了出埃及記十三章及路加福音十一章，思考在埃及時的猶太人及進入迦南地後的猶太人這段歷史，想起自己的過去和現在，再次感謝主的救恩大能及慈愛。聽到渡邊警部要去合流山（從本地再二里上游的地方），我想一起去，就馬上準備，十點左右出發，一行七人，沿著溪谷小徑，才走一公里就變成艱險的山路，空手都覺困難危險的陡坡路，想起挑夫們雖然說是為了賺錢，扛著沉重行李上上下下的困苦情形，實在是令人驚奇深感佩服。在這附近，到處都是樟樹，樹圍好幾公尺的樹聳立著，也有數百年樹齡的樹倒著，台灣應該被稱為樟樹的寶庫，資源太豐富了，所以對採樟腦比較費工夫的根或小

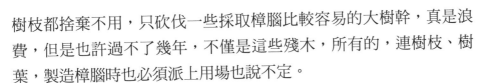

樹枝都捨棄不用，只砍伐一些採取樟腦比較容易的大樹幹，真是浪費，但是也許過不了幾年，不僅是這些殘木，所有的，連樹枝、樹葉，製造樟腦時也必須派上用場也說不定。

　　每次見到樟樹就聯想起先父，假若台灣沒有樟樹的話，家父就不會來台灣，自然也就不會有那麼悲慘的結局，倘若父親不遭台灣原住民殺害的話，無論如何，我也不會想到要對台灣原住民傳道，左思右想，一切事都是上帝的攝理及旨意而已。儘管上帝的預知、預定是困難的問題，但是我會獻身對台灣原住民傳道這件事，對我或是別人，都是作夢也想不到的事，但若想到一切都是上帝的攝理、上帝的計劃，上帝自己揀選像我這般的人來獻身對台灣原住民傳道（這絕對不是我自己要獻身的），實在是出於上帝偉大的旨意，一面思考這一連串的事情之下，約在十一點半左右到達合流監督所，在那兒接受午餐的招待，稍微休息一下，回到家已是下午三點半，雖然往返走了從未經驗過的二里山路，多少感到疲倦，卻也不覺得特別疼痛，晚間寫完幾封信，在感恩中上床。

官、佛、耶的會合

　　[一九一二年]二月三日　早上六點起床，出去戶外一看，真是難得的好天氣，就決定照預定計劃下山，用過早餐，讀完每日讀經，求主保守禱告後，因某某先生要去內灣，我們於九點半一起出發。在尖石監視所稍事休息，到達內灣已經正午，經過派出所繞一圈後出來，路過樟腦會社營業所之前時，遇到葫蘆灣營業所的某某先生，聽從他的話，稍做休息就進去屋內，他介紹三宅先生和其他社員和我認識，我們聊天打發時間。在那兒用午餐，午後一點由內

灣出發，走到九贊頭再乘輕便車[6]到樹杞林，時間是三點半。馬上去造訪赤木先生，打過招呼，彼此為著對方的平安而高興。他充滿愛心地勸我不要住旅館，可以住他家，我依從他，就在他家作客，正好是我來此地第二個月，如此被溫暖的家庭接待，好像回到自己的家一般的心境，說不出地充滿著感謝。

赤木先生是岡山縣高梁人，是當地公家機關的醫生，夫人是神戶女學院出身的主內姊妹，父親也從醫，是個熱心的信徒，據說是高梁教會的柱石（東京家庭學校長留岡幸助先生所著「赤木翁」就是他）。談了許多事，很快也就日落了，在那兒享受晚餐，晚飯後不久，支廳長派個使者來說：中村先生也在此，請過來一下。當即趕去，到達時正在晚宴中，被安排至宴席並遞來酒杯時，我告訴他，我是禁酒主義者，辭退飲酒，只跟他對談，同宴席上的中村先生是佛教的布教師，在西巴濟蕃童教育所就職，今天是在進城的途中，我們三個人不是神道、佛教、耶穌教，而是官、佛、耶三者的會合，這時刻恰巧好像是由內務省的計劃，在東京才有可能舉行的神道、佛教、耶穌教的三教會合的情景，形成一個非常有趣的對照。有的人在譴責內務省利用宗教，有的人則歡迎宗教家。有人說，神道、佛教徒是不喜歡和耶穌教徒握手的，耶穌教若把偏見捨去而爽快承諾三教會合，那將會多好。誰是誰非，不容易判定，但甚願我們基督徒在任何場合中，都應該「是就說是，不是就說不是。」地清楚表明自己的立場，凱撒的東西當歸還給凱撒，上帝的物當歸給上帝。

---

6 行駛於輕便鐵道的人力車，又稱台車。

二名樟腦製造工人遭原住民殺害

[一九一二年]二月廿五日　今天接獲電話告知，十點左右在敷島派出所（離此地不到四公里的地方）附近，有二名樟腦製造工人被殺害，一名受輕傷，據從那兒來的人們說，有數名加害的原住民正要將樟腦搬運工人砍頭殺害時，由於大約三十名的挑夫從後方開槍射擊，原住民就落荒而逃了，沒被砍頭，實在是不幸中的大幸。過去我只是聽謠傳說：今天要襲擊監督所，明天要襲擊樟腦工寮，很幸運地直到今日都沒發生原住民殺害事件，可是就在今天竟然還是發生了這件事，真叫我甚感悲傷，為什麼他們不能放棄這種惡習呢？我將迫切地祈求上帝，讓他們早日歸順進入和平的生涯，成為讚美和平君王耶穌的善良人民。

不可思議的奇緣

[一九一二年]三月十日　早上六點起床，讀完每日讀經，禱告後用早餐。我想起自渡台當初至今，甚且這幾年都要單獨在台灣山地管制區內生活而將妻眷留在東京，特別是像目前原住民殺害事件頻傳時，根本不想叫家眷來此。可是為了經濟及發生許多無法分居的事情，所以我曾經告訴妻子，若她也有一起在此地殉教的覺悟，她可以決心來台。今天接到電報消息說：家眷已於八日離開神戶，正搭船來此途中，所以我趕快準備要去基隆迎接他們。今天幸好合流監督所的今井警部補要下山，所以我跟他約好一起去，正在等他時，樟腦會社的雇員來了，告知在第十五號樟腦工寮發生原住民殺害事件，出到戶外，竟看到清末先生，他說有二名日本人受輕傷逃回來，一名日本婦人和一名台灣人被砍掉頭，我緊急趕去會社

救護，看到輕傷者中的一人，竟是曾經和先父一起在花蓮港、幫忙處理家父屍體善後的伊東先生，令我大吃一驚，他後肩和左腕均受槍傷，用舊布條當繃帶包著，我馬上用帶去的消毒材料替他處理。他那曾經為我處理過家父屍體的雙手，如今卻由我來幫他包繃帶，這是什麼奇緣啊？這絕非偶然，這一定是有人的手帶領著引導至今天這局面的，我多少能為先父的恩人做點事，實在很高興，即便現今立刻殉教，我也滿足。我從沒想到，告訴我父親最後情況的這位先生，居然能藉我手為他治療，這種小說裡才有的情節，竟然是事實。這位先生真的是非常幸運的人，不僅一次、兩次，不，這是第三次遭到原住民傷害，卻仍然能撿回命來。我將更迫切地祈求他今後不再遭害，而能終其天壽。

十點左右，今井先生來了，我們一起出發，他告訴我：這回要在支廳上班，不知何時將再回山地管制區上班，在不久的將來，將預定開始討伐原住民，屆時大概他必須參加；由於在故鄉的年老父母及孩子一直催促他回家，因此也許就會立即辭職歸鄉也說不定，這是親情自然的道理。途中很順利，約於午後三點半左右到達樹杞林，再次在將近一個月未見面的赤木先生家作客。

在笠戶丸號之一角落迎接家眷

[一九一二年]三月十二日　早上五點起床。接著伊東先生也起床了。（前夜來基隆，受到伊東先生伉儷的愛顧，在他家作客。）等待著順便載客的郵輪──笠戶丸號即將入港，由於雨下得很大，加上濃霧，因此延誤了一個小時，於七點半才入港。我馬上登船，在三等艙的一個角落接到家眷。已經六個多月沒見面，我想也許孩

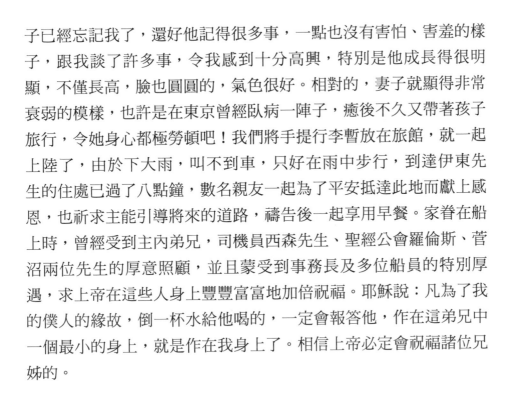

子已經忘記我了，還好他記得很多事，一點也沒有害怕、害羞的樣子，跟我談了許多事，令我感到十分高興，特別是他成長得很明顯，不僅長高，臉也圓圓的，氣色很好。相對的，妻子就顯得非常衰弱的模樣，也許是在東京曾經臥病一陣子，癒後不久又帶著孩子旅行，令她身心都極勞頓吧！我們將手提行李暫放在旅館，就一起上陸了，由於下大雨，叫不到車，只好在雨中步行，到達伊東先生的住處已過了八點鐘，數名親友一起為了平安抵達此地而獻上感恩，也祈求主能引導將來的道路，禱告後一起享用早餐。家眷在船上時，曾經受到主內弟兄，司機員西森先生、聖經公會羅倫斯、菅沼兩位先生的厚意照顧，並且蒙受到事務長及多位船員的特別厚遇，求上帝在這些人身上豐豐富富地加倍祝福。耶穌說：凡為了我的僕人的緣故，倒一杯水給他喝的，一定會報答他，作在這弟兄中一個最小的身上，就是作在我身上了。相信上帝必定會祝福諸位兄姊的。

啊！真懷念基隆這地方

　　[一九一二年] 三月十四日　今天終於要出發了，惜別主內多位兄姊後，要搭○點二十分的火車。我自己來到台灣，首次見到的地方就是基隆。幾乎有一個月的時間，我停留在此地祈求上帝引導，這裡也是我在台灣最初認識到的友人、主內親愛的弟兄姊妹們所居住的地方，無論前來或回去，都必須經過這個懷念的地方，求主豐盛地祝福這地方，賜予恩惠給祢所愛的孩子們。

　　火車平穩地前進著，渾濁的小溪流，眺望著站在水田中的台灣人，說水牛好像大象的長子的怪問題等，忘了這十九世紀破舊火車

的緩慢，一下子就聽到「台北、台北」的廣播聲，趕緊下車，那時已是一點半了。決定住宿於預約好的古亭庄池畔的寄宿處，往訪數名親友，大家一起感謝和讚美許久，在領受了新希望及能力，充滿喜悅地返回寄宿處，晚餐後彌補多日來的睡眠不足，當即入睡。

禮拜是上帝與人的接觸

　　[一九一二年]三月十七日　早上六點起床。今天是禮拜日，洗臉後，一面默想，一面到附近的原野散步，之後回寄宿處。讀完聖經，在感恩中享用早餐。出席參加設置在元山先生家裡的台北教會，卻被邀請在禮拜中講道，我自己這半年多來，在深山中過著孤獨的生活，能分享給別人什麼東西呢？反而是我自己迫切地需要別人的勸勉吧！在推辭不掉之下，只好以「一粒種子勝於百花」為題，敘述自己的感想。雖然沒有預先準備，自己覺得很不滿意，是一次不得要領的講道，但禮拜是避開人的聲音，傾聽上帝自己的聲音，其目的是敬拜上帝，因此我自己認為，也許沒有人巧妙的講道反而更適當，那也說不定呢！

　　歸途中到山梅館去拜訪羅倫斯先生，可惜不在家，只留下名片，回寄宿處享用午餐。午後去拜訪土生先生，不巧，正值他要外出，站著談一會兒後，與夫人及孩子們一起唱讚美詩，共渡歡樂時光，約四點鐘左右回寄宿處。晚上有數名兄姊來訪，詢問我一些有關台灣原住民傳道的事及感想，我並沒有什麼具體的計劃，只有完全接受主的引導、啟示而已。是的，我們在任何時候，都不能依賴人的，到底這是上帝自己的事業，我只有順從上帝的命令而已。今天妻子因牙痛去台北醫院治療，但需要二週才能治好，不得已只好

繼續停留當地，也向樹杞林支廳提出了休假申請書。

踏上歸山之途

[一九一二年]三月三十日　妻子的牙齒治療終於結束了，休假期限也到明天為止，今天終於要出發，所以一大早就在準備了，告別了寄宿的老夫婦，在數名親友的送別下，搭上九點十二分的快車，雖然我嘴巴沒說在主裡再相會，但我抱著比語言更真切的心與親友們熱情握手道別，在火車的汽笛響聲中，火車徐徐地前進著，友人叫著「再見」！有的朋友揮著手帕，有的揮著帽子，漸漸地見不到影子，聽不到聲音了。啊！不知何時方能再次相見，一起禱告、一起讚美上帝，我真像一隻從今天就要離開母鳥而孤單單地飛向深山的雛鳥一般，朋友！請為我禱告，我初次來台時，滯留時期身心皆得以靜養，心所愛的台北啊！現在，請再次在我饑渴的心靈上，給予新希望以及確信的地方，被上帝所祝福的台北啊！希望你是永遠蒙賜恩惠的錫安，被祝福的耶路撒冷。

我這樣默想時，火車毫不留情地一直繼續前進，經過板橋、樹林，很快就接近桃園了，我向家眷說明車外台灣之情景，例如在日本國內是很稀奇的山羊群，四月的插秧等，吃了中壢的「壽司」當午餐，不久就抵達新竹車站，下車暫作休息後即乘輕便車前往樹杞林，午後一點多平安到達。我們先到赤木先生家作客。

在日本國內時，我常搭火車旅行，連一支扇子都不曾忘記過，今天卻把孩子的鞋子忘在火車上，令人覺得真可笑。才過著幾個月的山地管制區生活，我就這般糊塗，倘若在山地管制區居住幾年後，回到都市時，大概都會忘記要怎麼搭火車、電車吧！縱然我自

已覺悟本身對世界文明會落後，會得不到新思想等等的，但也是真的下定決心地要忘記文明，不想念都市生活，無論到何時都要住在山地管制區，成為台灣原住民的朋友，但是長期過著孤獨生活而要持續起初的信、望、愛，的確不是一件容易的事，我若欲培養自己的信仰，常得著新能力及充滿希望的話，有時候也有必要出來接觸都市的風情，與信仰的友人交談，至少一年內也要有二次進城吧！

寄宿於養蠶室的一角落

　　［一九一二年］四月四日　　已經接受赤木先生伉儷兩天溫暖盛情的接待了，雖然他們一再地熱情挽留再住一晚，剛好有人要回加拉排，所以我們可以順道一同回去，很惋惜地告別他們，於十一點出發，乘上極端危險的輕便車，在十二點多到達九贊頭，雇了挑夫扛行李，我們徒步朝內灣前行。若在日本國內，這時候當還很寒冷，可是在台灣，連穿一件襯衫都會汗流不止，妻子還背著四歲的長子，要走二里多的石頭山路，實在是不知何時才能到達。到內灣時已過了四點，離加拉排還有二里遠，以女人家的腳程來說是比較困難的，所以我決定在內灣住一晚，求宿於合谷酒保[7]，樟腦會社等，皆因今天由山地管制區下山來要住宿的人太多，如果只我一個人，還好解決，一家三口要住一起比較困難，正在不知如何是好時，負責建造醫療所的新井先生剛好來，告訴我：他家雖然遠一點，髒一點，但可以讓我們住宿。依從他親切的邀請，接受他好意的招待，就去隔了數百公尺遠的河對岸的家。新井先生是埼玉縣人，曾經當

---

7 日治時代在偏遠地區販賣食品及日用品等的雜貨店稱為酒保。

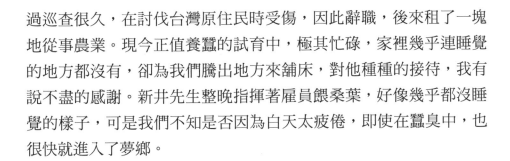

過巡查很久，在討伐台灣原住民時受傷，因此辭職，後來租了一塊地從事農業。現今正值養蠶的試育中，極其忙碌，家裡幾乎連睡覺的地方都沒有，卻為我們騰出地方來舖床，對他種種的接待，我有說不盡的感謝。新井先生整晚指揮著雇員餵桑葉，好像幾乎都沒睡覺的樣子，可是我們不知是否因為白天太疲倦，即使在蠶臭中，也很快就進入了夢鄉。

惟有順從聖旨意

[一九一二年]四月五日 早上八點左右，辭別新井先生家，到合谷酒保，等待由加拉排來的僕役，一起在十一點左右出發。本來長子要請台灣人背，但孩子怕生，不肯聽話，只好由妻子背著再走二里山路。想起去年冬天我初次入山當時，一邊想著要帶家眷來此地將很困難，自己必須在此單獨奮鬥數年，一邊走著的這條山路，那知才過百餘日，就得以和家眷同行此路，真覺得人生萬事皆不能按照己意。不對，正因為不能隨意，反而更有趣味、更快樂，什麼事都照自己的意思成就時，不一定是真正的幸福，傳道書中傳道者所言：『世上的事皆虛空，都是捕風。』但是在世上，卻是有一位眼睛看不見、但不是虛空的存在者，像保羅所說的，我或許能得著，所以朝向目標前進。本來我來這裡也不是我自己的意思，完全是上帝所指示的旨意，以人情來說，我一定是祈求上帝從我這兒除去這苦杯，但是絕不是按照著我的意思，而是要成全祢的聖旨意，而能得以順從是上帝的恩典，家眷也不是我自己的所有物，而是由上帝所給的恩賜，上帝扶助我的軟弱，為了安慰我的寂寞，在上帝的攝理中，比我自己所想更早地將家眷送過來。

　　途中數度休息後，在午後三點多到達加拉排新駐在所（我不在的期間由葫蘆灣移轉過來的），幾乎是隔了一個月才再次見到緒方先生及其他所員，大家都很高興地交談。因為醫療所尚未落成，決定暫時在緒方先生的宿舍同居。啊！今後我須更加努力奮鬥了。

去加拉排部落診療

　　[一九一二年]四月十四日　早上六點起床，不久加拉排部落頭目在二、三名原住民的陪伴下來找我，有人因蕃刀所傷而無法行走，所以要我前去診療，早餐後出發時已八點半。所謂道路，只是名稱而已，那是像野鹿在走的崎嶇的岩間小徑，在一片竹林野草叢生中一面開路一面前進，終於通到開墾地，坐在樹幹下稍微休息，眺望四周的景色，只見一望不盡的連綿山波，駐在所在眼前左下方，尖石山在遙遠的右方聳立著，正是無法道盡的絕景，叫我渾然忘我，也忘了險路的苦楚，就好像產婦聽到新生兒哭聲就忘了生產的痛苦。我想，事情雖有大小輕重，但人生的旅途卻也是如此，在困苦之後得到安慰的回報，實在是很寶貴的恩賜。在原住民的催促下，我按捺住難得的眺望，繼續登往開墾地去。再前行數公里，才抵達數戶茅屋，來到最後一家，受傷的是這家主人，是一個血氣旺盛的原住民，名叫路給亞・鐵木。他並不如想像中傷得那麼重，只是右腳膝蓋頭受傷，但是稍微走路就很痛，稍腫，看起來好像已經塗過草藥，反而傷害更甚，我用帶去的藥品馬上替他處理。結束後他拿了一塊糕餅及烤蕃薯給我，由青年原住民送我回家，時已過了中午，午餐後稍作休息，下午繼續讀書和研究原住民語言。

本田巡查被砍頭

[一九一二年]四月十五日　今天因為下雨不能外出，在家讀書及研究原住民語言，下午二點左右，由尖石監視所打來電話，聽說在該所與第四監視所之間發生了原住民殺害事件，不久又來一通報告，說本田巡查也被砍頭了，難道這是事實嗎？真希望是虛報，或是弄錯人，然而很悲哀的，這卻是事實。啊！人的生命真是不可預料，正如朝露般，又如風前的燈火。本田先生本是要來領薪水，昨天才到此地，也去過拉號（離此地約四公里餘，是他以前的任職所在地），帶著挑夫，明後天必須到那羅山的，因此今天非趕回第四監視所不可，可是不聽眾人的勸阻，他近黃昏時才由此地出發。他的聲音還停留在我耳際，他的面貌、背影，現今仍然浮現在我眼前，實在是很遺憾的事情。據說他是因為某件事而被調職到那羅山的，若是這樣，則更加可憐了。即使他有過失、缺點或罪惡，他人有權利控訴或加以責難嗎？聖經記載著：你們中間誰是沒有罪的，才可以拿石頭打他。

在如此危險的環境下當別人在說誰死了時，我亦可能會被別人說：我也死了。

今天聽到本田巡查死了，正在談論這件事的我們，也許明天在我們身上發生的事也會成了人家談論的話題，所以我們必須時常站在信仰上為將來做準備不可，不要讓自己的結局成為別人家的笑柄，要時常在基督裡安息，持守無誤的人生觀及生死觀，超然地前進。

醫療所落成

　　[一九一二年]五月廿五日　醫療所終於在數日前落成，新竹廳亦完成由施工者交接的手續，由於下雨，遷移只好順延。今天幸好是好天氣，挑夫及原住民等也剛好都在，就決定開始搬遷。我們趕緊打包行李，一個早上就搬好了，下午，配藥給數名原住民，四點鐘左右，我邀請駐在所人員一同來做個象徵性的開所儀式，茶點簡單，跟以往一樣，以親手做的甜點及紅豆湯來招待他們，對於左撇子的人也許不太方便[8]，但我是自我主義的實行者。緒方先生於二個禮拜前進城，不在，端詰先生以及另外三名警察官都一起前來，大家快樂地聊天，直到黃昏。我確信這個聚會一定會成為某些工作的基礎，會成為給予什麼東西的機會，甚願上帝祝福他們，引導他們走向光明。

去西拉克部落診療

　　[一九一二年]五月卅一日　眼見陰霾細雨將隨五月的過去而告結束，今日是難得的好天氣。西拉克的頭目亞貴依・苟宥因為一直在生病，所以要我去看診，二名原住民來接我出發時已經八點鐘了，卻在門外遇到原住民婦人，告訴我有要事相談，我們就轉回緒方先生家，根據緒方先生說：他懷疑警戒線外的原住民現在正要通過這附近，已經命令原住民和僕役十數名前往搜索，所以勸我最好改在下午或明朝再去往診，我只好中止此行了。三點鐘左右，我正在研究原住民語言時，原住民回來報告說：並沒有什麼特別的事件

---

8 意指因為地方狹小，慣用左手者會和慣用右手者相互碰觸。

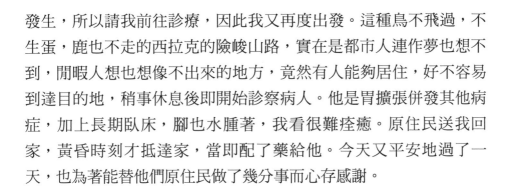

發生，所以請我前往診療，因此我又再度出發。這種鳥不飛過，不生蛋，鹿也不走的西拉克的險峻山路，實在是都市人連作夢也想不到，閒暇人想也想像不出來的地方，竟然有人能夠居住，好不容易到達目的地，稍事休息後即開始診察病人。他是胃擴張併發其他病症，加上長期臥床，腳也水腫著，我看很難痊癒。原住民送我回家，黃昏時刻才抵達家，當即配了藥給他。今天又平安地過了一天，也為著能替他們原住民做了幾分事而心存感謝。

妻患腎臟炎

[一九一二年]六月六日　數日來一直臥病在床的妻子，身體狀況越來越不好，與樹杞林的赤木先生商量，因為是腎臟炎，倘若過幾天仍然不見好轉時，也許必須下山接受治療。我跟她結婚已數年，直到今日，雖然有過種種的困難與不幸，她的身體強壯是惟一的幸運，這是上帝極大的恩賜，所以直到今天我仍然時常感謝，可是現今卻面臨幾乎是不治的病魔所侵襲，現在好不容易醫療所才落成，正要開始工作的這時刻，主的旨意到底在哪裡？到底我的使命是什麼？雖然我現在不是在懷疑使命，愚昧的我卻甚迷惑，若是妻子不治，帶著什麼都不知的小孩子，我將如何完成使命呢？可是，我深信我已將身子奉獻給上帝了，無論是生、是死、成不成就，這全是上帝的旨意，上帝不是沒有智慧的引導者，不會讓我遇到我無法忍受的試煉，必定會為我預備脫逃的道路，引導我走當行的道路，成就我當完成的事，我惟有順從上帝，原諒我的小信和軟弱，我們既然從上帝接受幸福，也當接受痛苦。我們的信仰受試煉後，會比精金受火煉更貴重，是承受永生的代價。只有將所有重擔皆卸

給上帝，繼續前進！

悄然地跟在擔架後

[一九一二年]六月十一日　妻的病況越來越壞，只好接受赤木先生的勸告，終於決定下山，雇了一名僕役及二名挑夫，將妻放在擔架上，早上八點半出發。妻自入山至今天才第六十九日，卻須被放在擔架上，不得不下山，真悲慘！長子由台灣人背著，一直叫著媽媽，我孤影悄然地跟在擔架的後面走，心中實非筆墨所能形容。上天為何要如此不客氣地剝取我這薄弱生涯的皮呢？家眷渡台來後，我才稍微安心，怎麼一下子就變成這樣呢？不知道到底要怎麼辦？為了家族，我身心極其勞累到這境地，又如何能夠為別人服務呢？「道路崎嶇，目的地遙遠，何時能到立志的地方？可是，主啊，我卻不能不祈求主來帶領我接近旅途的終點。」無論我如何心痛，仍無法得到她寸陰的生命，我只能倚賴主，懇求祂的幫助及憐憫。正這樣想著時，就到了內灣，在那兒吃午餐，幸好妻子沒什麼特別的痛苦，稍稍休息後再度出發，從九贊頭起，我和長子一起乘坐輕便車，妻子就拜託挑夫抬往樹杞林去，一點半鐘左右到達樹杞林，赤木先生伉儷來迎接我們，不久妻子也到達，立即接受赤木先生的診察，他說：病勢雖然不是很厲害，但至少需要三、四十天的療養，特別是牛乳療法最有效果，可是在當地，實在不方便，勸我最好進城去，我只好向支廳提出旅行申請，然後等待許可。

進城成為前田先生的客人

[一九一二年]六月十二日　自昨夜以來，雨下得很大，根本無

法進城，還不如回加拉排去整理行李吧。正在猶豫時，九點一過，雨停了，我趕快去支廳，詢問旅行許可下來否？幸好已許可，馬上於十一點鐘出發，一路平安地在一點半左右到達新竹。在火車站候車室等了約一個半小時，終於搭上三點兩分的火車，從再次下起雨來的新竹車站出發。火車每在起站到站時都極震動，真嚇人，乘客們一直發牢騷抱怨，好不容易六點半才到達台北。趕快乘車去拜訪南門外的前田先生，他們歡迎我們到他家作客。因為明天要去紅十字醫院接受診察，十點鐘就上床了。

在紅十字醫院接受診察

[一九一二年] 六月十三日　早上六點鐘起床，馬上雇車送妻子至紅十字醫院，早餐後去訪問好久沒有見面的遠藤先生，彼此很愉快地交談了一個多小時。我將長子留在前田先生家，獨自前往醫院，卻仍未開始診察，只好等待看診。我在醫院辦公室與住院部門交涉，但是因為每間病房都客滿，無法辦理住院，於是將妻子留在醫院，自己走出醫院，來到東門，從對面傳來「喂！喂！」的叫聲，一看，原來是前田先生帶著長子前來，就一起回家；本來認為只一下子，應該沒問題地將長子暫託前田先生，那知長子卻一直大哭，令他很為難，只好帶他出來。過了正午，妻子回到家來，問她診察的情形，她說：跟赤木先生所診察的一樣，須要三、四十日才能痊癒，在住院以前，需一直來門診，繼續服藥。晚上，去拜訪紅十字醫院院長吉田垣藏先生，談及山地管制區的情形，也將妻子的病況告訴他，請他幫忙，正好明天是吉田院長的門診日，要我們再次去門診，他將設法讓妻子住院，我們謝謝他後就回住宿處。這些

點點滴滴，皆是主為我們所預備的恩典，感謝後，十點上床。

妻入院，我自己寄宿

[一九一二年]六月十四日　早餐後，帶著家眷去醫院。由於吉田院長的極力幫忙，得到住院許可後，我就帶著長子回住宿處。我覺得總不能一直麻煩前田先生，就去遠藤先生寄宿的地方，在古亭庄池畔辻老先生的家去商量，他說：目前沒有空的房間，但是可以和遠藤先生同住一室；我馬上帶著行李在那兒住宿。夜間，我要叫長子起來上兩次廁所，可是孩子因為媽媽不在，大聲哭泣，對於同住宿的其他人來講，真是過意不去，才四歲大的幼兒，第一次離開媽媽，真難為了他，也許過了二、三日就會忘記吧！暫時只好委曲大家了。

臨終的所感

[一九一二年]六月十六日　昨夜長子比較安靜熟睡，真幫了我很大的忙。早上起床後，恭讀聖經、默禱中感謝上帝。接著帶長子到附近去散步，早餐後與遠藤先生一起出席教會聚會，遠藤先生讀哥林多後書十二章一至十一節，以「臨終的所感」為題講道，他是上週四禱告會結束後回家途中，氣喘的老毛病發作，幾乎是氣絕的狀態，見到不可思議的異象（樂園）。他講述著自己親身的體驗。我們誰都不知道何時會接到上帝的召見，所以勸我們隨時都必須做好與上帝相見的準備，大家都深受聖靈感動。從教會回寄宿處的路上，去醫院探望妻子，正好遇上芳賀先生來探病，真謝謝他，我們聊了一會兒，芳賀先生就告辭回家，我也帶著長子回寄宿處。

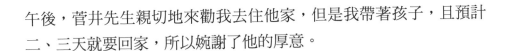

午後，菅井先生親切地來勸我去住他家，但是我帶著孩子，且預計二、三天就要回家，所以婉謝了他的厚意。

到處都是同樣的病人

　　[一九一二年]六月十七日　今日已約好要去拜訪芳賀先生，所以九點半左右先去醫院探望妻子，稍談些話，看見她日漸恢復，心存感謝地離開醫院，搭十一點五十分的火車前往士林。在火車上，遇到田村秀子姊及另一位姊妹，原來大家都是要去芳賀先生家，一起到達芳賀先生家時，已經一點五分了，高興地談話，長子有室內遊戲可以玩，也很高興，竟忘了時間飛逝。芳賀先生的夫人為了要參加當晚在台北開的一個會，就準備好跟我們一起搭四點四十分的火車回台北。再去醫院，將長子交給妻子後，我去拜訪森米吉先生，竟然看到其夫人與小孩都頂著冰袋躺在病床上，而森先生，雖然疲倦，卻仍一如往常，面容安詳地待在枕邊，一時之間我竟想不出任何慰問的話語，只有沈默地呆在那兒。原來二人都是原因不明地發燒，前陣子還懷疑是患了傷寒，現在已有幾分恢復，而孩子卻仍全身不舒服，大小便不用說，連吃飯都需要別人幫忙，看他辛苦地照顧病人的樣子，令人覺得十分同情。森先生去年才痛失愛女，好不容易才領養到的孩子卻是這個情況，真不知道要如何安慰他，人的話語到底是無益的，只有祈求上帝從上面賜下豐富的安慰和鼓勵在森先生的身上。告辭回住宿處就寢已是十點鐘了。

將妻留在醫院而踏上歸途

　　[一九一二年]六月二十日　妻的病情及經過都十分良好，我

的旅行休假期限剩下今天一天，該踏上回家的旅途了。所以一大早
就起床準備，帶著孩子去醫院向妻子告別，走向火車站，在二、三
位親友歡送下搭上九點十二分開的快車，離開懷念的台北及親密的
好友，火車開始啟動，想到躺在無聊又不自由病床上的妻子，看著
跟母親別離要回到寂寞山上的長子，他完全不知百感交集的父親心
中在想什麼，只是看著那隨著火車前進而變化的窗外景色所吸引，
無邪又興奮地坐在父親的膝上，令我確實感受到人若不回轉像幼兒
般就不能進天國。車抵新竹，馬上換乘輕便車朝樹杞林去，午後二
點多平安抵達，再次在赤木先生家作客，翌日六月廿一日，早上由
樹杞林出發，午後三點多平安地回到家。目前正值雨季，而床板是
生木，濕氣很重，榻榻米的邊緣幾乎都脫落了，上面的草蓆也腐爛
得不能使用，專程費心養大的小山羊也死了，僅僅十天不在家就變
成這般可憐的狀態，特別是女主人不在的家庭，真像是熄了火的心
境，十分難過。自己孤寂地用完晚餐，哄著思念母親的長子上床，
忙了一整天，疲憊已極，很快就進入夢鄉了。

媽媽要回家

[一九一二年] 七月廿四日　早上有數名原住民來，調配藥方
給他們，下午一邊讀書及研究原住民語言，一邊陪長子玩。傍晚從
支廳來電話，告訴我妻子已經回到樹杞林，希望我明天到內灣去接
她，不用說，這完全是上帝的恩典，還有多位兄弟姊妹的盡力幫忙
與關懷，才能比預期康復得還快，真是感謝不盡。當我向長子說：
「媽媽已到樹杞林了，明天就可以回到家來。」他滿面笑容叫著：
「媽媽要回家了！媽媽要回家了！」好高興的樣子，四十多天來，

都是藉著爸爸的手在照顧他，我自己想起來也常覺可憐，終於能將他交還慈母的手。想到許多失去母親的孩子們，真的是深深地寄予同情，無論如何，孩子還是需要母親，方能得到真正的教養，母親的責任實在重大。

在尖石迎接妻子

　　[一九一二年]七月廿五日　昨夜起一直下著大雨，令我很耽心，幸好今天是晴天，所以很早起床，用過早餐，孩子就一直跳叫著：「媽媽要回來了！媽媽要回來了！」我原已安排請求支廳派遣僕役及二名原住民前往內灣迎接，當我去拜訪緒方先生時，他因有事要去尖石，問我要不要一同前往？我因為帶著小孩，本來想不去算了，可是想到才一里多的路程而已，而且也有多位原住民伴隨著，就決定十點鐘左右一起出發，本以為今天應該不會再下雨，哪知，才剛到尖石，雨就一滴一滴地落下來，漸漸地下起大雨來。緒方先生要到河的對岸去視察道路工程，我就在尖石監視所休息等待妻子的到來，妻子二點多時抵達，長子看到媽媽非常高興。大家一起踏上歸途，想到之前妻子被擔架抬著下山的這條路，現在居然能夠自己步行回家，實在是不幸中的大幸。妻子的氣色看起來很好，也胖了些，大概是已經康復，可以放心了，希望以後不要再受到病魔的侵襲。

愛是恆久的

　　[一九一二年]七月廿七日　今天覺得身體不舒服，整天躺在床上休息。收到《聖經之研究》、《福音新報》等郵件，這些都是我

的靈糧。也收到在福岡的弟兄姊妹所贈送的愛的禮物。為何像我這樣卑微的人，竟然能夠受到如此的關愛、照顧呢？真不知要如何言謝，我無法以物質還報，只求天父豐盛的祝福，加倍地報答給諸兄姊。對於眾多一直愛我、關懷我的弟兄姊妹，我更需完成我的使命不可。希望有一天能向台灣原住民傳福音，來滿足這許多人對我的期待。至少目前我能以純真的愛來接待台灣原住民，正如這些弟兄姊妹對我的愛一般。這也是我對上帝、對人所當盡的本份；可是我卻常常信仰衰退、愛心薄弱、失去熱心，雖然也知道自己非復興起來不可，心裡時常這麼想著，卻常陷入實行困難的境遇。這件事本來就根本是不可能靠著我自己的力量可以完成的，只有在愛我，為我不惜犧牲生命的基督裡，受到愛的激勵來工作、來勞苦，即使嘴巴不傳福音，但以行動將愛與關懷表現出來，即使我死了，也必須留下永久的東西給他們。誠然有一天預言會沒了，方言也終止，信仰也沒有必要時，愛卻仍是恆久存在的，希望我的生涯能如蠟燭一般，讓愛的火燒盡。

教友遠藤先生於南庄永眠

[一九一二年]八月五日　收到從南庄的藤崎、本多兩位先生的來信通知，遠藤兄現在在那兒靜養，病得很嚴重，發燒超過四十度，目前生命垂危。我心中大吃一驚，想馬上打個電話拜託支廳去詢問之後的經過情形，才一出門就踫上緒方先生，他說從支廳打電話來，告知我有封電報，請他們替我打開看內容，原來是遠藤先生去世的消息。啊！遠藤先生終於蒙上帝恩召了，十餘年來一直與病魔搏鬥著，卻仍舊忠實地從事傳福音工作，現在進入永遠的安息，

正接受主人的聖言說：「你這既良善又忠心的僕人，進來享受主人的喜樂吧！」遠藤先生真的是已經打完那美好的仗，跑盡當跑的路，守住信仰的道路，公義的冠冕已經為他預備好了。遠藤先生因為生病，必要住在溫暖的地方，以前還曾經輾轉到小笠原島，今年二月才來到台灣。之前的六月十六日，在組合教會中才聽到他「臨終的所感」的講道，僅僅五十天後，就在自己的身上應驗了，恐怕他自己本身也從來沒想到吧！他是我十多年來的教友，也是向著將來同樣使命前進一起勞苦的友伴，現在留下卑微的我，往父那裡去了，真令人感嘆！希望在他身上的聖靈，加倍地降臨到我身上，讓我向他學習，至死忠心地工作。

教友岩井先生來此

　　[一九一二年] 八月廿一日　今天教友岩井福造先生因著愛國婦人會的公務，要來此地的山地物產交換所，因此我一大早就起床前往內灣迎接他，跟著緒方先生一起出發，十點左右就到達內灣，他還未到，等到約十一點鐘，他才抵達。我們許久不見，很高興見到他，共進午餐後，約於一點鐘出發回來。從尖石附近就開始下雨，幸好是小雨，談著種種話題，也就忘了下雨，沒多久就抵達加拉非。自從我入山以來已經將近八個月了，由於地處交通非常不便的深山，都沒有人來訪視我，今天沒想到上帝竟送一位信仰的友伴來，說不盡的感謝。四周都是山區，所以天黑得早，洗完澡共進晚餐。同行的松田先生早已睡著，我就和岩井先生一起讀帖撒羅尼迦後書三章，一起感恩禱告，重新獲得上面來的力量後就寢，已經十一點了。

山地管制區旅行是要命的

　　[一九一二年] 八月廿二日　我心想岩井先生等人好不容易才入山來，希望能再住一晚一起祈禱，但因為他是出公差，今天一定要回樹杞林，不能強留，一起享用午餐後，我送他們到半路，一點鐘左右出發，才走沒多遠，就突然下起傾盆大雨，小溪谷的水也漲到膝蓋，加上雷電交加，真像山都要崩下來的狀態；到達尖石已是二點半鐘了，雨越下越大，等一下怕會發生山洪暴發，所以只路過，馬上再出發，從尖石監視所起，有一名警察官及二名僕役會護送他們，所以我也就在離監視所不遠的地方和岩井先生惜別而回家，那時，雨下得小一些了，但仍然不歇，我拚命忘我地一直走回家，因為沒有穿外套，全身溼透，真的是成了落湯雞，立刻洗澡就入睡了。

　　附記：岩井先生一行人，回到距離內灣不到數百公尺的地點時，遇到局部坍方，交通中斷，三個小時左右都進退不得，只好做個獨木橋，好不容易在黃昏時才到達內灣，真是九死一生的心境，這些事是岩井先生以後寫信告訴我的。真的是十分可憐，他們一行人來時，途中也遇到台車出軌的危險，幸好沒有受傷，而歸途上又遇到這種危險，然而卻沒發生什麼大事，完全是蒙上天保佑的。夏季的山地管制區旅行，真可以說是冒著生命危險的一件要命「工作」。

土牆崩壞

　　[一九一二年] 八月廿八日　數日來，雨是時下時歇，正如俗語所說，秋天的天空善變，加上強烈的暴風，雨水從玻璃窗戶滲進

來，藥局的地面全是水，屋頂的棟板又被吹走，雨漏得很厲害，入夜後風雨仍不停歇，讓孩子入睡後，我們倆夫妻打算徹夜不眠，正當輪番守夜時，緒方先生來訪說：這棟房子的屋頂恐怕有被掀走的危險，勸我們到他家去避難，我們接受他的勸告，就穿著睡衣，帶著一件毛氈抱著孩子趕去他家，十一點左右上床，但是風雨的聲音十分狂烈，我一直耽心醫療所不知道將會怎麼樣，很不容易入眠，就這樣打著瞌睡熬到天亮，馬上出去戶外看看，醫療所整個被水包圍了，廚房的土牆崩塌下來，這花了八百圓、費了數個月才建好的建築物，可憐地居然耐不住一晝夜的暴風雨，才住了三個月就變成這般結局，實在是太不像話了，昨夜避難離開家時，就耽心家會全部崩塌，結果正像現在這個樣子，公、私所有的東西全部流失了，僅只保住了身子。當下我決定要完全赤身地重新開始新生活，我相信賞賜的是耶和華，收取的也是耶和華，耶和華的聖名是應當稱頌的，因此心中默默地策劃著今後的計劃。想起來，失掉的是這個世界的物質，我必須感謝的是上帝賜予我擁有比物質更貴重的力量。讓我覺醒到自己的信仰不徹底，為了要成為台灣原住民的朋友，若有必要，我樂意倒空一切，也想體驗幾分約伯的經驗。

因為醫療所需要大整修，不能居住了，乃決定暫時住到駐在所宿舍裡的一間房間，真的感到我們無論到哪裡都是天涯流浪者。

回顧一年

[一九一二年] 十月九日　將住慣了十幾年的東京拋在腦後，留下毫無依靠的家眷，踏上渡台的旅途，正是去年的今天這個日子。光陰似箭，不知不覺中很快就滿一年了，一年的歲月說短不短，

三百六十五日，八千七百六十個小時，回顧過去，我到底成就了什麼事？雖然現在已實現了照我所希望的能夠與台灣原住民接觸，可是仍然無法十分了解他們的語言，因此能夠為他們做的事情實在是微少，真令人汗顏。但是不管任何事，絕不可能短期間一朝一夕就能達成，特別是教化台灣原住民這件事，更是難上加難。要在一年或二年內的短時間內就能看到效果，實際上是不可期望的事，必須不著急、不停止，像踏牛步般地當做終身事業來慢慢地進行，即使收不到任何效果，也要忍耐到底，假若能夠像一粒麥子落在地裡，我也甘心，這對於肉體軟弱、信仰薄弱的我來說，雖然是不可能的事，但是藉著上帝的幫助，必定能達成，我只要在基督裡，就能達成所有的事的。

去加拉排部落診療

[一九一二年] 十一月三日　今天是禮拜天，到去年為止，它是天長節[9]，也是最快樂的日子，今年卻值明治天皇駕崩國喪期中，不自覺地感到有些悲傷。九點鐘起，與家人一起禮拜來得靈糧。下午正在研究原住民語言時，從加拉排部落來了二名原住民女子告訴我：「有一位病人極其痛苦，請馬上前往診治。」我立刻做些準備，從家裡出發時，已過二點鐘，雖然離此地很近，卻都是坡路，徒步四十分鐘終於到達，在屋內，馬賴・梭日依的太太躺在床上，很痛苦的樣子，我認為是胃痛，將帶去的藥馬上給她服用，稍微休息後，二名原住民護送我到家，已過了五點鐘，調配了藥劑，送走

9 紀念明治天皇誕辰的節日。

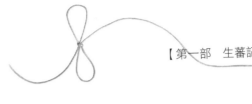

他們之後，我才入浴來消除疲勞，我自己本身雖然醫術的經驗很少，到底是不能做到完全的治療，不過我以真心對他們的同情，加上藉著天父的恩典，迫切地祈望能夠除去他們的病苦。

歸順原住民殺了台灣人的頭

[一九一二年] 十一月十日　今天是禮拜日，所以和家人一起研讀聖經，祈求上帝從天上賜下能力與恩惠。為數名原住民調配些藥，下午一點多時，有台灣人和原住民多數一起進來駐在所，這情形絕非小事，我出來一看，加拉排部落的巴耶斯‧他卡和大奧斯‧吉瓦斯雙手被綁著，由二、三十名台灣人帶來，另有十數名原住民在其中，每個台灣人都怒氣衝天，帶著蕃刀，手握著槍，隨時都可能攻擊原住民的氣勢，原來是在下游二百多公尺遠的道路上，台灣人被砍了頭，兇手當場被逮獲。啊！為什麼要做這樣卑劣的事呢？要到何時才會沒有這種壞習慣呢？巴耶斯他們幾乎每天都來這裡玩，今早在駐在所的庭院還見過他，對他們的性格真是一點也不能放鬆。倆個人都木然，傻傻地，說句不好聽的話，一臉癡呆的表情，其中一名還是十五、六歲的小孩子，怎麼真敢做出這麼大膽的事呢？到處都讓人覺得他們是嗜血的人種。今天，部落全體都要參加道路的採伐，這二名應該也是要一起工作的，怎麼會做出這種錯事呢？被殺頭的台灣人是太田方面的前進隊所使用的挑夫，因受不了苦役，加上不知何時會被原住民殺害的恐怖，好像是從那羅山方面逃走來到這附近而迷了路的，也許無論如何都是該死的命運，實在可憐。我自認為，若完全已歸順的台灣原住民都是這個樣子的，那麼樟腦製造會社的業者，還有我們，也都是無法安心在此地居住

的，特別是婦女們，更是令人覺得很恐怖。我迫切地祈願，由我們開始到所有的人身上，都有上帝的保護而不被殺害。

聖誕節當天的慘事

　　[一九一二年]十二月廿五日　今天是來台後第二個聖誕節。幸好天氣很好，在感謝中起床享用早餐。早上，數名原住民來拿藥，我正在調配時，聽到在尖石（離此地一里處）方面有槍聲。我去駐在所查詢到底發生了什麼事？原來有人來報案說有挑夫被殺害，於是數名警官僕役趕去現場，我和一名警官一起在駐在所留守。不久，從尖石監視所打電話來，金傳（該所的僕役）和水泥匠（塗過我家牆壁的男子）被殺害了，真是令人痛心的事。剛剛才來問我需要什麼東西而託他買東西的金傳，跟剛做完牆壁補修而踏上歸途的水泥匠，這二名可愛的生命，一瞬之間就失去了，特別是金傳，在此地已經當了十年以上的僕役，參加過數次討伐隊也不曾受過傷，竟然在今天失去寶貴的生命，再也回不來了，甚感遺憾！去年聖誕節時，我只有一個人，而且是剛入山地沒幾天，過的真是寂寞的聖誕節。今年，家眷也來台了，我想應該會比去年的聖誕節更覺幸福，卻在和平君王耶穌降生的這一天，發生這種殺人頭的慘事！天父啊！赦免他們，因為他們不知道他們所做的是什麼，求上帝憐憫他們，開啟他們的心眼，能夠悔改大罪，成為和平的人民，敬畏上帝，愛人，將流著人血的手成為拯救人的手！

明年的決志

　　[一九一二年]十二月卅一日　光陰似箭，多事的明治四十五

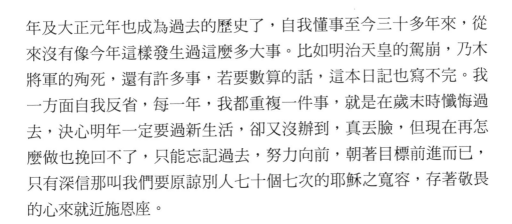

年及大正元年也成為過去的歷史了，自我懂事至今三十多年來，從來沒有像今年這樣發生過這麼多大事。比如明治天皇的駕崩，乃木將軍的殉死，還有許多事，若要數算的話，這本日記也寫不完。我一方面自我反省，每一年，我都重複一件事，就是在歲末時懺悔過去，決心明年一定要過新生活，卻又沒辦到，真丟臉，但現在再怎麼做也挽回不了，只能忘記過去，努力向前，朝著目標前進而已，只有深信那叫我們要原諒別人七十個七次的耶穌之寬容，存著敬畏的心來就近施恩座。

渡台後第二個新年

　　一九一三年一月元旦　今天是快樂的新年，和所員們一起泡個早澡，互相道喜拜年後，舉行家庭禮拜。在新年的開始，得到新的靈糧，在感謝中享用早餐。九點鐘左右，樟腦製造所的員工來拜年，不久之後與駐在所員們一起開始新年慶祝宴會，我雖然不喜歡，也得出席。大家一邊吃喝一邊唱歌，十分熱鬧，真像在山地管制區也已經得到和平的心境，十一點鐘左右散會，之後他們將前往會社，我也同路，在那兒又是重複剛剛那種熱鬧的場面，過了一點鐘才回家。過了年，日月更新了，可是人們卻沒變化，我自己也什麼都沒有改變，我不曾舉過酒杯，也不曾唱過流行歌曲，我將飲食視為其次，在往年都會去參加新年修養會，或初週祈禱會，或是與別人分享交通，過著另一個世界的生涯，自從入了台灣山地以來，沒有信仰的友伴，周遭完全是屬於肉體的人，應酬成為避免不了的事，不得不鼻聞酒味，耳聽俗歌，真是悲哀的境遇。懇求上帝因著天父的恩典，如同在異邦中也不受污染的但以理或約瑟那般地潔淨我，進

而能夠感化他們。

　　下午，有位西拉克的原住民被樟腦會社的狗咬傷，跑來要求治療，手和腳都被咬得很深，大概不容易恢復吧！我雖然覺得他可憐，可是看到他挨家挨戶正如乞丐般的行為，反而認為這是對他的懲罰，也許對他自己反而是好呢！告訴他要注意那些事，勸他需要再回來換繃帶等，就請他回去了。

首次住宿原住民的家

　　［一九一三年］一月十日　今天和 S 先生一起要去西拉克診察數名原住民。S 先生在尼浩家住宿，我在依凡家過夜。日本人很少在此地住宿過，所以附近的男女老幼都相約而來，大家一起聊天，不知不覺地居然聊到深夜，真有說不出來的感動。倘若在他們尚未歸順的時代來到他們這裡，不知將會遭受到什麼樣的待遇，頭會飛掉吧？即使留條命也必須降服他們，也許也會被他們紋面也說不定吧，如今卻一點也不用懼怕，反而倍受歡迎地接受招待美食，得以高枕安眠，實在是感激不盡。

　　翌日十一日　今天為了診療頭目巴度・苟日依的緣故，用完早餐即在二、三名原住民兵丁護送下出發，經過險峻的山路，好不容易才抵達，他看起來比去年年底來看診時多少恢復了一些，可是長期營養不良，加上養生也不容易，實在不可能很快恢復。給了他幾天份的藥，休息了一下，回到尼浩家已是十一點鐘了，本來打算今晚再住一夜，研究原住民語言，學習原住民情形，可是 S 先生卻要回家，只好一起回家，回到家已是下午一點鐘。

　　再次日，十二日　前晚借宿過的依凡太太和尼浩的母親及另一

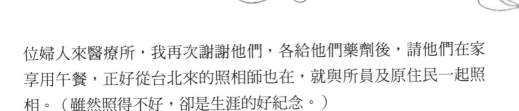

位婦人來醫療所，我再次謝謝他們，各給他們藥劑後，請他們在家
享用午餐，正好從台北來的照相師也在，就與所員及原住民一起照
相。（雖然照得不好，卻是生涯的好紀念。）

緒方先生的歸回山地

[一九一三年] 一月廿三日　聽說回去日本國內很久的緒方先
生，已經歸來山地了，我帶著數名原住民到內灣去迎接他，彼此祝
賀互道平安，閒聊了一會兒就一起踏上歸途，他們的行李很多，加
上有小孩子隨伴著，途中休息了好幾次，回到家已是下午四點鐘
了，整理行李後，共進晚餐，談起日本國內的種種，竟忘了時間的
飛逝。幾年沒歸鄉，這期間物質文明的進步，以及思想界的變化，
好像都令緒方先生極為吃驚。他在台北時曾與武本、那須兩位先生
見過面，靈性上得以大長進，所以希望以後能夠多加研究聖經，這
真是一件好事，希望他能進入真正的信仰生活。

開設蕃語講習所

[一九一三年] 一月廿七日　一直傳聞著的蕃語講習所終於要
在角板山開設了，本所一名，西拉克一名，拉號一名等巡查，須於
三十日前出發到角板山報到的命令已經下來了。緒方先生也收到以
教官身分必須赴任的命令，我自己也很希望能夠進入蕃語講習所，
曾經向支廳長陳述過我的希望，卻不被採納，感到實在非常可惜卻
也沒辦法。即使我不能去講習所學習語言，而緒方先生仍舊在此地
的話，我也能隨時方便地請教他的，但他這一去上任，真叫我一籌
莫展，可是，倘若能教導多數的人成為原住民通譯的話，在原住民

撫育上能盡力時，不也是很值得慶賀的事？我自己只好盡最大努力
獨學，直到時機成熟。這世間本來就是有相逢，必也有離別的，我
還在嘮叨什麼，經由不可思議的緣份與他相識，我們成為難得的好
朋友，我不僅從他那兒學習到原住民語言及原住民情形，並且我們
成了肝膽相照的至交，如今卻必須分離，令我禁不住地流下遺憾的
眼淚。 別離在人情上實在是令人難受。現在無論如何惋惜，也是要
別離，還不如以高高興興的心情來歡送他，相信總有一天，我們能
再相會共同一起工作的。去吧！向前更加奮鬥工作吧！至終持續正義
的爭戰而取勝利吧！盼望天父的祝福，豐豐富富地加在他的身上。

不是在作夢吧！

　　[一九一三年]二月十二日　　送走緒方先生已過兩週了，現在我
連談話的友伴，可學習的人也沒有，成為孤單單的一個人。下午二
點鐘左右，我手裡拿著本子到庭院裡，抓住原住民就一心練習原住
民語言時，駐在所員來告訴我，支廳有人來電話要找我，馬上去接
電話，原來是本廳要我去角板山蕃語講習所的命令，預定三日內要
報到，要我馬上出發。這是在作夢嗎？或是幻想嗎？還是影像嗎？
開始上課至今已經過了二個禮拜，我才接到這種通知，這絕對不是
夢。確實是官廳的通知，我的希望終於實現了。

　　第二天十三日　　我清早準備好十點多鐘就出發，到達樹杞林已
經是三點左右了，再次在赤木先生家作客。隔天十四日九點鐘向新
竹出發，我初次來此地時，覺得這條路非常危險，不知是習慣了還
是怎樣，現在一點也沒有感覺，這正是會陷入失誤的原因吧！看見
在相思樹間吃草的山羊和黃牛，在水塘裡有成群的水牛，一眼望去

盡是一大牧場，真是有趣。若在日本國內，現在正是一年之中最寒冷的時候，這裡卻草木青綠，秧苗也長了二、三寸，告知春天已來到，真令人高興。一下子就到達新竹，自那裡搭火車到桃園時已過了二點鐘。馬上就乘上輕便車向大嵙崁而去。在新竹與樹杞林之間的輕便車，因為拐彎坡地很多，十分危險，這裡卻是十分平坦，好像在砧板上滑動般，一點也不危險，又慢吞吞地，反而令我覺得愛睏。還沒到嗎？還沒到嗎？我一直打著呵欠，突然一個左轉彎竟成了險降坡，輕便車開始一瀉千里疾行，放眼望去，寬闊的河原，清澈的水流，比起剛剛途中的平凡，現在竟是十分美妙的絕景，覺得有說不出的快感。若都像這種地方，我真想一直坐下去，正想著想著，不久就到了大嵙崁街頭，去一趟支廳，與支廳長會面告知來意，因為尚未收到本廳來的通知，他打電話去求證，那時剛好是四點鐘。由這兒到角板山，還須花四個小時，所以我決定明朝再出發，辭別了支廳去拜訪奈須先生，他不在家，由夫人出來會面，我們雖然是首次見面，但因為以前通過信，彼此意志相通，就好像是早已認識的舊友那般。夫人好意地介紹我到旅館投宿。

好久沒過的學生生活

　　[一九一三年] 二月十五日　從早上就一直下雨，所以今天台車不開駛，想雇個苦力一同去報到也找不到，十一點鐘過後，幸好雨停放晴，搭上輕便車再度出發，途中卻下起大雨，一路上都是坡路且多拐彎，真令人緊張。我首次來此地，又沒有人伴隨，好幾次一直看著錶，每遇到人就問還有多遠？下午三點鐘好不容易到達角板山，與長谷川主任警部長會面，告知來意後他就帶我去宿舍，好久

以來再次當學生很興奮，與加拉排方面來的警官們見面後，去訪問緒方先生，意外地竟遇到我出發時，還住在加拉排的緒方先生的家人和山羊，他們抄近路翻山越嶺，昨夜就已經到達此地，彼此都很驚喜，快樂地談些話後就回宿舍。

女宣教師來角板山

[一九一三年]二月十九日　今天在福州的宣教師們將要來此山地管制區參觀，我心中悄悄地等待著，他們三點多鐘到達後想見識吊橋，所以我帶他們去走吊橋，這吊橋長度超過八十公尺，看起來危險卻是很稀奇的橋。爬上陡坡回到宿舍已經黃昏了，晚餐後我到旅館去拜訪他們，他們問起我的職業及目的等等，我告訴他們：「我打算要當對台灣原住民傳教的傳道者，目前正在專業準備中。」他們聽後大感吃驚，也甚喜悅，深表同情，我們一起祈禱後，我就回去宿舍。一行人中有一位女士，是美國印第安那州出生的，認識在台北的劉忠堅夫人的弟弟，他曾與教友平出先生一起在泰勒大學研讀神學，平出先生曾經通知過我，所以我覺得很懷念，我們真的是葡萄枝，在意想不到的地方，遇上意想不到的人，因著有同樣的信仰，就能見到這樣的相連關係。聽到一行人明天預定去彰化拜訪文安姑娘，我就託他們帶封信去給她，文安姑娘是我渡台以來的同情者。

妻子的到來及次子的出生

[一九一三年]二月廿二日　妻子正大腹便便，我又不在家，實在是萬事都令人操心，身邊還帶著分辨不出東西南北的五歲幼兒，

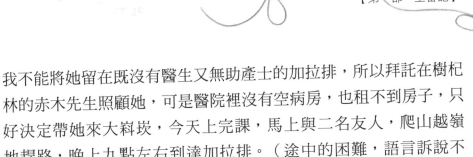

我不能將她留在既沒有醫生又無助產士的加拉排，所以拜託在樹杞林的赤木先生照顧她，可是醫院裡沒有空病房，也租不到房子，只好決定帶她來大嵙崁，今天上完課，馬上與二名友人，爬山越嶺地趕路，晚上九點左右到達加拉排。（途中的困難，語言訴說不盡。）帶著家眷於廿五日到達大嵙崁，先將他們留在旅館，我自己冒雨徒步回到角板山，以後在角板山租個房間，三月十五日從大嵙崁接他們來，四月九日，天未亮時，次子出生，取名正明。

畢業後回加拉排家

　　[一九一三年]七月十三日　今天終於舉行蕃語講習所畢業典禮，大嵙崁支廳長來頒發證書，下午經由大嵙崁要回家，快到大嵙崁時，下知道哪裡發生什麼故障，台車竟翻覆，大湖支廳的緒方巡查受了傷，幸好我在這災禍中沒有受傷。當夜在大嵙崁住一晚，翌日往新竹再住兩晚，七月十七日回到已五個月不見的地方加拉排。充滿感謝地安眠。像這樣子，我參加了本來幾乎沒有希望的原住民語言講習，儘管只是短期間的學習，但已經學習到原住民語言的大略，得到惟一的武器，這完全是出於天父恩典以及上司的恩賜來的。

聖誕節與新年宴會的相衝

　　[一九一三年]十二月廿五日　今天是渡台以來第三年的聖誕節。早上很早就起床，幸好天氣良好，自然心情也愉快，我今天想招待駐在所員和樟腦會社職員，可是駐在所員說因要檢點檢查，白天比較不方便，就決定在晚上招待，也發出邀請函準備。

　　下午過四點鐘時，O先生來告訴我，因為拉號、西拉克兩駐在

所員來了，他們大家已經講好今天要舉行忘年會，現在正在準備中，所以會早點把宴會結束後再來我家拜訪。要做什麼事是每個人的自由，可是我早上就已經發出邀請函了，大家都知道我是基督徒，是個禁酒主義者，為什麼又偏偏要在今晚來舉行忘年會呢？到年底還有一個禮拜的時間，要在哪一天舉行忘年會都可以，在廿五日就舉行，未免太早了吧！但是這也是人家的自由，我也無法阻止。

吃晚餐時，某先生來邀請我，忘年會要開始了，希望我出席，我雖然心裡不想去，可是若不去，又會傷害別人的感情，只好照他的話去參加，去看一看沒有什麼改變的宴會而已。要我參加世人的應酬，實在是一件困難的事，那麼不應酬不就得了，可是住在這偏僻深山惟一的公共場所裡，卻又是避免不了的事，特別是想要多人得救的話，非得在猶太人當中作猶太人，在外邦人中做外邦人不可，必須忍耐當眾人的奴僕（哥林多前書九章）。三十分鐘過後，妻子來找我，告訴我會社職員已來到家裡了，我藉此告辭。與O先生夫婦稍聊些話時，駐在所員也來了，我就將聖誕節的意義及基督教的要義告訴他們，提供一些茶點，九點鐘左右散會。還有二、三人留下來，繼續共渡歡樂時光。十點鐘過後，每個人都回家去了，我們也感謝上帝就入睡了。去年的今天，曾經發生僕役金傳被殺害而引起大騷動，幸好，今年很平穩，還可以跟數人談及基督的降生，得以快樂地過一天，真是感謝不已。祈願以後更加平穩，無論是日本人、台灣人、台灣原住民，大家都能成一體來讚美主，求主的臨在常顯明在我這個小家庭，使它充滿和平及愛，成為和上帝國的一部分相稱的家庭。

水結凍

　　一九一四年一月元旦　早上起來去井邊一看，到處都是霜，桶子裡的水都結凍了，令我想起在日本國內的新年。自渡台以來這是第一次看到結冰。原來在台灣也有冬天！長子早上一起床就好高興，「爸爸！水凍成冰了吔！我第一次看到的呢！」一面叫好冰好冰，用手去取冰，一面在火爐旁取暖純真的樣子。實際上在台灣成長的孩子，許多人都不知道雪或冰是什麼樣子，特別是在這深山中，周圍沒什麼可見識的材料，若是回去日本國內的話，看到東西就會說，這個是第一次見到的，那個也是首次見到的，許多東西都可以說是第一次見到的。但是我是已經完全獻身了的人，還在嘀咕這樣的事，未免太……

　　駐在所裡，政府為台灣原住民預備了許多酒，因此黃昏之前都有人在前面的庭院繼續喝酒，有的人唱歌、有的人跳舞、有的人醉得嘔吐、有的人倒在地上走不動，真的是各式各樣地目不堪睹，本來是文明人的，竟也跟這些人同樣醉醺醺的，彼此都不知羞恥地說著什麼：「新年嘛！……」一句話就把喝酒當做是理所當然的事，政府當局認為給他們酒喝是惟一最佳的恩典，而台灣原住民也認為這是最好的禮物，就高高興興地接受呢！令我覺得他們很可憐，他們將來會成為什麼樣子呢？祈願藉著天父的大能，將對他們傳福音的自由和力量賜給我，使卑微的我能為他們做些事，有朝一日他們能夠成為喝主的寶血、吃主肉[10] 的人！

---

10 聖餐儀式，以葡萄汁代表基督的寶血，以麵餅代表基督的身體。

緬懷賈德遜先生

　　[一九一四年]一月十三日　今天除了給數名原住民調配一些藥劑外，沒有做什麼特別的事，只閱讀了賈德遜傳記。首先我就對他從幼兒時期到學生時期那種非凡的人格感到十分驚奇。他志願到外國傳道，於航行中的船上有關幼兒洗禮問題的信仰變化，他在緬甸傳道所受的辛苦，我都深為同情、同感。緬甸與英國開始戰爭時，他因被懷疑向英國報告一些有利於英國的情報——其實是毫無根據的——而被捕入獄，在監獄二十一個月之久，受盡鐵窗苦楚，而努力營救他出來的夫人也是極其辛苦，那種悽慘的狀況，叫人禁不住流涕。

　　他致力於語學研究，為了傳教，費盡心力，困苦的狀況實非言語所能表達，相較之下，我頗是慚愧，在這裡過著微溫的生涯，期望我能效法他，向他學習，即使像踏牛步一般地緩慢也好，不要著急、不要停止，要抱著希望勇往前進。

教友中根先生來訪

　　[一九一四年]一月十六日　下午二點鐘左右，駐在所有人叫我，出來看是怎麼一回事，原來是教友中根先生來訪問我，於是很高興地迎接他到家裡聊天，一聊竟忘了時間。見到許久不見的相同信仰的友人，心裡充滿著說不出來的感謝，我們一直聊到深夜才上床睡覺。

　　第二天十七日　我帶著中根先生去參觀原住民的生活情況，先去探訪彼厚‧拿巴斯家，幸好他全家人都在，他們非常歡迎我們，因為我們突然造訪，他拿不出什麼豐盛的東西來招待我們，就拿香

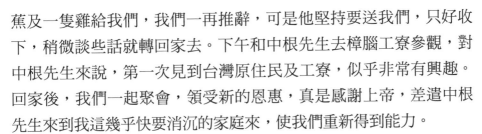

蕉及一隻雞給我們，我們一再推辭，可是他堅持要送我們，只好收下，稍微談些話就轉回家去。下午和中根先生去樟腦工寮參觀，對中根先生來說，第一次見到台灣原住民及工寮，似乎非常有興趣。回家後，我們一起聚會，領受新的恩惠，真是感謝上帝，差遣中根先生來到我這幾乎快要消沉的家庭來，使我們重新得到能力。

　　第三天十八日　中根先生回去了，我送他去到二里多的地方才依依不捨地告別，求主祝福中根先生及其家庭。

跟隨主的腳蹤

　　[一九一四年]四月十日　今天是主的受難日，全世界信徒都在思念主的受苦，是個自省、克己的日子。我和家人一起恭讀約翰福音十八章，重複讀好幾次，從彼拉多的院子到各各他的記載，受到無法言盡的感動。千萬不要認為這是二千年前所發生的事就忽忽瀏覽過去，倘若現在眼前就見到主被釘在十字架上的樣子，將會如何？「父啊！赦免他們，因為他們所做的，他們不曉得。以利、以利、拉馬撒巴各大尼。」上帝的話語就在耳邊響著時，你會做如何感覺呢？膽小的我，也許會像彼得一樣地說：「我不認得他。」逃走了也說不定。我現在的信仰，實在是很少思念主，也難得思念主在十字架所受的苦，期望今後更加深切地思念主，讓祂的愛激勵我，而捨棄自我，背起十字架，跟隨主的腳蹤而行。我整天都在讀經禱告。

隔了三年回日本國內

　　[一九一四年]八月十九日　自渡台以來，快要滿三年了，為

了領受靈糧，好想回日本國內去，正在此時，神戶的 T 先生來信勸
我，要不要參加在有馬 [兵庫縣] 舉行的靈修會？幸好手上也有些旅
費，就狠下心決定去參加，本來我想攜帶家眷一起去，可是在準備
中發現許多事情不順遂，只好自己一個人回去，昨夜就寢前，對長
子說：「明天帶你去日本。」今早卻又叫他留下來看家，就忿忿不
平，追到門口大哭大叫：「爸爸撒謊！我也要去！」可是我仍將他
留在身後，於七點半鐘左右出發。但是他的哭聲一直在耳邊回響，
心裡真想回頭走去。

　　附記：自有馬靈修會開始，之後我遇見許多人，領受到新的靈
糧，滿懷感謝回到山上已是十月中旬了。在這期間，一個人孤單地
忍受著危險，照顧兩個無法分辨東西的幼兒，幫我看家的妻子，我
深感憐愛，也深深感謝那保護我們、引導我們，深愛著我們的天
父。

令人害怕的世界珍品？

　　[一九一四年] 十月卅一日　　有位原住民從麥樹仁部落來找我，
說今年春天支廳送給他的種牛生病，要我去診察一下，我就和駐在
所的 N 先生一起走山路過去，十點鐘左右到達他所指示的牛舍，意
外地牛竟早已死掉了。

　　那隻牛似乎已經病了很久，很衰弱地只剩皮包骨而已，加上全
身被蟲侵蝕得好像魚鱗一般，屁股邊的皮也破了，實在極其淒慘。
我真佩服他們居然任它病成這個樣子，到底起初是因為生病，不勝
蟲蝕，還是因蟲蝕以致生病，都不知道，總之是因為蟲蝕，吸了牛
的血以致被奪命的。正如教訓我們人類的罪與死的關係是相似的。

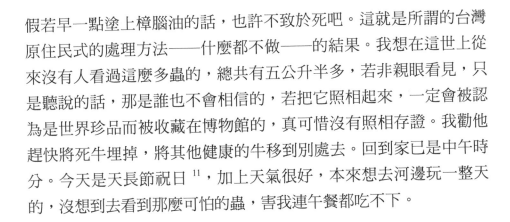

假若早一點塗上樟腦油的話，也許不致於死吧。這就是所謂的台灣原住民式的處理方法——什麼都不做——的結果。我想在這世上從來沒有人看過這麼多蟲的，總共有五公升半多，若非親眼看見，只是聽說的話，那是誰也不會相信的，若把它照相起來，一定會被認為是世界珍品而被收藏在博物館的，真可惜沒有照相存證。我勸他趕快將死牛埋掉，將其他健康的牛移到別處去。回到家已是中午時分。今天是天長節祝日 [11]，加上天氣很好，本來想去河邊玩一整天的，沒想到去看到那麼可怕的蟲，害我連午餐都吃不下。

教友的來訪

　　[一九一四年] 十一月十二日　樹杞林的中根先生帶著新竹的久保先生來看我，好久才遇到的主內弟兄，我去迎接他們來家裡聊天，大家都很高興。久保先生在北海道曾有從事農業的經驗，想要在台灣本島經營農業而渡來台灣，他家裡是經營和服的，自己也有從商的經驗，目前等著適當的路打開，暫時寄居在新竹的某店家。晚餐後，恭讀約翰福音第三章，一起感謝後就寢。第二天，十三日早上我帶他們二人去參觀附近的原住民的茅屋，樟腦工寮等，順道去派侯・拿巴斯的家，稍稍交談一下就回家了。下午，我送二位弟兄回去，途中在一棵大樹下的石頭上休息，交談了一個多小時，一起禱告，領受聖靈的感化。中根先生告訴我，他因為有些緣由要回日本國內了，我突然覺得很孤單，很悲傷地跟他道別，我目送他們直到看不見，才一面禱告祝福，一面回家。

11 紀念明治天皇誕辰的節日。

只有以禱告和言行來見證主而已

[一九一四年]十二月廿五日　去年因為聖誕節慶祝會與忘年會相衝，未能得到預期的成功。今年就決定不再邀請別人，只與家人一起慶祝主的降生。別說在殖民地傳道很困難，在不瞭解基督真意的人群中，享受著官吏待遇的我，要傳道是更加困難的。若要對台灣人或原住民傳道，只要熟練語言，應該沒有什麼太困難，反而是要對本國人傳道很困難。我最初就是領受要向台灣原住民傳道的使命而來台灣的，儘管不能盡力對本國人傳道，可是我很想利用種種的機會，至少向居住在這裡、每天和我親密交往的本國人傳福音，因此去年聖誕節就招待他們，結果幾乎是失敗了，所以今年就不想再辦了。依目前的情況，我只能以禱告和行為，在眾人面前做見證，以外沒有什麼其他的方法。祈求藉著主的恩惠，為他們禱告，以愛的行為來引導人，希望能一同享受讚美主的幸福！

若是基督？

一九一五年元旦　早上，樟腦會社的職員及拉號、西拉克二駐在所員來拜年，今年也是平凡的新年。若不是藉著行善而把愛表達出來的話，我的行為就不值得被記錄下來。我想從今年開始停止一切應酬，也許有人會說：「基督豈不是也參加婚宴，且將水變成酒呢！所以酒宴其實是不錯的。」但是宗教上的猶太人之酒宴和日本今日的酒宴，是有天壤之別的，日本人是為了喝酒而有宴會，絲毫看不出什麼宗教上的、認真的成分，假如基督出生在現今的日本，絕對不可能行這種神蹟的。原住民們和往年一樣在駐在所裡，一大群人聚集著在喝政府所提供的酒，巴耶斯‧拉卡和亞貴依‧瓦旦開

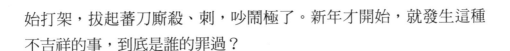

始打架，拔起蕃刀廝殺、刺，吵鬧極了。新年才開始，就發生這種不吉祥的事，到底是誰的罪過？

啊！笹尾先生

[一九一五年]一月七日　今天是個悲傷的日子，本來應該是高興的七草節[12]，卻聽到我的恩師——過去十餘年間教導我、養育我，將我塑造成今日之我的笹尾先生——竟然已經歸天。

下午四點鐘左右，收到數封信，其中有一封是大阪的 Y 先生之來信：「笹尾兄的永逝，雖然是照著上帝的旨意來成就的，可是按著肉體來說，實在覺得十分遺憾！」我重複地讀了許多次，感到真悲傷，並不是文字錯誤或是我讀錯了，只是彷彿在夢中，不能相信。將信給妻子看，她只「啊！」的一聲，看了我一眼，隨後就沉默不語。稍後，妻子打破沉默：「笹尾先生是患了病嗎？」直到去年十一月左右，他還在九州地方到處巡迴，所以不可能患長病的。我雖然軟弱，但是能夠持續信仰直到今天，完全是拜笹尾先生的賞賜，啊！真是悲傷！欲哭無淚地回答後，再次沉默著，我獨自一個人默哀了約半個多小時。

想起來，人的生命真是不可預料。真的是如雲霧般，出現稍時就不見了，笹尾先生平素身體雖然不是很強壯，卻時常在信仰上站立得很堅定，常常戰勝一些小毛病，現在竟被蒙召，真是作夢也想不到的事。去年在有馬的靈修會上還見到許久不見的他，經由笹尾先生，我重新領受恩惠，靈修會結束後，我還與笹尾先生同行到大

---

12 源自中國的日本節慶，該日食用七草粥補充營養，象徵冬去春來，祈求祛邪消災。

阪，送他去參加關東的靈修會，在梅田車站我們才分手，那竟成為我們最後一次的會面，他那充滿著愛的言辭，清澈發亮的眼神，明亮的面貌，還有溫暖的握手，現在彷彿都還呈現在我眼前呢！

啊！從人情來想，今後到哪裡都不能夠再握到他的手，見不到他明亮的面貌，聽不到他被聖靈充滿上帝的話語了，實在是很遺憾，很悲傷的事。想到基督被殺害時，那些門徒的心境，大概也是如此吧！但是上帝召了笹尾先生，是要我們覺醒，在肉體上，我們是與笹尾先生別離了，可是在靈裡，卻因為這樣，將來我們可以在不再流淚、不再死亡、不再別離，永遠的天國裡相會，所以笹尾先生這麼早被召去，正是在為我們做準備。從今以後，我們再也不要倚靠誰了，只須專心注目於上帝。

屬靈的父母

[一九一五年]二月九日　早上去探望 H 先生的病，發現情況不妙，懷疑是黑水熱 [13]，勸他下山去樹杞林，於是用擔架抬著，由 J 先生護衛著下山。祈求上帝保守他一路平安地住院接受治療得以痊癒，早日回到山上來。下午，收到內村先生的來信，上帝在過去常常使用內村先生藉著聖經之研究，來教導我，現在直接用筆墨來指導鼓勵我，實在是感激不盡。我在研究雜誌上與內村先生的心靈接觸，以及與笹尾先生見面，都是在一九○三年，幾乎是同時期的，我由二位恩師的身上領受到不同的尊貴感化，一陰一陽，不同的教導。我想稱呼內村先生是我屬靈的父親，而笹尾先生則是我屬靈的

---

13 瘧疾的俗稱。

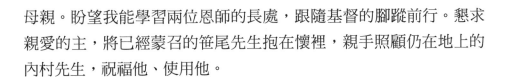

母親。盼望我能學習兩位恩師的長處，跟隨基督的腳蹤前行。懇求親愛的主，將已經蒙召的笹尾先生抱在懷裡，親手照顧仍在地上的內村先生，祝福他、使用他。

內村先生的書函

敬啟者：

　　前些日子收到貴函，十分謝謝，聽到你對台灣原住民的工作很順利，感到十分高興，傳道成功的惟一祕訣就是忍耐而已，努力工作來等候上帝賜收割吧，千萬千萬不要失望，當專心期望，時候到了，主必賞賜豐收，只要把福音的種子播種下去就好。（馬可福音四章廿六～廿九節）謝謝你送來那相當有益的研究結果，我將會把它登載在三月份的雜誌上，希望你能時常送些同類的論文來。對於台灣原住民的習慣、語言方面等，是很有興趣的研究材料，不一定只侷限於宗教性的，有必要知道所有原住民各方面的事，只是需要精密的研究。以上是我的回音，至於笹尾君的事，實在是很遺憾，見到他死時的面貌，我只有「安詳」一句評語，確實相信他已經在天國裡了。

　　　　　　　　　　　一九一五年二月三日　　內村鑑三

長子的入學（想和孩子一起哭）

　　[一九一五年]三月卅一日　明天學校就要開學了，今天無論如何都必須冒雨帶孩子和二位被託付的附近小孩去學校，我帶著三個孩子於九點鐘左右出家門，一路平安地在下午一點鐘左右到達樹杞林，馬上去學校。可惜因為校長不在，就將行李寄放在學校後去找赤木先生，又要再次託他幫忙照顧，晚餐後將孩子帶去學校，完成他們寄宿宿舍的申請，見他們上床後才回我住宿的地方。第二天早上五點半鐘起床，正在洗臉時，赤木先生家的護士來告訴我：「有個台灣人帶著您的孩子來找您。」往那邊一看，長子獻被一個台灣人帶著，站在那兒，詢問之下，原來是獻跑到街頭上一直叫著「父親」、「父親」的，問他爸爸到哪兒去了？就哇地大哭起來，到處尋找，才知道父親在這家，所以帶他來這裡。馬上陪他去學校，卻發現都還沒有人起床。原來是獻一大早就醒來，為了找父親而在市中心迷了路。才七歲大的幼兒就被送進宿舍，實在是很可憐，可是環境上又只能如此做。稍後老師和其他學生也都起床了，大家一起享用早餐，看他高興地用餐，我就偷跑回住宿的地方。正在準備要回山上時，他又哭著由別的學生帶回來，我心裡也很想哭，強自按捺下來，故意大聲地責罵他，赤木先生出來，於是請赤木先生的兒子勉，帶他去學校，我也趕快告辭，踏上回家的路。啊！……

長女的誕生──自己剪臍帶

　　[一九一五年]四月七日　大腹便便的妻子，在半夜裡覺得要生產了，我趕快燒開水，整理房間，整夜忙得不得了，早上七點鐘左右，女兒終於平安地生下來，本來我全身一直都很緊張，到那時

才好像卸下重擔似地放下心來。當我親手剪臍帶時，駐在所的 T 夫人來了，馬上請她過來幫忙，好不容易才給嬰兒洗澡。不知是否因臍帶沒結好，還是剪得不乾淨，肚臍一直出血，令我十分耽心，幸好沒發生什麼大礙，一個禮拜左右臍帶頭就掉了。我曾經想過，在這沒有助產士的深山中生產，實在是冒險的事，所以打算要下山去樹杞林，可是想到十三萬個台灣原住民生產時也沒有助產士，若發生難產時，也只有近親的女人家幫忙而已——以前在日本的鄉下也是一樣的——我們一家既然希望成為他們的朋友，在這種時刻，更必要親身體驗這種原始的生活不可，所以當我和妻子商量時，妻子也贊成我：「不用下山也會順產吧！」就是這樣，才有今天這個冒險，實在是承蒙天父的恩典及鄰居的關懷，才能順利地生產，真是感激不盡。為了緬懷已經歸天的內村路得子，將女兒取同名——路得子，希望能夠向她學習，不要令這個名字蒙羞。

園藝試驗場長的來訪

[一九一五年]五月十九日　從支廳來電話說：園藝試驗場長芳賀技師要來訪問，要我到內灣去迎接他，雖然我沒接到他本人的通知，加上現在正在下雨，他突然地來山上，心中雖覺得奇怪，卻仍然很高興，大大歡迎。馬上做好準備，從家裡出發時，是十點鐘左右。在內灣等一下子，他就乘轎子到了。我們好久沒見面，彼此都很高興。芳賀先生是到新埔支廳管轄區來視察柑橘，順便來訪問我的。縱然外面下著雨，只有主內好友才會到這深山來訪問我。我們聊著信仰問題，和在台北的教友們的事，不知不覺地一下子就到家了，洗完澡一起晚餐後，一家人圍著他快樂地交談，我們同心一起

禱告，心中充滿著在主裡交通的幸福和感謝就上床了。

　　第二天早上，我帶他到附近的部落和樟腦工寮去參觀，請他再住一晚，可是他急著要回台北，所以在十點鐘左右踏上歸途，我送他到內灣才依依不捨地告別，祈求天父的祝福，豐豐富富地臨到芳賀先生一家人身上。

被警告不准傳道

　　〔一九一五年〕八月十九日　暑假結束了，所以帶獻下山，一路平安於二點鐘左右到達樹杞林，馬上送他去宿舍，我住赤木先生家。這次不像四月入學時那樣，沒再聽到獻的哭聲，很安心地入睡了。

　　第二天，我去拜訪支廳長時，他說有話要告訴我，就被接至會客室：「根據新聞雜誌的報導：你是為了要傳道才來這裡的，但是官廳是不准許傳道的，特別是不准對台灣原住民傳教，因此今後必須注意不要有這種事情發生。」警務課長這樣警告我。當然，我入山的目的是要對台灣原住民傳教，但是現在還沒得到傳道的自由，我只是擔任囑託，一方面從事原住民醫療，一方面為將來作準備，雖然並沒有公開傳道，但是身為傳道者的我，自己的言行是基督教的，也是無法避免的事。若是連這樣子也不可以的話，那就跟殺了我是一樣的。假若我不是基督教傳道者的話，是不可能想要為殺害父親的台灣原住民工作的，「我絕對不會做出對台灣原住民有害，對當局者不利的事，敬請放心。」我如此跟課長這樣解釋拜託後就回家。總有一天，這個問題會再發生吧！我真希望能夠早一日得到傳道的許可，自由地工作！

下村長官的統治方針——被漠視的精神界

[一九一五年]十二月一日　早上為數名原住民治療。下午收到一些郵件，看到《台灣日日新報》，上面轉載了《神戶又新日報》所記載的下村長官所說的話，大意是：

在台灣，物質進步已非常顯著，但做為島政之精髓的精神設施，幾乎完全被漠視，特別令人驚訝的是，在監獄裡教誨原住民囚犯的僧侶，竟然沒有一個會說原住民的話，全都需要依靠翻譯，反觀英國宣教師等人，在四十五年漫長的期間，努力熱心地傳道，精通原住民語言，得到非常顯著的效果。在此，有一位名叫井上伊之助的日本人，七、八年前到新竹廳下的加拉排部落去，刻苦生活、專心在基督教傳道上盡力，他是在東京遊學時，親生父親遭台灣原住民殺害，之後下定決心想教導台灣原住民的精神改造，直到如今。像這樣的人物是很難得的，一般的宗教界卻不關心，實在令人遺憾！將來我們當要更深一層，在精神方面普及教育，與台灣原住民融合，鐵路、築港增設，乃當前之急務。

從大阪的中根先生寄來的《每日新聞》，和從東京酒井勝軍先生寄來的《報知新聞》，都記載有上述的記事。我的工作絕對不像長官所吹噓的那樣有效果，所以覺得很慚愧。我三個多月前才受到課長不准傳道的警告，不能自由地傳道，只有間接地與他們親近，只不過是為將來在做準備而已。長官宏觀、遠大的看法和管理台灣原住民機構當局的方針，實有天壤之別，令人深感遺憾！像現在這樣被束縛著，我什麼事也不能做。

去天打那部落往診

[一九一五年]十二月廿四日　從支廳來電話說，天打那方面的原住民中，正流行著感冒，並且十分嚴重，要我去診察。我馬上準備並帶著阿和出發，時已過十點鐘。途中在第二、第三監視所稍作休息，從這地方起就是急陡的山路了，相當崎嶇難行，休息了好幾次才到那兒，時間已是下午二點鐘。當地已經集合了二十多名原住民，所以馬上看病給藥，後來到 Y 先生的宿舍作客。太疲倦了，很早就上床，卻難以入眠，默想到十一點才睡著。

在海拔三千尺的山頂迎接聖誕節

[一九一五年]十二月廿五日　清晨出去戶外，獨自安靜地默禱，領受靈感。早餐後替數名原住民診察給藥，又前往駐在所吃些茶點後回家。原先已經約定好去訪問林李石先生，繞道前往內灣，不巧不在家，只好拖著疲憊雙腳，回到家已是傍晚。

今天沒有辦法舉行慶祝聖誕的形式，但為了所愛的台灣原住民勞苦了一整天，實在是很感謝，施比受更為有福，工作比休息更加幸福。

人心依然是舊態

一九一六年一月一日　這是來此地後第五個新年。駐在所召集了一些原住民，要送酒給他們，所以從早上就開始忙碌。因為有些人生病，不能全部都來，因此分配一些讓他們帶回去。幸好，今年不用耽心會發生像往年一樣喝醉酒、打架等醜態。

過了新年，日子也換新，可是人心卻依然如舊，穿新衣啦、喝

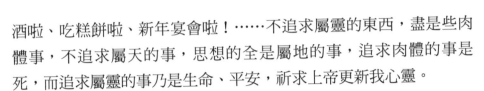

酒啦、吃糕餅啦、新年宴會啦！……不追求屬靈的東西，盡是些肉體事，不追求屬天的事，思想的全是屬地的事，追求肉體的事是死，而追求屬靈的事乃是生命、平安，祈求上帝更新我心靈。

　　"迎接新的年，求上帝賜我新的衣裳穿上。"

河內先生的來訪

　　[一九一六年]一月三日　　駐在所或樟腦會社好像正在熱鬧著慶祝新年。我自去年以來就盡量推辭新年或假日的應酬，所以過了很平靜溫和的新年。下午三點鐘左右，在新埔支廳上班的河內先生來訪，我與他是第一次見面，過去他曾經在宗教雜誌上知道我，就開始與我通信，現在竟成了未見過面的親密好友。我們一起恭讀聖經、一起分享恩惠的福音，一起禱告，領受靈糧，在感謝中就寢。

全家去新埔

　　[一九一六年]一月四日　　我勸河內先生今天再住一夜，反而受他邀請一起去新埔，因為河內夫人也沒有信仰的友伴，一個人在家裡十分寂寞孤單，而我妻子也自入山以來都未曾出外旅行過，所以就決定同去，全家人一起出發，傍晚時，到達樹杞林，跟河內先生約好明天見，他徹夜趕回新埔，而我們全家就接受赤木先生的款待，在他家過夜。

不坐褻慢人的座位是有福的

　　[一九一六年]一月五日　　今天十一點鐘過後到達新埔，河內先生忙儡來迎接我們，相同信仰的兩家人團圓在一起，一起過了很快

樂又很有意義的兩天，在我們四周的人，好像都宿醉未醒就又吃喝玩樂，非常熱鬧的樣子，正巧從台北又來了浪花節[14]，很多人聚來此地，一邊吃喝，一邊聽，後來竟吵起架來，引起大騷動，幸好跟我們完全無關，我覺得嚴守詩篇第一篇的人是有福的。

『不從惡人的計謀，不站罪人的道路，不坐褻慢人的座位，惟喜愛耶和華的律法，晝夜思想，這人便為有福。』

與赤木先生惜別

[一九一六年]一月十四日　以前就聽說過赤木先生終於要調職去淡水了，今晚有個歡送會，所以我九點鐘從家裡出發，一點鐘左右到達樹杞林。當晚在俱樂部有個宴會，有一百多個日本人、台灣人出席，在當地是空前的盛況。第二天早上，支廳職員或民間有志者大家為了歡送他們一家人，都到輕便車車站來集合，把狹窄的市街擠得人山人海。九點鐘過後，輕便車載著赤木先生一家人，毫不留情地出發了，歡送的人潮更是擁擠，大家都很依依不捨，我悄悄地踏上歸途。數年來，我跟他結成比骨肉更親的交往，我受到他們伉儷永遠無法回報的照顧，如今卻不得不別離，真是傷心。人世間本來就是註定悲歡離合的，不管是父子、兄弟、甚至夫婦，也都有別離的一天，何況是身負公職的我們，那更不用說了。赤木先生在這個地方的立場，與其說是順境，還不如說是艱辛奮鬥。特別是去年以來就一直住院，應該是花了不少費用吧！但是，要去赴任的淡水那地方也有教會，是個充滿宗教氣氛的地方，儘管失去屬肉體的

14 即以三味線琴來伴奏表演，大部分都是說些人情義理的事。

物質，離開所熟悉的舊地，但若在那個地方可以得到屬靈的成長，不是更幸福嗎？祈願天父的祝福，豐豐富富地臨到愛兄的身上。

若成瞎眼的話

[一九一六年]一月十九日　右眼從昨天就很痛，自己上藥，妻子居然問我說：「若成了瞎眼，要怎麼辦？」我自己已把生涯奉獻於傳道上了，不管是眼瞎、或是耳聾，甚至於成了啞巴，都要盡力，終身除了傳道以外別無他途。特別是，倘若瞎眼乃是將百惡之源頭——眼慾取去，這也正是上帝的攝理，我還是要感謝、要傳道不可。但是我並不希望成為瞎眼，眼睛是身上的光，我當然祈願有健全的雙眼來傳道。

聽到布克・華盛頓先生的去世

[一九一六年]一月廿四日　為數名原住民調配藥劑診療。聽到美國黑人布克・華盛頓先生逝世的消息，他以半倒的古屋和舊的小雞舍當作校舍，用價值不到美金二元的道具來開設學校，以三十名學生為對象，在黑人教育上做得很成功。而我自己呢？無論遇到如何的困苦、如何的不自由，也一定要完成台灣原住民教化工作不可，真希望能夠早點著手。

賀川豐彥先生的《貧民心理之研究》

[一九一六年]一月三十日　今天也為數名原住民調配藥劑，以原住民語言研究和讀書等來打發時間。閱讀到賀川豐彥先生的《貧民心理之研究》。剛好這記事在「開拓者」上正在刊登。賀川先生

是我要來台灣之前，在神戶的新開地那裡，幫忙一個禮拜的露天佈道時，從聽眾中間站出來，拿出小形的名片，要求與我會面的人。他數年來好像一直都與貧民生活在一起，一面將福音講解給他們聽，一面將研究發表刊印出來。實在是很感人高貴的事奉。我自己跟他大概是同時期來到此地，可是至今仍然沒有傳道的自由，也不能做出十分的研究，真的感到很慚愧。

路得子的住院

[一九一六年]二月廿八日　[井上]路得子數日來一直發燒，情況不見好轉，為了要去樹杞林住院接受治療，妻子與阿房一起帶著她，九點鐘在雨中出發，我為了安撫追著媽媽的正明，帶他到附近的河邊玩耍。前年正明生病，還曾下山去醫病，去年幸好沒發生什麼事，今年才春天的二月就發生這種事，還有十個月不知道將要怎麼過，特別是赤木先生已經離去了的現在，令我倍感困難，只有迫切地求主保守我們。

川澄、三戶兩位先生來訪

[一九一六年]二月廿九日　今天接到主日學協會的川澄、三戶兩位先生要來訪問的通知，所以把家裡、戶外都打掃好等待他們。在丸田儀三郎警部的帶路下，他們於下午四點鐘左右乘轎子到來，很高興見到面。兩位先生都受到總督府特別的禮遇，到處都做很好的工作。三戶先生曾在離我故鄉很近的宇和島教會傳道數年。川澄先生是妻子故鄉的本庄教會的創立者。今日之前我們是互相不認識的，可是卻是連接在基督裡的葡萄枝，我們有了這寶貴的相連，實

在感激不盡。談話中，發現間接地彼此也認識許多教友，所以話題就不斷地從這裡到那裡地講個不完，十點多了才很不情願地去睡覺。

　　第二天，三月一日的清晨，三戶先生讀了詩篇一百廿一篇，在兩位先生真心的禱告中，我覺得已冷卻的心靈又復甦了，一直流淚。我自己幾乎不能禱告，只有感謝。

　　早餐後，帶他們去參觀樟腦製造所和彼厚‧拿巴斯的家，照一些紀念相片後回家，再聊一些話，他們才束裝就道。我本來想送他們到半路，卻為孩子所阻擋而去不成，只好在門口依依不捨地告別。到目前為止，從日本國內來台灣的信徒、傳道者為數不少，可是從來沒有一個人來到此地，而先前並不認識的這兩位先生卻遠道來訪，實在感激不盡。這全是大谷先生的安排，為了微不足道的我，大谷先生不知盡了多少心力，實非筆墨所能形容。

元田博士和野口秀先生來訪

　　[一九一六年]四月十四日　今天東京立教大學校長元田博士和野口貴族院議員的公子秀先生來訪問，談論有關台灣原住民的種種事情。野口先生是埼玉縣出身，和我妻子是同故鄉的人，所以倍感親近。他們參觀了樟腦製造所和原住民茅屋等，拍了一些紀念照。因為行程緊湊，連住一晚都不行，所以下午三點鐘左右就回去了，不能慢慢地和他們交談，實在很遺憾，可是像這樣的深山裡，竟然忍受種種的不方便而專程來訪問，二位先生的厚意，令我訴不盡的感謝。

牛島牧師的入山

　　[一九一六年]五月三日　剛過正午，從支廳來電話說：牛島牧師已經入山了，要我馬上去內灣迎接他。很高興見到好久不見的他，一起回到家，是下午五點鐘左右。晚餐後，一起研讀哥林多前書第十一章，討論關於聖餐的事，一起禱告，重新得靈糧後，於十點多鐘上床睡覺。

　　第二天，四日清晨領受聖餐，對於基督的犧牲與無限的愛受到激勵，再次重新得靈力。我自己對於那形式上的聖餐很是反對，將小杯子放在盤子上，大家傳遞著，或是將麵包浸在葡萄酒裡再給人吃，像這種小孩子的玩意兒，對於靈性的造就，一點也沒有益處，反而失去了基督本來的精神。倒不如在這偏僻的深山中，在清靜的早晨，只有少數人參與聖餐，思念主的犧牲和大愛，深具意義！九點鐘左右，牛島牧師要回去了，我送他到內灣，當他要渡過發電所上端溪流時，不慎從石頭上滑下來，跌到河裡去，衣服也弄濕了，真過意不去。像在這種極端不方便的深山裡，牛島牧師不辭辛勞前來探視我們一家人，我深深地感激不盡。他像是為了找尋並拯救迷失的那一隻羊而勞苦的好牧人。我想起了桑基的名曲〈九十九隻羊〉那首讚美詩，真有說不出地感動。正午前到達內灣，在這裡才依依不捨與他惜別，他搭乘輕便車出發，我則獨自一個人默想回家。

台灣原住民傳道的曙光？

　　[一九一六年]九月九日　收到郵件，其中有大谷先生的來信，他說上個禮拜日曾與長官會面，懇請給予傳道的許可，也和警察本

署長面談過，過程極其圓滿順利，順便也曾和江口理蕃課長會面，勸我們馬上提出申請書，可是都必須聽過新竹廳長的意見後，才能做決定。先前，植村先生來台灣時曾經說過：「若是許可對台灣原住民傳道的話，曾經商量過想讓他們成為日本基督教會的人，不知尊意如何？」信的內容大致如此。

　　懇求主，因著主的幫助和相關者的努力，而能去除所有的障礙。

大谷虞先生的入山

　　[一九一六年]九月十三日　早上十一點鐘左右，從支廳打來電話說：大谷先生剛到達，由石月巡查帶路要入山了。我馬上與中村先生和阿房三人一起到內灣去迎接他，路上我們雜七雜八地談了許多事，抵達加拉排已過了下午五點，晚餐後，我們一起商量關於台灣原住民的傳道計劃，可是我看他似乎很疲憊的樣子，因此詳細內容就明天再說。

　　第二天，十四日，早餐後，我們針對昨夜的問題達成協議，決定由傳道局提出傳道許可申請書，執行機構則由[蕃人]療養所和蕃童[教育所]學校來負責。若許可下來的話，我一個人要負責兩個機構，頗為困難，需要妻子來幫忙。或者另外雇人來做家事及照顧孩子，這也是一個方法。不管如何，等到許可實現時再思考決定好了。十點鐘左右去訪問在後山的彼厚・拿巴斯的家，剛好碰到從巴卡部落來的三位青年，總共十多人，大家一起高興地聊天，回到家正好十二點整。午餐後，稍微休息一下，於一點半鐘左右，踏上歸途，我送他到內灣才依依惜別。

　　對於身體不是很健壯、並且教務甚忙碌的大谷先生，竟專程到此地來訪，實在令我感激不盡。祈願藉著天父的恩典和他熱烈的努力，使多年來的希望能夠早一日實現。

　　附記：之後他來信（如下）告訴我，申請之事十之八、九應該是會許可，要我等待好消息。

敬啟者：

　　前些日子受到您熱情的招待，真謝謝您！百聞不如一見，受到您種種暗示，令我對於台灣原住民傳道所抱的希望與確信更加堅定。在歸途中曾經與樹杞林支廳長交換了許多意見。支廳長也同情我，目前正在考慮此次的計劃，也與廳長、警務課長同時一起懇談過，表明種種事情，他們對我的事比較諒解了，相信一定能貫徹我們的希望而開路的，明日將與蕃務課長會面，結果我會另行通知您。深信主自己會帶領，賜予達成我們多年來希望之機會！（下略）

對台灣原住民傳道不許可

　　〔一九一六年十一月〕之後，九月下旬，大谷先生為了參加總會而去神戶，我自己也在接到邀請的電報後前往東京，與植村先生和其他傳道局的許多人會面，策劃將來的計劃等等，之後去各地巡迴，回到台灣已是十一月末了。在這段期間，總督府方面對於台灣

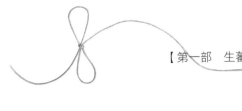

原住民傳道問題審查的結果，由於許多人認為時機太早，不宜，加上大谷先生在第二年一月會離開台灣前往上海，因此與當局的關係就淡薄了，不幸的成了「不許可」的結局。我自入山以來已經滿五年了，經過許多困苦，就是為了期待能有傳道許可那喜樂的日子來到而一直忍耐著，此次，更是抱著極大的希望期待著，當我知道不許可時，心中是何等地失望落魄。過去的辛苦計劃全部都變成泡影了。但是當心情平靜再次思考時，也許這是因為我的誠心、努力還不足夠所造成的結果。或許是神的攝理，在試驗我的忍耐與真心。更進一步，我需要重新立志前進不可，直至看到正式的設立蕃童教育所為止，目前至少我可以聚集數名兒童，以寺小屋式 [私塾] 教育來為將來做準備。

寂寞的聖誕節

[一九一六年] 十二月廿五日　今天雖然是聖誕節，卻跟六年前我首次入山時一樣。那時候，因為新的氣氛使我充滿了希望，有時也有會被原住民殺害的危險而緊張非常地迎接神祕的聖誕節。現在呢？台灣原住民是平穩安定了，所期望的傳道卻又不被許可，而家眷也回故鄉去了，我總覺得我好像是在冷清清的荒野一般。恭讀完馬太福音第一章，自己單獨一個人安靜地禱告，懇求上帝以恩惠的露水來滋潤我乾渴的心靈，整天就一直寫信給孩子們和友人。

對於基督奇蹟地降生是否確實，只有根據聖經的記載，人只有選擇要相信聖經的所有文字記載，或是把它當作傳說而置之身外。

對於使徒們的基督觀，不是想像也不是解釋，是他們所聽見、所看見、親眼看過、親手摸過的（約翰壹書一章一節）。他們是在

加利利湖畔見到耶穌，第一次聽到耶穌的聖召：「來跟從我。」因而就放棄一切地跟隨祂，三年之久，與祂一起共寢食，日夜聽祂教訓，拜見過祂的榮光，在基督去世後數十年間，深思熟慮再加上深思熟慮，體驗再加上體驗，無論如何都無法令他們動搖的確信，才能將這樣的基督觀留傳於世。

有人懷疑基督的神性，童貞女又如何能懷孕？復活又是怎麼一回事？等等的，一大堆的理由，但那只不過是信仰的小學罷了，我們應該要進入屬靈的至聖所來就近基督，誠心懇切地注視祂，用屬靈的耳朵，注意聆聽祂聲音的經驗。

我們要如何才能與祂接觸呢？那是藉由聖靈，生命與生命的接觸。是愛與愛的結合。使徒約翰說：基督是光，是生命，也是愛。祂要賜給人真光和生命，在十字架上表現出祂那無法測度的愛。那寬闊的愛足以拯救全世界的人類和宇宙萬物。它的長度是從永遠的互古直到永遠的未來，而它的深度是自己進入墳墓裡。它的高度是將我們從地上提昇到成為屬天者的大能。人若能認識這種完整無缺的愛，將會和使徒們一樣，就會呼叫：我的上帝，我的主啊！俯伏跪拜在耶穌面前。我們因為認識主愛的程度太淺薄，常常只用腦袋去了解上帝的大愛，而實際上卻無法去愛別人。約翰說：主為我們捨命，我們從此就知道何為愛，我們也當為弟兄捨命。（約翰壹書三章十六節）

我們是否真的可以為別人而捨棄自己的生命呢？並且不僅只把肉體的生命捨棄。在戰爭或是受到迫害時，想要捨棄生命也許並不是十分困難，但是無論你願意或不願意，都肯捨棄生命，這才是為了愛，特別是和為了愛敵人而死不一樣，我們在日常生活中，是

否對自己死而讓別人活呢？相反的，人不都是殺死別人而讓自己活嗎？在我裡面沒有良善，在我們的身上是不可能看出真正的愛的，我們自己也不可能製造出這種愛的。按著我們自己的本性，要在自己的身上找出真正的愛，就像是緣木求魚般，到底是一件完全不可能的事。

　　這樣說來，豈不是人類無法滿足希望，無法達到理想的高峰嗎？斷然不是。成為軟弱人類的中保之基督，或是長壽百歲並且擁有痛苦體驗的使徒約翰，絕不可能強迫我們去做那不合理的事。基督以約翰福音十五章的葡萄樹的比喻，教導我們這其中的奧祕，也就是「要在我的愛裡面」這件事。我們若離開了基督，就什麼事也不能做，基督是葡萄樹，我們是枝子，我們若連結在祂裡面，就不知不覺間會結出愛的美果，自己並不能結果子的。是祂使我們結果子的。在愛的法則裡，一點也不能有絲毫的勉強，那是自然的，正如同耶穌所說的『我的軛是容易的，我的擔是輕省的』那般。我們在聖誕節的時候，不是要來研究基督的神性，不求解決奇蹟的降生，應該是像小孩般地只要相信，現代的聖誕節禮物太傾向於物質了，希望我們能夠接受那最大最高的禮物，就是主自己本身的靈，賜予人類真光與生命，在祂的愛裡面，隨著祂的腳蹤行，過著為了弟兄之故而願意捨棄生命的生涯。

大谷虞先生的信函

敬啟者：

　　離我出發的日子只剩下兩、三天了。為了台灣原住民傳道而遭遇到粉身碎骨的命運，實在深感遺憾！這是主的旨意，上帝在試驗我們的志願，希望您今後更加激勵意志，繼續祈求，我相信當主認為是美善的時候，必定會達成您多年來的志願，您那要栽培數名原住民孩童成為將來的輔助者之計劃，是極其美善的計劃，我已經向小會立案提出成立組織後援會，募集年額一百五十圓。現在應該是已經成立了，今後請與光小太郎先生聯絡，我已收到您道別的電報，在此謝謝您！

　　願主的恩惠永遠豐盛地降臨在您及全家人身上！

　　此致

井上大兄

　　　　　　　　　　　　　　一月廿七日　大谷虞 敬上

第二章
從回國到再度入山

無法理解的台灣原住民管理政策

《台灣日日新報》的小專欄登載著這樣的論述，有位記者訪問澳洲的蠻荒野地，發現深山裡有禮拜堂，親眼見到宣教師的獻身傳道，大加讚賞，他也讚揚在北海道愛努族間傳道的權威者巴切勒先生的功績，感嘆日本宗教家中並沒有像這樣的獻身者，對於台灣山地的開發，只有單單放任於行政官或實業家的手，宗教家好像與自己無關，只是淡然地不參與，難道沒有替代警察官吏派出所而迅速設立寺院或禮拜堂的必要嗎？

真是合我心意的意見，這是直到今日我所一直主張所持的論點，我雖然在學識上、在信仰上遠比不上他們，可是對台灣原住民傳道的動機，和直到今日我所走過來的歷程，絕對不會比他們差。外國宣教師都是由自己本國有鞏固基礎的宣教團體派遣出去的，換言之，他們不但完全沒有後顧之憂，而且政府方面也有援助——在天主教國家裡，認定傳道幾乎就是政府的事業——所以他們得以專心從事傳道，但是在我國呢？教會的基礎尚未確立——特別是經濟上正處於過渡時期，根本就沒有一個團體著手於這樣費用龐大的遠大事業，要依賴他人更是困難。

我自一九一一年十二月進到深山裡，要成為台灣原住民的朋友，將來也覺悟打算將屍骨埋在台灣山地裡，這完全是個人的單獨

事業。從參謀的工作到後方補給的張羅，全須自己一個人包辦。加
上政府當局的台灣原住民管理政策又不允許傳道，縱使我已經獻身
進入深山工作，卻也無法從事自己想做的活動。政治家或是新聞記
者只看到表面就責怪宗教家的無能，嘲笑他們的怠慢，其實追究起
來，這難道只是宗教家的過錯嗎？日本的政治家、新聞記者中，有
多少人是宗教虔誠信仰者，又是瞭解宗教家的呢？實際情形是：我
九月上旬在得到長官的內部承諾下，提出台灣原住民傳道許可申請
書，可是被跟不上時代的某些持反對意見的政府官員壓下來，逐漸
陷入不許可的命運。

　　《台灣日日新報》的言論，也可以說就是總督府的方針。至少
是不能刊載不被認可的記事。不論是這次的言論，或是去年十一月
底《神戶又新日報》，抑或其他日本國內的新聞所刊載，連當時的
《台灣日日新報》也刊載過下村長官的統治方針，如果都能依照這
些記載的話，我的願望應該早就達成了。甚至相信應該早就是政府
當局託咐我們的事業了。然而事實正好相反，去年九月十八日，我
就受到政府當局不許傳道的警告。長官的方針或學者專家的意見，
和台灣原住民管理當局的想法真有天壤之別，實在是令人無法了解
的矛盾，也許更甚吧！管理台灣原住民機構的官人們，對於台灣、
日本的報導和長官的言論，不知抱著什麼樣的感想？

　　希望他們能捨去對基督教的先天性偏見，早日許可對台灣原住
民傳道，給予台灣山地管制區居住上的安全保證，以及傳教的自
由。

（一九一六年十二月九日於加拉排部落）

在台灣山地播種的信仰幼苗

要離開加拉排部落的井上伊之助先生

/ 森丑之助

在新竹山地管制區內灣溪上游加拉排部落裡，有一間從一九一二年春天起開設的蕃人療養所。有一位青年在這裡從事醫療的工作，他姓井上，名伊之助，是 [日本高知縣] 土佐人。他有醫學素養，以新竹廳的蕃務係一名職員的身分，駐在這個山地管制區，擔任台灣原住民的醫療工作。他並不像一般單一職業的上班族，單純只為了薪水而工作，他是因為個人歷史上曾經發生過一件極其可憐又悲慘的事件，也就是說，那件事成為一種刺激，並且成了使他南來台灣的一大動機。他的父親井上彌之助先生，是賀田組在花蓮港太魯閣山地開始樟腦製造業時，因為職業是有關樟腦製造，而在衛里的樟腦製造地區，因為業主和台灣原住民之間有些糾紛的緣故，在一九〇六年七月卅一日正午，台灣原住民突然造反，政府方面為了要平定當地的不安定，以花蓮港支廳長大山十郎先生，賀田組負責人山田海三先生為首，共廿五名日本人，遭到台灣原住民的毒彈而被殺死。他的父親也是這個不幸事件的受難者之一，由於這個衛里騷動的緣故，本來已開放的太魯閣山地再度成為危險地區，而且幾乎與這事件發生前後不久的這段期間，在各處都相繼發生日本人被殺害，或在可洛部落裡，日本人被台灣原住民扣留等事件，其後連續又發生了許多事件，令當地陷入完全的黑暗狀態，因此成為花蓮港支廳從台東廳獨立成廳的一個動機，悲慘的太魯閣凶殺案反而促成今日開發花蓮港地區的主因。

　　當他的父親在台灣的山地如朝露般消失時，正在修讀神學的他感到十分憤慨，下定決心要將自己獻身於台灣原住民教化這件事上，於是在一九一一年的冬天，他挺身出來完成宿願，南渡到台灣，去見當時的蕃務總長大津麟平先生，他告訴大津先生，希望要開啟殺害了父親的台灣原住民的蒙昧，將宗教傳給他們，藉由信仰的力量來開導他們，為了要進入山地向原住民傳教，他向大津先生請求相當的援助。大津總長是個非常熱心的佛教信徒，他告訴井上先生，為了在各方面教化台灣原住民，他早已派遣佛教僧侶當布教師進入部分山地了。倘若要再進一步允許傳佈基督教的話，恐怕會對頭腦單純的台灣原住民注入種種不同教旨，他們無法接受，所以請井上先生等待他日適當的時機再傳教。但是可以預做準備，以井上先生之前所學的醫術，進入台灣山地管制區服務，再逐步研究對台灣原住民傳教的事宜，大津總長是因為同情井上先生才做了這樣的安排。井上先生也因此得以進入新竹山地管制區。之後，他又將家眷從日本國內召來，又將長子命名為「獻」，是做為一個父親不僅要將自己一生，甚至連子孫都要為了信仰的緣故而奉獻出來，懷有紀念這種心志而特別取的名字。

　　他入山以後，本著對台灣原住民傳道的理想，極費苦心，周遭的環境不允許他公然著手進行，因此他隱忍著痛苦，希望實現的時機能夠早日來到，為期待機會的來臨，他繼續在那非常不方便的深山管制區裡生活，憧憬著光明的未來。後來，一九一五年的冬天，當新任的下村民政長官首次巡視台灣島內時，偶然聽到井上先生的志願和境遇，對於他的奉獻精神十分高興，也對他寄予深切的同情。爾後他的教友們也十分憐恤他的心事，深深寄予熱誠關懷，祝

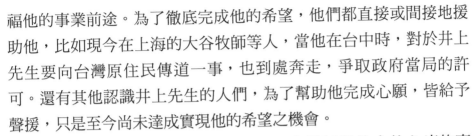

福他的事業前途。為了徹底完成他的希望，他們都直接或間接地援助他，比如現今在上海的大谷牧師等人，當他在台中時，對於井上先生要向台灣原住民傳道一事，也到處奔走，爭取政府當局的許可。還有其他認識井上先生的人們，為了幫助他完成心願，皆給予聲援，只是至今尚未達成實現他的希望之機會。

他入山地後，附近的原住民部落發生過好幾件令他心痛的事件。一九一二年的馬里光部落的討伐、一九一三年討伐基那吉部落、處置斯卡路原住民、李崠山附近的砲火響聲或血戰的叫喊聲，常常驚動他那為上帝獻身服務的平靜心靈。並且最近對斯卡路原住民的討伐等等，附近山地到處屍體橫陳，血流成河，慘不忍睹。井上先生因著無法勝過愛台灣原住民的重擔及水土不服，終於病倒在床。啊！上天為何這等無情？非常遺憾的是，這個基督徒不僅無法施展他的心願，甚至被逼迫死後也要將屍骨埋藏在台灣的井上先生離開山地。他健康受損是自今年二月開始的，雖然是身體恢復健康就能復職，可是官廳為了方便，竟不准許他再繼續缺勤，又勒令辭職，在他辭職的同時，他也失去了居留山地管制區的保障。於是他在七月廿五日提出辭呈，立即生效，變成了與台灣原住民及山地管制區毫無關係的外人。

他過去六、七年間所受的辛勞，付諸流水，就像一進入戰場就被開除的落伍者。生病的他，帶著他可愛的兒子及多年來操心而極其憔悴的妻子，在前些日子的討伐台灣原住民陣亡者追悼會之後，又在新竹市街上盛大舉行討伐原住民從軍者歡迎會的那一天——八月十五日，抱著滿腔的抑鬱和憂悶的病軀，悄然地從新竹車站出發回國。台北的教友們對於處在悲痛境遇而踏上歸途的他，特別到台

北車站去迎接。當夜在府前街的聖公會教堂，有日本基督教會、聖公會、組合教會的各派連合，大家同聚一堂，為歡送他而舉行充滿熱誠同情的禱告會。主客之間所交換的言詞和教友們的禱告，實在是十分悲痛，每一句話都充滿了血淚、熱情和愛情。他當晚就前往基隆。第二天十六日，搭上出航的信濃丸號，將懷有許多回憶的台灣島置諸身後，帶著無限的感慨離去。

在新竹山地管制區所發生的斯卡路原住民討伐行動結束的那一天，為了信仰而奮戰的熱血勇士在失意中離開了這個地方，這是何等諷刺的對比啊！但是上帝為了使他更堅強來完成更大的工作，才在今日將這苦楚加諸他身上。上帝的旨意，必定是在我們這凡人所不知的地方具有更深一層的意義。啊！在這山地管制區上，他所播種的信仰的幼苗，什麼時候方能有滿足的發育呢？

一九一七年八月廿六日

內村先生的信函

敬啟者：

得知您還在生病的消息，深表同情，這正是您多年來對台灣原住民所付出苦心的結果，您不必為此感到悲傷，因為我們活在這世上，若能與基督一同受苦，是至上的幸福，希望您從今起好好休養，正如「休息十年若得一年的善工就夠了」，我這裡沒有什麼變化，只是親戚朋友中，

有些人跟您一樣在生病，有些人已經過世。希望我們至終都是傳揚耶穌福音的人。

　　草草。　此致
井上　伊之助先生

　　　　　　　　　　　九月二日　　內村鑑三

大谷牧師信函

　　收到您的來信，得知您若欲痊癒，最快也要到年底才會復原，此事令我深感同情。無論如何，這是上帝將您放在試煉中，希望您能凡事順從上帝的旨意而忍耐，等候上帝為您開路，對於台灣原住民傳道之事，實感遺憾。可是現今這種場合，實在沒辦法，請不要懷疑，深信上帝為了我們，必定會在最佳時機，用最好的方法為我們開路的。藉著禱告，等待時機吧！您的病若好了時，再將詳細情形通知長尾半平先生，希望他的幫助能夠使您東山再起。

　　——中略——
　　願主的恩惠，常臨到您的一家
井上　大兄

　　　　　　　　　　九月十日　　大谷虞於上海

大谷牧師、植村先生和我的關係，
以及台灣原住民傳道許可申請書

　　大谷牧師來台之前是東京青山教會的牧師，兼任神學社的教授，也是每個月在《福音新報》執筆的人，我在東京就學時就曾聽過二、三次他的講道，但是一直沒有機會與他面談，等到大谷牧師來台北不久才得以會面，對於台灣原住民教化，得到他很大的同情與共鳴，才在植村先生的諒解下，以傳道局的事業向總督府提出申請書。

　　一九一六年的十一月，日本基督教會在神戶召開大會，要求我出席說明有關台灣原住民的事。可惜我出發後遇上惡劣天氣而延誤了一晝夜，等到我抵達神戶時，大會已經結束，而且大谷先生也已經返回東京了。因他留信要我馬上前往東京，當即趕去東京，見到植村先生及其他相關人士，達成將來的協議，我也在富士見町教會講述了有關台灣原住民之事。後來，植村先生還對別人說：「台灣原住民的習俗或傳說，實在是很有趣。」

　　第二天植村先生請我在背倚小池番町的家裡吃午餐，只有我和植村先生二人而已。那時候他家養了一隻很大的狗，來到池邊，一邊流口水，一邊看著我們吃飯。我本來想把魚骨頭給它吃，又怕會養成它的壞習慣，那也不好，正在思考中，植村先生竟把自己才吃了一半的魚叫一聲：「喂！」就全部給了那隻狗，這時我感到它正顯示出植村先生的寬大性格。

　　我從東京回到台灣已是年尾，沒幾天就迎接一九一七年的新年。不久大谷先生也離開台北前往上海。

　　至於傳道許可申請，不僅得到下村長官，還有其他許多人的同

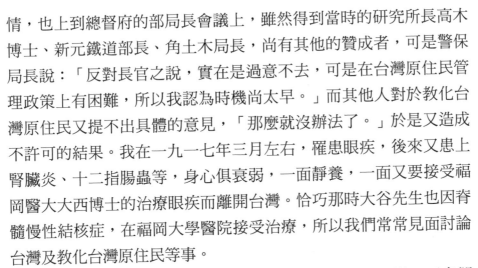

情，也上到總督府的部局長會議上，雖然得到當時的研究所長高木博士、新元鐵道部長、角土木局長，尚有其他的贊成者，可是警保局長說：「反對長官之說，實在是過意不去，可是在台灣原住民管理政策上有困難，所以我認為時機尚太早。」而其他人對於教化台灣原住民又提不出具體的意見，「那麼就沒辦法了。」於是又造成不許可的結果。我在一九一七年三月左右，罹患眼疾，後來又患上腎臟炎、十二指腸蟲等，身心俱衰弱，一面靜養，一面又要接受福岡醫大大西博士的治療眼疾而離開台灣。恰巧那時大谷先生也因脊髓慢性結核症，在福岡大學醫院接受治療，所以我們常常見面討論台灣及教化台灣原住民等事。

　　大谷先生康復後，受聘於山口教會，致力於牧會傳道，不幸卻因腦溢血歸天，實在令人遺憾萬千。

　　在此順便把我在第二次渡台後，於一九二六年四月五日再次提出申請書的經過記載如下：當時的總務長官是後藤文夫先生，他對我的希望寄予同情，因而下令警務局長，要求提出具體的調查。我想這次距離上次申請業已經過十年以上，時代的潮流也在進步，這次應該可以通過了，每天都抱著希望等待著，卻非常不幸地，又再次遭到「不許可」的命運。時機真是不巧，那時警務局長被調職，臨出發前在口頭上曾經對理蕃課長交代：「很抱歉，在管理台灣原住民政策上還是不能許可。」當時的往返文件如下。

大正十五年四月廿三日

台灣總督府理蕃課長中田秀造

井上伊之助先生

關於台灣原住民傳道之文件

　　於本年四月五日提出關於台灣原住民傳道申請文件，詮議上必須附上履歷表以及回答下列事項：

一、希望要從哪方面著手傳道以及台灣原住民情形、區域及駐在地。

二、傳道的方法、計劃。

三、當對台灣原住民傳道時，只依照基督教教義是否可行？

四、台灣原住民原有的觀念與基督教原來應該一致，此事要如何證明。

五、請列舉說明對台灣原住民傳道，相信一定會成功的理由。

六、在傳道上是否需有翻譯者，若需要時，將如何得到適任者。

七、住宅及生活經費的來源及金額。

八、身元保證人[15]。

　　針對上記之回答文：

_____

15 日本民法制度，係以個人信用擔保被保證人的法律責任。

大正十五年五月廿日　井上伊之助

台灣總督府理蕃課長鑒下：關於台灣原住民傳道乙案

　　四月廿三日信函，關於台灣原住民傳道之事，詮議上所須履歷表及所詢事項，今敬謹回答如下。

一、題目省略

　　駐在新竹州角板山，對同所附近之台灣原住民情形十分了解，並無困難，可往各所出差傳道，尚可對其他州的泰雅族臨時出差傳道。

二、——同上——

　　對於懂國語 [日語] 之青年男女，採用童話及簡單的宗教書，施予教育的傳道，而對一般台灣原住民則以演講。目前這段時期，將由我一個人著手，將來在適當的時期，在得到政府的諒解後，再增加傳道者。

三、——同上——

　　對於現在的台灣原住民，要將基督教真理全部告訴他們，到底是不可能的事，只能按著他們的智力、知識，照著他們所能理解的程度慢慢教化。

四、——同上——

　　台灣原住民雖然幼稚，卻持有原始的宗教觀念。他們相信宇宙間有神靈存在，並且非常敬畏。他們的年中行事、社會組織，皆由此信念所產生，絕對不是與基督教的上帝觀相左，此有說明上的可能性。

五、——同上——

台灣原住民教化的成功，由三百年前荷蘭、西班牙佔領台灣時的史實，及英國宣教師對平埔原住民傳道之實際狀況可得證明。我數年來居住於台灣山地管制區，經由間接教化的經驗得知，將他們的宗教觀念、道德貞操等長處加以培養，同時矯正迷信及其他惡習，若加以教化誘導，將有十分成功的希望。

六、——同上——

傳道時若經由翻譯，欠缺本意的表達，恐怕會招來誤解，在原住民語言達到極其熟練之前，我能以目前的語言能力傳道，再專心從事原住民語言研究。

七、——同上——

經由東京的台灣原住民教化事業後援會及其他有志者的捐贈，取得年額二千五百圓的預算，另外也計劃建築住宅，但目前這段期間，希望能借用官廳現有的建築物。

八、——同上——

日本聖公會台灣管理監督名出保太郎先生。

——以上——

在種子島傳道的回憶

我的眼疾醫了約半年多的時間，終於接近痊癒。現實環境不允許我長久沒有工作，於是有人勸我到聖公會去工作，可是前面提

過，我在台灣時已將會籍轉入日本基督教會，現毫無理由地要申請復籍，是不正當的。待與有關方面商量，說目前並沒有任何規定，所以可以自己自由決定。因此我一邊在聖公會的神學院旁聽，一邊幫忙博多教會。

因為我離開直接傳道已七年餘，每天都使用台灣原住民語言，以泰雅族為對象過生活，以致於屬靈的泉源枯乾，一旦站上講壇，毫無能力，連日常生活需用的語言都無法充分自在地表達，讓我自己都覺得不可思議。有位弟兄就舉摩西在米甸曠野的例子，說我因為多年在台灣山地接觸異邦人，才會落得如此情況，並寄予非常的同情。

一九一八年年終，我講道才逐漸流暢，決定從七月休假去若松教會參加暑期傳道。正在那時候，卻發生米騷動事件[16]，謠傳說要襲擊若松的某位富豪或許會放火燒城，最後從小倉師團出動軍隊才擺平無事。我當時住在聖公會的信徒家裡，既無可被燒焚的大房子，也沒有可被襲擊的寶物，所以安眠到天亮。讓我深刻感受到貧窮者是有福的，財主要進天國是比駱駝穿過針的眼還困難呢！那時候，十數年來努力於初代台灣傳道的河合龜輔先生，正在戶畑日本基督教會傳道，我曾去拜訪他一、兩次，我們一面敘舊，一面思戀著南方的天空。河合先生離開台灣，並非出自本人的意願，乃因周遭一些事故而不得不回國。我十分同情他，但是我自己也是因為健康和官廳立場的理由，不得不離開台灣，這是我們二人的相似點，但是由於年齡不同和個性差異，卻使我覺得我們並不能像我和大谷

---

16 一次大戰後通貨膨脹，日本政府以軍需為名，大肆收購米糧，導致人民紛起抗爭的衝突事件。

先生那樣融洽，實感遺憾。

　　那一年秋天起，全世界流行惡性流感，許多人都患感冒，甚至死了不少人。很不幸地，我們一家五口也全部病倒，經過了一個多月才稍有起色，但都無法恢復元氣。多年來我們已習慣台灣的溫暖氣候，對寒冷完全沒有抵抗力，所以很想前去暖和的地方。恰好有位在種子島傳道的友人要搬去長崎，希望我能接替他的工作。我從未去過那裡，但是那地方出產砂糖、香蕉，也有許多地瓜，是跟台灣很相似的島。聽說村莊的名字叫北、中、南種子，我立刻下定決心準備出發。

　　聖誕節一過，廿七日的早上，將四、五寸厚的積雪拋諸腦後，離開已經八年沒見到的日本銀世界之博多車站，在鹿兒島過了兩夜，於卅一日抵達島的北部──西之表。沿著海岸道路徒步七里，抵達教會所在地中種子村時已日落西山。我自己早已習慣在山野步行，可是對病後的妻子而言，卻是強行軍，居然沒引起心臟痲痺，現在回想起來，對自己的大膽無謀也感到驚訝！假若當時租借馱馬的話，就不用走路了，可是因為年終，還有其他原因，才用走路的。

　　前任者為了孩子學校的緣故，在三月底前還要繼續住在教會，我只好借住農家的一個房間。等過了新年，我們夫妻二人才得以走遍全島，被介紹認識信徒和慕道友，這對於傳道有助益。

　　從以前到如今，島上的居民一直都過著樸實、和平的生活，而外地來的人大多數都是老奸巨滑者。擁有土地的農民一旦遇上奸惡、詭計多端的人，大多被騙走大片土地。很多人都是守著祖先世世代代傳下來的私人土地，種些小農作物。那些從別地來的小學校長及一些人對基督教不理解，以一世紀以前的想法對學生說：基督

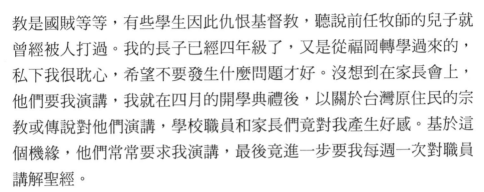

教是國賊等等,有些學生因此仇恨基督教,聽說前任牧師的兒子就曾經被人打過。我的長子已經四年級了,又是從福岡轉學過來的,私下我很耽心,希望不要發生什麼問題才好。沒想到在家長會上,他們要我演講,我就在四月的開學典禮後,以關於台灣原住民的宗教或傳說對他們演講,學校職員和家長們竟對我產生好感。基於這個機緣,他們常常要求我演講,最後竟進一步要我每週一次對職員講解聖經。

當時各村落都設立了報德會,每個月開一次例會,邀請我做精神講話,若有個什麼集會,到處都有人邀請我。藉著這個導引,許多人前來教會,變成了信徒,我一點都不覺得鄉下傳道有困難,反而是將來十分有希望的傳道地呢!

關於我離開種子島,再度前往台灣一事,在「生蕃記」裡已經敘述過,在此不再重述,由於前記的事情,在種子島的傳道,進行得很順利。雖然聖公會一直希望我繼續留任,但是我對台灣原住民教化的事情一日也不敢忘記,並未捨棄最初的使命。抱著只要命令一下,隨時都可再起的決心,因此斷絕極不易切斷的深厚人情,毅然決然再前往台灣。

船在下午九點左右終於要啟航,很多信徒到海岸邊來歡送我們,他們提著燈籠,一面唱著讚美詩,有數名還進到船室來送別。有一個女孩子叫了一聲:「牧師!」就面靠船壁大聲哭了起來,我們一家人也禁不住淚流滿面。那個女孩子後來跟到台灣嫁給同鄉的某位先生,當了數名孩子的母親。其他還有同樣是主日學的學生來台灣結婚,所以他們有時會找我徹夜談論懷念島上的事情。在我的傳道生涯中,種子島是印象最深刻的。到現在還和很多人通信,我

真想再回去看看。

　　一提到「種子島」，就會想起火繩槍，這在我國國防或外交上佔著很重要的地位。現今有大砲、機關槍等，一小時內，無數的子彈可以打倒好幾里外的敵人，可是在從前，既快又射遠的武器只有弓箭的時代，當看到外國人攜帶的小手槍，國人的驚異非現代人的我們可以想像。據島上的人說：為了學習火繩槍的製造，曾經將一個女孩子當作人質交給葡萄牙人，又送了許多東西（種子島從前就有鐵砂），付出了許多犧牲和苦心。這個世界自初始，若無犧牲是得不到東西的，倘若亞伯拉罕沒有獻上獨一的兒子以撒（後來是以山羊代替他），也許就得不到上帝的恩惠和將來的應許。若沒有基督的犧牲，也就無法開啟拯救萬民之途徑，我國的歷史也是由於無數的貴重犧牲才得以實現今日的日本。現在的我國和西洋各國的大犧牲到底又帶來什麼東西呢？希望東亞、世界人類恆久的和平能夠快速到來，希望我們的生涯至終成為一粒麥子而結出許多子粒來。

　　我在種子島傳道的生涯中，有成為信徒、獻身、神學校畢業後做聖公會教師的西村時員先生和中尾安子小姐，他們現今仍然健在。

台灣原住民傳道的起步

　　那是一九二二年二月廿四日半夜的時候（當時我在種子島）。我因為感冒，白天一直在休息；晚上卻睡不著覺，只好拿起賀川先生的《射日者》來閱讀。突然聽到外面叫著「電報、電報」，我趕快拉開紙門，小心翼翼打開電報一看，多麼不可思議啊！是從在台灣屏東的伊江先生打來的：「有傳道的路請速來賀川豐彥也在

此。」我重複讀了好幾次，絕對沒有錯，是上帝垂聽了我多年來的祈求，我直接感覺到這本書和台灣原住民，賀川先生和我，好像有很深切的關係。我第一次要去台灣之前，也就是一九一一年的秋天，在神戶的湊川幫忙露天佈道時，拿到賀川先生的名片，我們才見過一次面，卻不曾通過信，他不可能會記得我的。我經由賀川先生的著作，自認是他的好友，很想和他見面談話。去年去神戶時，又為何不去訪問呢？雖然 I 先生曾經邀我一起去，我卻有不得已的苦衷而沒去，這樣子想著想著，不知幾時竟睡著了。

　　應該會有詳細的來信吧！等到三月五日的晚上，收到伊江先生的來信，告知賀川先生到台灣後，對我的使命很同情，也很共鳴地送我旅費。因為在總督府裡，有些人對我誤解，所以希望我能夠前去與相關者辯解。直到現在，好幾次我都受到誤解，被中傷，但是這次的事情實在令我感到十分意外，簡直要噴飯。

　　儘管我自己認為並沒有辯解的必要，惟一要讓人家知道的事情是，台灣原住民的習慣和我六年半的時間，任職新竹廳的囑託，因病辭職歸鄉這件事。假若有什麼事情被誤解的話，台灣原住民一定會非常憤怒地威脅官憲而出去狩獵或獵殺人頭，有時甚至會砍斷對方的頭顱，造成山地情勢不安定，一定會成為相當嚴重的事件，政府當局當然也一定會將我撤職。事實上自我辭職後，新竹廳還專程派遣警務課長藤崎濟之助先生到台北教會光牧師那裡，請他轉告我，我若身體恢復健康，一定會再次任用我，這就是最有力的證據。

　　之後我接到賀川先生的來信，他說會全力贊助向台灣原住民傳道之事，並以十年計劃，準備要完成泰雅語馬太福音聖經和教育數

名原住民孩童。他請我到神戶協商。這是我多年來夢寐以求的願望，是上帝所給予最美好的道路。我即使不能直接從事台灣原住民傳道，也希望能夠將聖經的一部分和讚美詩的數種，翻譯成原住民語言，正和角板山的 O 先生協議中呢！

三月廿二日來到神戶與賀川先生會面，協議了種種，終於決定渡台。卅一日晚上由神戶青年會主辦台灣原住民傳道演講會，嘗試由賀川先生伉儷和我來演講有關台灣原住民傳道的事。以此做為出發點，以後若有機會，我想每次都要為台灣原住民教化做宣傳而盡些微薄的力量。

我自己是個信仰薄弱、學識疏淺、加上肉體軟弱的人，到底能不能完成這個大使命呢？實在很憂慮。我曾經下定決心要當一粒麥子落在那地的土裡，雖然渡台了，卻因為生病而歸還。——雖然也有官廳的立場——正如在米甸曠野的摩西一樣，隱居在種子島的孤島上，畏縮著不敢出來，害怕被上帝和人看見。我要帶領他們出來，實在是太愚蠢了，要成為他們的救星，也未免太自不量力了，祈願上帝能差遣其他比較適當的人士前往，我不是那個器皿的，好幾次我都祈求上帝，倘若可行，請從我這裡挪去那杯。

然而賀川先生卻看中我，上帝甚至強行將像我這樣的人拉出來，現今不是躊躇的時候了。

　　信濃丸號正等待著我出發
　　友人們集合著為要歡送我
　　在台灣多數朋友正等著我
　　去吧！將自我忘記

如亞伯拉罕自認身體已死
撒拉不看自己生育已斷絕
堅信上帝大能和應許前進
我的智慧、義、能力、一切
都完全仰望我主耶穌基督
無論成功與否全交託給主
忘記過去亦不為將來憂煩
即使僅一日亦願為其勞苦
願意為他們成為一粒麥子

　　啊！懷念的信濃丸號啊！我第一次到台灣時，就是你將我送到
基隆港岸的。一九一三年回日本國內旅行也是麻煩你的，現在第三
次要再渡到那裡，仍須藉助你的力量不可。今後也許好幾次，需要
運送我自己或我所愛的人，從這裡到那裡，從那裡到這裡，希望趁
你還健在時，有朝一日我能和我所愛的台灣原住民們一起到日本國
內來觀光，期待那快樂的日子早日來臨。

再見吧！我所愛的故國！所親愛的友人！
我可憐的妻子！我的孩子喲！
現在我要與你們分離
要去遙遠泰雅人的地方
懇請為我迫切地禱告
幫助可愛的他們！
我的事奉是否成功

全靠你們的禱告和幫助

直到再相會的日子

願三位一體的聖神

永遠看顧、保護我們

一九二二年五月啟航前夕於神戶

從台灣寄出的第一封信

船按照預定行程於廿六日早上抵達基隆港，當我踏上所懷念的寶島福爾摩沙的土地時，全身感到好像被電流擊到，有一陣子居然茫然地覺得好像是在作夢。台北教會的子島先生來接我，搭上火車，話題就從種子島到東京、神戶，那裡、這裡地到處打轉。眼熟的眾山，呈現一片濃厚的綠色，田裡是一片青綠地長滿了稻穗，正是盛夏的景色。火車不知什麼時候抵達台北，拜訪了二、三位舊友，當晚就住宿在子島先生的家。

新竹教會已準備好廿八日禮拜日舉行歡迎會，要我馬上過去，所以我和子島先生在禮拜六的傍晚就前往新竹。當我在五年前含淚離去的新竹車站下車時，多名弟兄來迎接我，心中充滿無限的感慨。

歡迎會或拜訪舊友等，花了數天的時間，本月二日終於在教會的二樓安定下來。

十二日前往角板山，預計二十日左右回新竹。雖然還沒有什麼珍貴的通信，但是我想轉載最近在《台灣教會報》[《台灣教會公報》前身]上的美談作材料，證明我們的計畫並不是亂搞的，那且是一件有希望的工作。

原住民孩童 多賀彌五郎 [鐵木‧亞各]

去年夏天左右，台北州警務課錄用了烏來出身的三名原住民孩童當打雜的。他們常常參加主日學，其中有一名叫多賀彌五郎的，生病了，住院在紅十字醫院。家人十分耽心，前來探病，可是每次探病，卻看他越來越衰弱，最後他們不再信任醫生。我們告訴他們，要信賴醫生，不用耽心，病人本身也因為末期一直咳血，顯得十分衰弱。想到自己將死，同時也開始抱起流傳在他們當中的迷信來，他母親認為，大概是他離開山地來到台北，才觸怒了祖先的神靈，他若回家向神靈祈禱的話，病就會痊癒。於是就不斷哭著懇求，無論如何也要讓他回家。醫師告訴他，現在這種情形絕對不能移動病人，可是若強留著他，以後病癒了固然最好，但萬一死在醫院的話，將會招致他們更加迷信，甚至對今後的種種設施帶來阻礙，只好答應他們的要求，讓他回山地去，結果回家才十天就過世了。最不可思議的是，他臨終前二天開始，就不會說原住民的話，全說日本話，等到真正要瞑目時，他安靜地舉起左手，道聲「再見サヨナラ」，然後毫無痛苦地、很安祥地去世。

其實他參加主日學也不過才四、五次而已，連耶穌是什麼樣的人也還不知道吧。三島校長在他住院期間曾經去探過病，為他禱告，也贈送由主日學學生所奉獻的慰問金給他。他自己常常說：現在要努力讀書，將來要當學校的老師，要開導無知的村民。並且非常羨慕日本人，為自己是台灣原住民的煩惱深埋心裡，在焦慮中很認真地讀書。可惜他的努力、希望都落空了，他的靈魂又再次回到烏來的山地去了。不過他現在正被主親手抱著，得享安息。對於在職務上常常要和他們接觸的人們來說，真是感慨萬千。看到在台灣

久遠的荷蘭時代的史蹟，在離現今約三百年的從前，被許多人看作如同野獸般的台灣原住民，接受洗禮的多達五千人左右，在聖誕節前一週，也有一百二十名會背誦信仰教條。可是世界的變遷和推移，竟讓我們看見像今日般常有流血的悽慘。想到這裡，實在感到今非昔比……。（外池生）

另外，我還聽到一件令人高興的事，那是在紅十字醫院的護士講習中，某位泰雅女生的事，她是合歡山地管制區醫師渡井先生（畢業於當地的醫專，盡其心力一直為同族治療的泰雅族中的先覺者）的妹妹，她在連日本人在內總計二十名學生中，成績優秀，常拔得頭籌，得到第一名。

由此可見，只要施予教育，他們也擁有可以成為極優秀者的素質，希望能早一日訂出方法而能著手於原住民孩童教育。

（六月十日稿《雲柱》刊載）

陪伴上牧師訪問懷念的加拉排

有名的輕便車

自從來到新竹，很快地已經過了五十天，無論如何我都想早一日去山地管制區看看。想踏上居住了六年多的加拉排的土地，去見懷念的泰雅人，與他們談話，我一直抱著這樣的期望，卻因為教會的事情還有其他的阻礙，延至今天才得以實現我的目的。十日早上，正在準備今天一定要出發時，台北的上牧師打電話到信徒的弟兄處，告訴我他將於禮拜二早上五點鐘出發前來，所以請我等一等

他。大概是希望我能和他同行前往山地管制區，所以我就順延一天，充分休養身體，等待天明，五點鐘左右起床，準備就緒，八點半鐘在火車站迎接上牧師，然後在教會稍事休息，就坐上輕便車，朝向竹東前去。

女苦力和托爾斯泰

　　這是我所熟悉的土地，我覺得像是返鄉的心境，放眼看去，盡是熟悉的原野、山、草、木。但是對上牧師來說，這是第一次經驗的路程，他從大都市的台北來，看到這些景色都覺得十分稀奇，特別是坐在於樹蔭下快速行駛的台車上時，心情感到非常愉快。十一點鐘左右到達竹東，在郡公所取得入山許可證，又在舊友的家裡，享受午餐的招待，在感謝中再次搭上車已是一點鐘過後了。輕便車的苦力是客家的婦女，體格比男人更健壯，推著輕便車上坡時，那種賣命工作的樣子，真希望能夠讓那些瞧不起勞動的所謂貴婦人或無病呻吟的婦女們看看。這不是別人家的事，坐在車上的我又是如何呢？我有如只會稱讚勞動而無法身體勞動的殘廢者那般的悲哀，只好遇到上坡時就趕快下車，多少減輕她幾分勞力。想起那個有名的托爾斯泰先生，有一次在經過一個山路時，借了割草女郎的鎌刀，才試了幾下就覺得疲倦，自嘆不如。我們在勞動上，是怎麼也趕不上她的。

林阿房和山地打扮

　　不知不覺到達了內灣（行政部落的終點，也是山地管制區的入口），我好像是回到鄰村的感覺。到處看看是否有認識的人，就在

那時，從對面傳來客家話：「井上先生，好久不見了！」有一個台灣人笑嘻嘻地走過來，仔細一看，原來是以前在加拉排駐在所當警手的林阿房。他是罕見的忠實男子，自一九一四年以來一直繼續上班著，今天聽到我要來，就專程前來迎接我！脫下鞋子，綁上綁腿、穿上草鞋，現在開始就是進入山地管制區的打扮了，回想起十二年前我一個人寂寞入山的情景，真叫人感到不知要說什麼才好。我用很有限的台灣話和阿房聊天，向上牧師說明山或樹木等等，二里的山路，一點也不覺得疲累地到達加拉排，時間是六點鐘左右。

上帝的話語是永遠長存的

和前來迎接的舊友警察官們打過好久不見的招呼後，首先回去看看以前居住的療養所。六年之間已經換過四個主人，屋頂和圍牆也都相當老舊了，當初為了紀念長子入小學時所種植的棟樹，現在已長到樹圍五尺以上，高三十尺左右，很高大。那時候栽種的葡萄，現在還活著，每年都結出很好的果子，今年也有十斤以上的收穫，甚至還贈送給郡長大人呢！樹木茂盛，能防暑，葡萄又結果子，真令人高興，可是房子壞了，而最重要的水泥匠又被台灣原住民殺了（一九一二年十二月廿五日），而原來的主人──也就是我，又因生病回去日本國內等等，實在正如所羅門王所說的：「後來我察看我手所經營的一切事，和我勞碌所成的功，誰知都是虛空，都是捕風。」（傳道書二章十一節）彼得也說過：「凡有血氣的，盡都如草，他的美榮，都像草上的花，草必枯乾，花必凋謝。」真的就是那個樣子。人生若僅是如此，真的令人感到悲觀。

幸好我們是不會枯乾的，我們事業的花朵是不會凋謝的，我們擁有未來，擁有希望。上帝的話語是永遠長存的，我們所信的福音是從永遠，直到永遠都存在的。

樟木的浴盆和鐵木・瓦旦

　　一邊思想著這些事情，順手摘了一串葡萄，邊走邊吃地回到駐在所，浸泡在熟悉的浴盆裡，除卻旅途的疲憊，然後和數名原住民孩童或舊友們敘舊，接著享受夫人的盡心料理，這些在山地管制區裡享用，實在是相當豐盛，非常好吃。特別是當他們聽到我要前來的消息，鐵木還專程去釣溪魚來做料理，令我感到十分高興。鐵木是台灣人的父親和泰雅的母親所生，我居住此地時，他還是個十二、三歲的小孩子，和長子獻是最要好的朋友呢！現在已成為堂堂的青年了。如今已是人家的丈夫和父親，正勤奮於家業呢！鐵木和棟樹的變化實在太大了，若讓我妻眷見到的話，他們一定會被嚇到的。希望改天有機會讓他們也來此地看看，領受活生生的教導，向在此地的人們表現出我們的愛心。飯後二、三名警察來聚集，這個、那個的話題聊個不停，敘舊、台灣原住民的現況等等，忘了時間，等上到山地管制區的恩澤——清涼的床時，已是十一點鐘左右了。

萊撒和母親

　　第二天十二日（禮拜三）是非常晴朗的好天氣，因為要去一里多遠更深山的西拉克部落訪問，所以八點鐘左右就出發了，才走沒多遠，就遇到我們想去的那一家的女主人和萊撒（她兒子），很高

興大家好久不見而彼此仍然健在，就坐在路邊聽她訴說現況：「媳婦和女兒病倒在床，不過不用耽心，沒有那麼嚴重，現在跟兒子正要去開拓地，打算在那兒滯留幾天，所以雖然您們專程要來造訪，卻撲了空；下次再來時，請務必來我家。」因此我們就請上牧師為我們照相留念，約定下次再見。我們決定折返去拜訪已經搬移到帽盒山後方的加拉排部落的頭目家。

枯尾花 [白芒草] 隧道

　　名為道路，其實是只容踩腳的一里多陡坡，我曾經體驗過，所以尚不覺得怎麼樣，可是對於初次來此地的上牧師卻覺得十分可憐。可是要視察台灣原住民部落是此行的目的，況且我自己實在很渴望能造訪六年半間很親密交往的朋友們並慰問他們，因此途中才休息幾次，好不容易來到八合目 [17]。這裡有綿延數百公尺長的枯尾花隧道，有句名言說這是「常見幽靈出現的枯尾花」，對聯是「連幽靈都想逃出的枯尾花」。[18] 人若沒有親眼目睹，實在難以想像這種景觀，這裡真是十分偏僻荒涼。這裡也是台灣山地管制區有名的地方，我們再照相留念。大汗淋漓並不夠形容我們實際的情形，我們終於很辛苦地抵達山頂，稍事休息，眺望四周的景色，從山的後方下去數百公尺處就看到原住民茅屋，這正是我所愛的加拉排原住民部落頭目瓦細‧哈勇他們的住居了。（我在此地居住時，他是住在駐在所後方七合目左右的地方。）

---

17 日治時代，登山的路從登山口到山頂，分成十合目，方便計算路程。
18 意指此地極其偏僻，連幽靈都不敢居住，想要逃出去。

喂！喂！井上先生

　　本來想突然造訪，讓他驚喜一下，可是照他們的習慣，一方面也是怕被狗咬，所以我就大聲喊了兩三聲頭目的名字，可是應聲出來的卻不是頭目，而是他弟弟馬賴・哈勇。「喂！喂！井上先生！好久好久不見了！」一面喊著一面點頭打招呼。因為頭目去遠方的開拓地，要傍晚才會回來，我們就到樹蔭下的一間民房去，見到一對很面熟的年輕夫婦，男的比女的年輕十歲左右吧！原來是以前的丈夫已經去世而留下四個孩子，他來當後婿[19]的。他們並不記得確實的年齡，不在乎年紀大或小，前述的鐵木也是和大他十歲的女性結婚。特別是他們若要娶妻，需要支付一大筆聘金，近來為了生活不易或什麼的原因，許多人乾脆選擇當後婿。

骯髒的腳和污黑的手

　　從附近聚集了一群女性和小孩子，約七、八人，「您住在那裡？會來加拉排嗎？」他們七嘴八舌地問我，「這個孩子的腳是您醫好的。」把全身是泥的一個孩子的腳抬給我看，「這隻手是您治好的。」把好髒的手伸出來給我看。我曾治療了那麼多人，那有辦法一一記住，但是他們卻至今仍未忘懷地感謝我，我那不甚高明的治療，竟然能夠讓他們這麼樣高興，讓我更加懺悔自己對他們的愛情和熱心不夠，只有在上帝和他們面前俯伏下來，祈求罪的赦免了。但是藉著上帝的恩惠，以無限的忍耐和慈愛，自己六年半在台灣山地管制區的生活，絕對沒有虛度，我確信後來我因生病而返

19 意指婦女再嫁後的丈夫。

鄉，然後再來此地，這些都不是無意義的事。

稻米何時能收成

他們因為去年歉收，和遷居開拓地等原因，一粒米也沒有收成，掘取僅有指頭大小的地瓜才免於飢餓，現在陸稻才一尺二、三寸高，尚未結穗，他們問我要幾個月後才可以收成，真可憐（因為他們不會計算日期）。日本人的舊友見到我們，就很親切、很豐盛地請客來歡迎我們，台灣人就幫我們提行李、帶路以表示歡迎。從微少的言語中，我們可以察覺出來，他們仰慕像我這樣的人，很明顯地希望我再來這裡居住。我自己的使命無論如何是針對台灣原住民的，我必須為了他們做點什麼事。

再見！（斯卡也答）[泰雅語]

再怎麼聊也聊不完，太多話想說了，可是想到他們仍須工作，就把帶去的餅乾、點心分些給他們，吃了一、二個小地瓜後就與他們道別，要他們轉告頭目，在一片不斷的「斯卡也答」聲中下山了，回到駐在所已過了二點鐘。和舊友的警官及台灣人一起在紀念樹下照相，入浴，當晚又是談論山上的各種話題，直到十一點鐘左右才進入安靜的夢鄉。

啊！加拉排喲！加拉排喲！

第三天，十三日（禮拜四），早上呼吸那安靜、清涼的山地空氣，用過早餐，兩天來受到朋友們的熱誠招待，許多人親切的款待，快樂的言談，言語所無法表達的感謝，告別了懷念的山地管制

區的大自然和思念的人們，依依不捨地離別，過了十點鐘才出發。啊！加拉排喲！加拉排喲！我好想叫出來，好幾次，好幾次，我都一直回頭看，好捨不得離開。駐在所好意地請了警手帶路和護衛我們同行，過了道地的深山幽谷仙境，我們來到錦屏山，已十一點半了。在吊橋上拍了一些鐵線網等景色，就接受警戒所員的好意，在那兒吃午餐。稍微休息後，和所員及孩子們拍照留念，之後我們朝內橫屏山出發，時是二點半鐘，正是最炎熱的時候。

晚上看得見台北

爬上二公里多的陡坡，所流的汗不比昨天少，休息了很多次，才到達內橫屏山。本田先生、數位警官和原住民孩童來迎接我，這裡是海拔三千多尺的高地，被稱為山地管制區的嵐山[20]。當夜住在四周都是吉野櫻花樹的日本建築官邸，放眼望去，新竹或竹東的市區盡收眼底，入夜後甚至可以看到台北萬家燈火的奇景，絕佳的眺望，非常可怕的雷聲和西北雨，涼風吹來，令人覺得很冷，這些都是都市絕對無法體驗到的享受。若沒有經過辛苦，哪來喜悅呢？流了那麼多汗，爬山爬得那麼辛苦，這個代價是值得的。

雅佑子女士和中野藥劑師

晚上，許多警官都聚來，雅佑子女士（中野先生的寡婦）也在其中，聽他們談論泰雅的結婚、葬禮以及其他風俗習慣、奇聞等，受益匪淺。晚上十一點多才就寢，在台灣的盛夏中，要蓋二條毛氈

---

20 日本京都郊區出名的賞櫻賞楓地

加上棉被才能入睡，似乎荒誕不經，卻是不爭的事實。雅佑子女士在十多年前，與住在山地管制區、京都出身的中野藥劑師結婚，很不幸地丈夫先去世，才三十歲出頭就一直過著寡居生活，直到現在還寄錢給在京都的親兄弟，是個風評很高尚的貞女。她實在是位優秀的進步主義者，著洋裝、穿皮鞋，也穿和服，能夠說一口流利的日本話，要是臉上沒有紋面的話，任誰看了也認不出她是泰雅人。她現在是學校的教師，還兼任泰雅語講習所的講師，在同族撫育和通譯上是個不可或缺的人物，是北部原住民惟一的先覺者，據說她是住在角板山那位醫專出身的宇都木醫師的嬸嬸，真的是有這樣的嬸嬸，才有那樣的姪子。

原住民孩童和日本國歌

　　第四天十四日（禮拜五），終於要回新竹了。上牧師從昨天就有點感冒，似乎不太嚴重，所以我們還是準備出發。早餐時和學校的職員和學生一起照相，參觀小學校，教師是師範出身的警官和雅佑子女士，他們都很認真教學，當三十多名學生一起合聲唱國歌時，我深受感動得說不出話來，眼淚一直掉個不停。這些是殺人頭的台灣原住民的小孩嗎？簡直無法相信這是那嗜血的野蠻人的孩子，希望這些孩童早日成為一家之主，捨棄所有的壞習慣，成為和平的子民。

歸返新竹

　　真想在這種世外桃源多滯留幾天，使身心都得休養，可惜是限定日期的旅行，所以依依不捨地惜別，踏上歸途時已過了十點鐘。

我們在內灣搭輕便車，途中雨過天青，回到新竹已經五點十分了。橫尾先生伉儷來接我們，一起進晚餐，再暢談山上的事，大家都很高興。上牧師雖然感冒卻繼續往南部去，我就回教會睡覺。長久以來希望回去加拉排和雅佑子女士再相見等的願望都達成了，回想過去，看看現在，思考未來，使命得以更新，實在令我無限感激，這些全是天父的恩典和多位兄姊代禱的結果，真是感謝。

（一九二二年八月稿）

一位泰雅青年的來信

　　收到您文情並茂的來信，深感過意不去，上個月廿二日我離開台北，在角板山的親友宇都木先生家住了一晚，廿四日平安地回到工作崗位了。可是很抱歉，因為有許多事等著要我處理，所以一直想要回您的信，竟拖延到今日，實在是非常失禮，懇請海諒。我們外出上台北時，承蒙您專程從遙遠的新竹前來見面，並且得到您懇切的種種教導，謹在此向您致謝。我們之間毫不隱瞞、坦誠地、好像父子般地談話、聊天，真似十幾年的親友那般親近，不，或許我們是同祖宗，也許我們在幾百、幾千年前就是好朋友也說不定。事實上，和您好像是從以前就有的因緣，而在現今這個大正時代才偶然相會面。只是對於我這可憐的日本的一分子？蒙昧的泰雅人，一起灑以同情的眼

淚的您和我，能得相見且能一起談笑分享，實在是值得慶賀。懇請您無論如何一定要為了我們可憐的同胞伸出援助，這是我所深深期望的。

誠如您所說，最重要的是切勿求急。我們不求一步登天，也不求將萬象盡收眼下。只有等待時機的到來，在那之前，從其中漸尋正道。泰雅人長年來是遵行那無形神靈所定的律，或說是迷信，是按照自然所教導的法則生活，所以不可以急遽地將習性放棄而進入文明生活。因為不了解這樣的背景，也就被斷定為不行或禽獸行為，所以請按您的意思邁向目標，一步一步的走吧。我正等待著您有空時請光臨。前幾天，我這裡下雪，合歡所有的山都覆蓋著白色的棉花，大自然的美，益加壯觀，早晨下了霜，我一面破壞霜柱一面散步，也很有趣。茅草的家屋也全是銀色世界，不可言喻的美景，只可惜瞬間就消失了，似有些無情，但我們又怎能勝過自然的力量呢？下次若北上的話，將再次造訪。在這時節，敬請注意自己的身子，好好愛惜保重，延遲至今才回信，尚請鑒諒。

一九二二年十二月六日
泰雅族一青年於合歡自宅

此致
井上先生

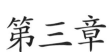

第三章
台灣原住民教化的急務

台灣原住民教化的急務

　　我出生在四國的土佐，自年少就深以故里為傲，是以自我為中心長大的，信奉基督以後，才有幾分為別人、為社會著想。人類本來自出生以來就是自我本位的，由自我出發，我的家庭、我的教會、我的種族，什麼都是我的、我的，要是捨棄自我的什麼的話，似乎就什麼事也無法做了，這個想法達到極端時，就會成為吵架、爭議、戰爭，主張自我而打倒其他，這個自我，若不把它釘在十字架的話，就無法達 到真正的合一。保羅說過：「我已經與基督同釘十字架，現在活著的，不再是我，乃是基督在我裡面活著。」

　　在台灣原住民間，有些十分有趣的習慣，大致可區分為四個規則，他們稱之為 Utux Gaga ──神靈的律法。

　　第一、叫做 Qutux Gaga，即祭祀，其他習慣都是相同的一個種族，也就是相同宗教的習慣。

　　第二、叫做 Qutux Niqan，婚姻和其他，共享喜、怒、哀、樂。

　　第三、叫做 Qutux Ritan，也就是狩獵團體。

　　第四、叫做 Qutux Hapan，這是戰爭聯盟。即使平常不太親近，各自獨立，一旦發生戰役時，要中立？要援助？要敵對？都由這個聯盟來決定。正如同日英聯盟一樣。

　　我將這個和教會來比照，覺得很有趣。

第一、我們都是 Qutux Gaga。同一個宗教、同一本聖經，都站在同一個信仰上。

第二、我們都是 Qutux Niqan。也就是團契 Communion。現在的聖餐，幾乎都流於形式，如同小孩子扮家家酒。在使徒的時代，第一是追求信徒的親睦，以愛餐（此也有弊害）來紀念主的愛和犧牲。而屬靈的食物就是聖經和祈禱。

第三、我們都是 Qutux Ritan。得人如得魚的傳道。即使教會教派相異，都有必要一致共同傳道。

第四、我們都是 Qutux Hapan。也就是聯盟，這是要與異教思想和異端為敵的戰爭。現今不是為了內部的小問題在爭論的時候，現今是戰爭時期，應當同心協力一致對付敵人。在台灣此地有日本基督教會、組合、聖公會三個教派，而人種有英國人、日本人、台灣人三個種族集合在一起。無論那一個，都是藉著上帝的律法 Utux Gaga 來聯合的。

我自己想在這上面加上一族，所以十多年來，一直在為此事祈求。

我之會來台灣，不是為了官職，也不是為了事業，更不是為了自己的問題而來，我是為了尋找那不肖又迷失的台灣原住民，要引導他們得救而來的。雖然政府當局不允許傳道，使命未能得以達成，但是我深信上帝必定會開啟適當的道路的。

在此有一位陳牧師，是我尚未來台灣之前，在東京所召開的台灣會席上遇見的。劉忠堅先生是我來台以後一直對我很同情的人，還有其他很多都對我寄予深厚同情者，謹此致謝。向台灣原住民傳道絕對不是我自己一個人的工作，這是所有在這世上基督徒的責

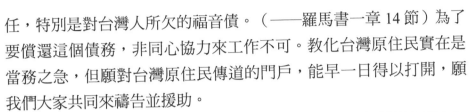

任，特別是對台灣人所欠的福音債。（——羅馬書一章 14 節）為了
要償還這個債務，非同心協力來工作不可。教化台灣原住民實在是
當務之急，但願對台灣原住民傳道的門戶，能早一日得以打開，願
我們大家共同來禱告並援助。

　　　　　　　　　　　　（一九二三年十二月在台北聯合祈禱會席上）

日本人對不同種族傳道是不可能的嗎？

　　今晚的禱告主題是「為了外國傳道」。換言之，是對異教者或
不同人種傳道。日本人現在所做的外國傳道才在中國、南洋、朝鮮
的部分地區——這些都是我們的領土，並不是外國，只因為語言不
同，所以納為外國傳道——開始著手而已，真是不能算什麼的。甚
至沒有對二萬人左右的愛努同胞 [北海道原住民] 傳道，反而是由英
國宣教師巴切勒先生以終身的事業來獻身工作，翻譯聖經，也設立
教會，愛努族人中現在也有人獻身為傳道者了。日本人不僅尚未向
外國傳道，還繼續由外國人來傳道，因此有資格為外國傳道來禱告
嗎？我甚至懷疑到底有禱告的必要和目的嗎？

　　我們對那多數不同種族的殖民地，到底做了些什麼事？一直為
他們祈禱的又有多少？甚至於連為他們傳道的計劃也沒有聽過，實
在非常慚愧。在台灣人之間，眾所皆知者有馬偕、甘為霖兩位博士
為首，經由宣教師們獻身的傳道，已經把福音傳到各個角落，我主
要是針對台灣原住民傳道，所以我一開口，一定就是台灣原住民的
事情，也許有人會認為又來這一套，但是請忍耐地聽一下。只要我
尚活著，我能出聲的範圍內，我一定要呼籲。我深信對台灣原住民
傳福音，同時也為這個問題向各位宣導，是我的使命之一。

聖經裡面，先知若不宣講而使國民陷在罪中的話，上帝必定追究先知的血，我雖不是先知，卻有宣講的義務，聽或不聽，是你們的自由，但請不要忘記，我們各人都有各人應負的貴重責任。

這樣說來，日本人到底是否不善於外國傳道呢？日本人是模仿比創作更高明的，在科學方面所受到的世界評論，在傳道界裡也應當行得通。我們是承續在外國人開展之後，只能維持極少收穫之現狀嗎？我們沒有開墾荒地、教化不同種族的能力嗎？有人說，日本人在先天上學習外國語文就比較困難，也不會溝通，但是這個本來就是極困難的事業，卻不是不可能辦到的。我雖然不才，在十多年前就立志於向台灣原住民傳道，在總督府裡，得不到管理台灣原住民政策上傳教的自由，並且自己的努力不足夠，空有理想卻一事無成。只有對各位訴說，並且向上帝祈求，以外別無他法。但這不是我一個人的事業，這是所有基督徒，特別是居住在台灣的我們日本人的責任，這是我們雙肩上所擔負的愛的債務。

在世界上的異教國家，已經有先進國家的基督徒一直在開展，只有我們的台灣原住民，似乎是這地球上未曾被著手傳道的人民。我認為或許這是上帝為了試驗我們日本的基督徒，故意將他們隱藏起來的。

對於外國傳道一點也沒有貢獻的我們，至少應該趕快著手對台灣原住民傳道，不要讓諸外國人捷足先登。難道我們還要一直接受從外國來的傳道而不付出嗎？現在應該是我們對不同種族前進傳道的時候了，請各位為他們來禱告，切望您們來思考這件事。

（一九二四年一月八日在台北聯合祈禱會席上）

啊！我們台灣原住民的命運

　　記憶力很好的人應該記得在一九二三年十二月廿八日的《週刊朝日》上，刊載著「在滅亡前亂舞的愛努族」這個消息。當我看到那消息時，心臟好像被針刺到的感覺，從此我一直無法忘記這件事。無論怎樣都在腦海裡揮之不去。同樣的今年四月十五日出版的同《週刊朝日》上登載著：「台灣原住民之歌」，我看了這篇記載，更受刺激，看到那些連自己將來的命運會如何都不知道的、天真無邪地跳舞歌唱著的同胞，我怎麼還能夠沉默不語呢？日本現在擁有許多殖民地，朝鮮、台灣、南洋、樺太[21] 等許多我們都記不清楚，有誰知道其中人數最少、又處於最無知可憐狀態的，就是我們的台灣原住民，在眾多的殖民地中，落於第二個愛努這個命運的，不是南洋人，也不是樺太人，而是我們的台灣原住民。

　　我們十三萬的台灣原住民，到底將來的命運會如何呢？數年前曾經有人在東京青年會館，有關台灣原住民研究的演講時說過：「台灣原住民意志堅強，很勇敢又繁殖力旺盛，跟愛努族等是非常不同的。」這是其中的一句話，說出台灣原住民的本質，我認為我們大概不會由內部來滅亡，但是隨著日子的消逝，會從外部使之滅亡。在我們台灣原住民之間，過去無論花多少錢都找不到妓女，可是現在已經漸漸出現了，又過去完全不曾聽聞過無藥可救的梅毒，現在也不敢說絕對沒有，特別是受過文明教育的人，衣食住和道德觀念已經改變，過去光著身子工作的，現在也要穿衣服到處逛，以前一件襯衫就滿足的，現在要穿漂亮衣服，以前是喝少量很臭的

---

21 北海道北部庫頁島。

酒，現在卻要喝瓶裝高價位的酒，過去和別種族的人結婚，會被視為是極大的罪惡，現在卻想和文明人結婚，以前奉為「神靈的律法」所定規的一夫一妻，對婚前過失也須罰錢來賠罪、非處女則嫁不出去等等，現在竟認為是昔日的迷信，很自在、無所謂地傾向惡的方面去了。

　　對諸位日本文明人而言，我們是野蠻人，既不懂文字，亦不懂得工商業之道，即使是農業，也僅知道極其簡單的地瓜、陸稻和蔬菜而已，只不過能夠維持生命罷了，對於文明的事情，一點也不知道。但是既然生為人類，就知道人類自然之道，對於博愛、平等、自由、權利、義務等艱深的事情，雖然不甚明白，但是我們也是流著溫暖的血液的，請來觸摸我們的心，這樣子，我們的心跟諸位的心才能合而為一。我們並不認為您們是異人種，我們聽部落者老說：我們的祖先是從遙遠的海的那一邊，順著海潮漂流到這個島的，還有一群人（也許是二、三個人也說不定）乘著獨木舟（banka）繼續往東方去。我們稱那個方向叫 Puqing（根本的意思）。我們擁有跟諸位同樣的皮膚、眼睛、頭髮的顏色，甚至於連話語都有許多相同。不僅是肉體，連精神和您們都絲毫沒有兩樣，至於各位所最害怕的獵首，絕對不是我們的專利。

　　是不是要獵首，這是次要的問題，最要緊的是要保存種族，從所有民族的歷史，就可以很清楚地知道，這是出於正當的防衛，我們獵首也是一樣。誠如所知，現在我們既沒有武器，且力量日漸衰退，這個令人忌諱的惡習，在不久的將來將會絕跡吧，我們希望不要為了這個惡習的緣故，而葬送掉所有的一切。即使沒有穿上文明的衣著，也希望您們承認做為人類赤裸裸的地方，基本上為我們定

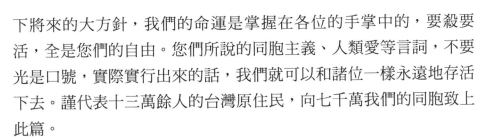

下將來的大方針，我們的命運是掌握在各位的手掌中的，要殺要活，全是您們的自由。您們所說的同胞主義、人類愛等言詞，不要光是口號，實際實行出來的話，我們就可以和諸位一樣永遠地存活下去。謹代表十三萬餘人的台灣原住民，向七千萬我們的同胞致上此篇。

（一九二三年四月稿）

先父二十年忌日

一九二五年七月卅一日是先父逝世二十年忌日，我早上五點就起床，參加在苗圃所舉行的早天祈禱會。打算今天一整天以祈禱來度過。

「上帝啊！在這麼寧靜的清晨，這麼清靜的地方，能和祢親近、禱告，真是感謝。今天是先父經由祢的許可從地上去世二十年的日子，但是我，外在方面得不到傳道的自由，生活困頓，生病，還遭受到其他的逼迫，內在方面是靈命軟弱，信仰不夠，缺乏愛，希望也將消失，在台灣費了很多年，仍一事無成地令上帝的心意極其悲痛，對許多的弟兄姊妹也背負了愛的債務，有時我會想離開這個島比較好，可是卻又無法捨棄確信是祢所給我的使命，過去祢以那永不改變的愛來指引我，在極難忍耐的試煉中，祢憐恤我，為我預備了脫逃的道路，為此我深深地感謝祢。我的使命若真的就是對台灣原住民傳道的話（我自己是這樣相信著的），請為我除去所有的障礙，開啟傳道的門戶，讓我得以向所愛的台灣原住民來傳揚祢的福音，赦免我過去所犯的罪，以聖靈來充滿我，使我重新得力，讓我完成這寶貴的使命，奉主耶穌基督的名來禱告，阿們。」

在回家的途中，經過專賣局樟腦製造所，聞到精煉樟腦油的味道，令我更加思念先父。

下午二點鐘左右，石橋先生來訪，他二十年前在基隆水上警察署上班，當花蓮港原住民殺害慘案時，曾受命前往支援，事變後第三天到達現場，當他詳細描述當時的模樣時，禁不住地掉眼淚。我感謝上帝那遠大的攝理，為著台灣原住民傳道，我們同心禱告。

晚上出席八點鐘開始的中山先生伉儷安慰祈禱會，有大橋先生貼切的安慰及勸勉，數位弟兄姊妹句句充滿愛心和眼淚的禱告，我也獻上禱告，我不能不禱告，除了禱告沒有其他路可行，我是在東京時聽到父親的訃聞，並沒有親自目睹現場，自然這個悲哀比較淡薄，但是中山先生伉儷今日的情形是獨生愛女到底是被綁架，還是死了，全然沒消息，那個悲痛是更甚一層的。真的令人十分同情。

祈求上帝的安慰加在他們的身上，醫治那悲痛的心，教導他們明白上帝的旨意，無論在什麼時候都不懷疑上帝的愛，能領悟上帝是將其獨生子都賜給世人，那樣無限的愛世人，領受到在十字架上都還為敵人祈求基督的愛，在悲傷中得安慰，在不安時也因為在主裡得享安息。

（出席在植物園所舉行的早天祈禱會上）

禱告！向山去！

本來期待在先父二十年忌所計劃的書刊，因故無法如期出版。其他方面也是完全一片黑暗，可是此時卻必要為將來想辦法下決定。空空地等待也不是辦法，若要上山去的話就應該向山上去！不能忍受進退不得的中間生活。這本來就是背水一戰，已經著手的事

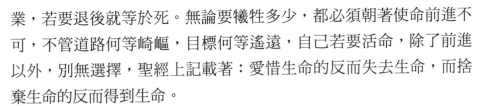

業，若要退後就等於死。無論要犧牲多少，都必須朝著使命前進不可，不管道路何等崎嶇，目標何等遙遠，自己若要活命，除了前進以外，別無選擇，聖經上記載著：愛惜生命的反而失去生命，而捨棄生命的反而得到生命。

若是只有我自己一個人，無論怎麼困難，我都能忍受，不管如何沒辦法，我都要闖闖看。可是對於病後的妻子，和正在成長的五個孩子，要怎麼辦？若不盡父親的義務，又怎能開口閉口地談論使命呢？我被這舊思想所束縛著。要扶養家庭是第一使命。「要先求生活的安定才能慢慢地進行。」這是合乎常識道理的聲音，也許就是這樣也說不定，可是，直到今日我尚在等待時機，卻仍然得不到出路，從外在看來，畢竟機會是不會來的，現在只能聽從內心的呼喊，回到當初獻身的原點，站在冒險的信仰上前進。

從前的武士們為了君國的緣故，犧牲了全家，舊約時代的先知們或是初代的基督徒，為了福音也殉教。現代的人變得比較聰明，不願意做那種傻事，也許也沒有那個必要，誠如大西鄉所說過的：若無「不要命的大傻瓜」，就不可能有明治維新的革命，我雖然微小，卻承受著大和武士的血脈，成為基督的士兵，即使在二十世紀的今天，為了福音來過殉教的生活也不錯。幾天前有一位弟兄來訪，談話中言及在台灣真正的信徒有多少人？無論是信徒或是牧師，拚了命在工作的，大概連一個人也沒有，當他這麼說時，我的心好像被釘子釘到。信徒的弟兄對傳道者的我這樣說，我感覺到這種大膽的言詞並不是從人口出來的聲音，而是上帝藉著這位弟兄來警告我。我應當再次拚命重新出發看看。也許我的生涯太過於極端吧，一般人認為基督的生涯及其結局，以及初代教會的情形，實在

是太極端了，但是誰又能說基督的言行是極端，是錯誤的呢？若是沒有這個，人類就沒有得救的道路。對於極其困難又新奇的事，若不是由哪個極端者來做，普通常識的人是無法做到的。

上帝若真的是活生生的話——我自己是如此深信著——必定會垂聽我的禱告。若台灣原住民所相信的上帝，是編織著真實的宇宙和人生的話——我也這樣相信著——我的願望是會達成的。經是時間，緯是工作，為何我的緯卻常常會斷掉呢？為何我想做的事情一直不被許可呢？我確信我有使命為台灣原住民編織些東西的，我的布大概和他們所穿的麻布相似，也許更粗陋，品質更不佳也說不定，但是不管怎麼粗陋，我確實要做到「拚命織」的地步！

難道說我的願望是不可能的嗎？我的計劃是荒唐的嗎？若是像巴蘭一樣，走上了不該走的道路，就請讓驢子開口般開啟我的靈眼，這是我現在的祈求。

　　要禱告！要禱告！

　　除了禱告無其他方法

　　向山去！向山去！

　　向山去禱告！

　　和自古以來就存在的大自然

　　與思念的泰雅人親近

　　得新的啟示和大的異象

　　我要向山舉目

　　我的幫助從何而來

　　是從造天地的耶和華而來

　　請剛剛病癒的妻子替我看家——荒唐的事——我離開家是八月八日早上十一點鐘。省略途中發生的事，第二天九日下午三點鐘左右，到達目的地的山上，由在主裡親近的Ｉ先生侃儷來迎接我，我們一起同心禱告，Ｉ弟兄是個警察官，一直從事台灣原住民孩童教育的善工。

　　　越寒冷空氣越清新
　　　在盛夏的今日
　　　要蓋著厚棉被
　　　似若荒誕卻是事實
　　　無汽車的喧鬧、風扇的吵雜，
　　　聽不到破冰聲的世外桃源
　　　完全的忘卻
　　　社會的問題
　　　生活的不安
　　　僅有一件事
　　　向父神祈求

　　上帝是真正活著的，上帝確實一直在編織著，我到了山上的第二天，就給我一線光明，那就是寄到友人處的雜誌《希望》在最後一頁刊載著「台灣教化的未來」這篇短文。當然在台北也可以看得到，可是在這深山裡，面對著台灣原住民，針對這問題正在祈禱的時候，讀到這篇文章，我的感觸是特別不同的，瞬間的感想用以下幾個字來形容。

朝陽的光芒照射進來
連山般並排雲就消失

　　I弟兄出公差去台北。我就獨自一個人靜靜地一直禱告，繼續
執筆，在深更半夜出去沒有人在的庭院，抬頭仰望天空，思想到雅
各在伯特利看到從天下來的梯子，保羅的第三層天，基督在曠野的
試探等等，繼而默想主的旨意和我自己的使命，還有台灣原住民的
現況，感到我更需要突進不可，領受到更大的勇氣和希望。我真希
望能夠長久在此地與上帝相交，研讀聖經，離開俗世，過著嚴規西
篤會 [Trappist] 的生涯，這跟彼得在變貌山上的願望——馬太福音第
十七章——沒兩樣，忽然我心中感覺到山下似乎有人正在煩惱中，
需要我急速返北，所以在十五日早上，我啟程返家。途中在濁水住
一晚，與一位未曾見過面的弟兄會面，彼此愉快地談話並同心祈
禱，感謝我們同為葡萄枝的特權和恩典，一面下山，在第十天聽到
火車的響聲，搭上火車。

　　途經宜蘭，訪問一位朋友，在安靜的公園談到深夜，懇切地祈
求主的憐憫和靈火的燃燒。這位朋友正因身心有極大的重擔而受著
苦楚，倘若我能帶給他一些安慰或勉勵，也是好事一樁。那時我心
中浮現了一句話：「被遺忘的東海岸之傳道。」荷蘭人離開台灣
十四年後在荷蘭出版過一本書叫做《被遺誤的台灣》。而我在佔領
台灣三十年後的今天才聯想到這句話。台灣人的教會，宜蘭當然不
用說，連羅東、鳳林這種小地方都有人在傳道——居然連這樣的地
方都有人在傳道——而在日本人之間，是不是因為不方便又沒經費
而被遺忘連一間教會都沒有。可是對於外國宣教師或是台灣人來

說，同樣是不方便的啊！只要有熱誠傳道的心，錢自然就會有。應該是另有其他原因吧！我自己這樣反省著。

　　我在山地管制區生活時，偶而出來都市，大多數的朋友們都會很親切地問道：在深山裡感到最困難的是什麼事？又最不自由的東西是什麼？我住在離火車有十餘里的深山裡，離台灣人的村莊也有二里多的地方，當然沒有電氣、自來水，也沒有學校，更沒有醫院，生鮮魚類或肉類也不容易入手，甚至有時還會欠缺米糧和味噌，此外還有瘧疾流行、毒蟲、毒蛇出沒，被台灣原住民殺頭的危險，若要細數，還真是數算不盡。許多事情對於生活在都市裡的人來講是無法想像的，可是這些都是關於肉體的事，因為長時間的鍛鍊和主的恩惠，幸好我都能忍耐，可是「沒有信仰的同伴和無傳道的自由來完成使命」，才是我感到最不自由最困難的事。再怎麼大塊的炭火，被放在灰燼裡也會熄滅，同樣地，再怎麼信仰篤定的人，若一個人被放在冷淡的灰燼中，信仰的火不熄滅才怪呢！何況信仰薄弱的我，經過數年的孤獨生活，不知道已失掉多少信仰的靈火呢！我為著不能恢復到起初的信仰情況而感到悲哀，因著有這辛苦的經驗，我在這次的旅行中回想過去的日子，真能由衷地同情那些住在寂寞山裡的弟兄們，今後我一定要在許可的範圍內常常來訪問，一起挑旺靈火。

　　回到家時，收到家鄉傳來的「一五日母安眠」電報，正好是我從山上下來的日子。父親是我在東京時，在花蓮港的山地管制區被殺害，而母親是在我內心極其迫切地為了台灣原住民，在四季村的山地管制區旅行時，在家鄉安眠的。我想到父母和台灣原住民，台灣原住民和我，似乎有個離不開的鎖鏈連繫著，那是看不見的上帝

的攝理，從永遠直到永遠無限的大計劃，啊！我只能夠說：上帝的智慧及知識是何等的深奧啊！現在我的悲傷或是人情，正如小河川被大海所吞沒那般，毫無痕跡可尋，感覺甚似夢幻，實在太不可思議了，令我只有茫然，無法言語亦無法行事。

一九二五年八月二十日回家後第二天

在幼稚園旁的暫居之家

後藤長官教化台灣原住民之理想

「台灣原住民的素質很好，並沒有受到文明病的影響，若以現代弘法大師級的人物之待人方法，也就是說，一面給予產業來開發其知識，進一步來引導他們進入信仰的方法來教育，是非常有希望的，不希望將他們充作世間一般的產業獎勵而流入文明的弊病裡。」

這是之前七月四日，在東京帝國大飯店，邀請到希望社社長後藤先生和東京市長助理田沢先生演講時，後藤台灣總務長官的一段談話，刊載在八月一日發行的《希望》上的一篇短文。雖然我並不如弘法大師 [空海] 那麼偉大，在二十年前，就立志教化台灣原住民，直到現在仍在努力中，卻仍然未能得到傳道的自由而在苦惱著。聽到這番話，真像是久旱逢甘霖，有黑夜燈火般的感覺。

事實上台灣原住民是很有將來發展性的人民，與那些成長後退化扭曲了的文明人不同，他們是自然、原始、單純、充滿活力的民族。他們是所謂的 mrkyas（青年的代名詞，攀登的意思），而不是pbnkis（老人的代名詞，老舊的意思），我希望照他們單純自然的樣子來教化他們。十五年來，不才的我一直是這樣主張著，在政府當

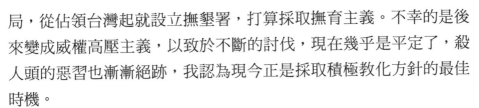

局，從佔領台灣起就設立撫墾署，打算採取撫育主義。不幸的是後來變成威權高壓主義，以致於不斷的討伐，現在幾乎是平定了，殺人頭的惡習也漸漸絕跡，我認為現今正是採取積極教化方針的最佳時機。

在起初的撫墾署時代，很自然地與台灣原住民以物品交換來接近他們，或是贈送物品來融和他們的心，接著漸漸地施予教育加以啟蒙，讓他們有認識惡習的知識，再慢慢地來改善。其次在大津蕃務總長時代，是以佛教的僧侶為囑託，嘗試進行宗教的教化，只可惜沒幾年他就被撤職，也許因為時期短暫沒有見到預期的效果吧。世人或許會嘲笑宗教家的無能，譏笑不成功，花費了龐大的管理原住民費用和犧牲掉多數的生靈，經過三十年的歲月，才能得到今日的效果的話，僅僅二十幾名的宗教家在短暫數年的歲月裡，拚命工作也只能達到言語可以溝通的程度，根本不可能得到驚異的效果。特別是大多數的宗教家都缺乏教育、產業等經驗，所以只能傾向於以傳教為主，其他為輔。若是以教育、產業等為主，以宗教為輔的立場，就不能隨心所欲的工作。所以方法或制度的良否，宗教本身是否適合，人物的選擇等，尚有十分研究的餘地。

將生活在黑暗中的非洲人引向光明的李文斯敦，或把新黑布里德斯島食人族教化成和平民族的約翰·培頓等人士，他們的獻身傳道是眾所皆知的，歷史也證明基督教在愛斯基摩、黑人、南洋諸島上都有教化的偉大功績。我們統治下的馬紹爾群島也組織了南洋傳道團，派遣數名我國的宣教師前往，政府當局也提供了許多援助和方便。在台灣，荷蘭人統治的卅八年間，基督教傳教的功績至今仍是活生生的史實。若政府當局者與宗教家能夠互相諒解而給予傳道

自由的話，在宗教、教育、醫術、產業等同心協力，深信必能達到教化善導。

現代的教育對於文明人來說，即使是殘障者也都認為有必要，這是所有有知識者的見解，對於思想單純的台灣原住民，更需要施予特殊的教育。宗教、教育、產業必須三足鼎立，缺一不可，希望後藤長官所提倡的台灣原住民教化的理想，能夠早一日儘速實現。

一九二五年八月十日完稿

第四章
台灣原住民研究

一、台灣原住民研究之一端

問：台灣原住民是否敬拜諸如神佛像的偶像崇拜？

答：他們不敬拜偶像，他們看見台灣人敬拜偶像反覺好笑，他們相信有位看不見的大能者存在，稱呼為 Utux，意思就是神或靈。總之，是有著不可思議的靈力，世上所有萬象都是由神靈所造成，就像女人家用織布機所織出來的東西一樣。人的生死也是在神靈手中，人自己毫無辦法左右。人不可違背神靈的命令，或者觸怒祂。若沒有生育小孩的台灣原住民，問他為什麼沒有小孩時，他會回答：我不是神靈，所以不知道。他們認定孩子是神靈的賞賜。並且人過世是「編織的工作結束了，自然就死亡」。死亡並不是可怕的東西，人若死去，會和祖先的靈在一起，並與神靈的大靈同化。但是在世時若犯了罪，死後就不能與神靈的大靈同化，反而會和惡靈同化，是很恐怖的。

問：這樣說來，不就和基督教的思想很類似嗎？若他們持有那麼進步的想法，又為什麼做出殺人頭的殘酷事呢？

答：問這樣的問題是很自然的，獵首應該說是他們的武士道，他們不僅不認為是罪惡，反而是符合神靈的意思，是對祖先忠義，

認為是神靈幫助他們取得中國人或日本人的人頭。（正如同舊約時代的猶太人認為耶和華幫助他們將異邦人消滅。）他們並不是隨便想要人頭就去奪取，而是被迫必要時才獵首，除了戰爭以外，只有在下記的場合才會獵首。

一、男子長到壯年就必須在額頭或下巴紋面，連一個人頭都沒有取過的人是不准紋面的，沒有紋面的人就會被嘲笑為禿頭者。所以他們在壯年之前，一定要獵首，否則會被認為是男子之恥。

二、若有二位以上的男子要競娶同一位女子時，誰最先獵到人頭，就可以娶她為妻。

三、瘟疫流行時，需要獵首來安慰祖靈，祈求趕出瘟疫。

四、若是為了土地爭議或是其他重大事件無法分辨哪一位是正當者時，雙方都去獵首，最先拿到人首者就被認為是正當的人。單純的他們認為，神靈是幫助正義者的，所以會給他們人頭。因為有如此的信念，所以大多是正義者成功。在他們之間，既沒有警察，也沒有裁判官，當然也沒有監獄，所有的糾紛都依照神靈的審判，以獵首來做判決。可是現在已降伏日本官憲，所以歸順者就以狩獵代替獵首來做決定。儘管獵首從什麼時代、什麼理由下開始，已經無法查尋，但若照學者說他們是馬來人種的話，馬來人自古以來就有這種惡習，也許他們在漂流到台灣島以前就有這個惡習，殺人這件事，不是他們專有，日本人也有、羅馬人也有，有人把它當作是榮譽，有人是為了要報復父親或主人仇，他們以敵人的頭顱來供奉，使亡靈喜悅，所以獵首這件事，不僅侷限於他們而已。嘲笑他們為野蠻人的日本人，或嘲笑非洲為未開化的歐洲人，都是開啟極其悲慘戰爭

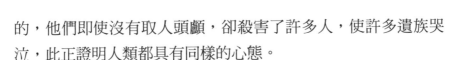

的，他們即使沒有取人頭顱，卻殺害了許多人，使許多遺族哭泣，此正證明人類都具有同樣的心態。

問：原來如此，那樣就解開了台灣原住民獵首的疑問。其次，在他們中間也有人情美的東西嗎？它到底存在嗎？

答：這和日本人所謂的義理或人情之類稍微有些不同。但是人類共有的人情美確實是有的，甚至也許比我們更好。我常常對他們感到慚愧，他們並不知道世界同胞或平等博愛等新名詞，可是他們沒有階級之分，也未曾見過任何乞丐，他們確實實踐了文明人的新名詞。

一、他們責罵孩子時，絕對不打人。對待他人時更不用說；假使打了自己的太太，太太的父兄可以向丈夫請求罰金，若不答應，立刻就會將人帶回。若是太太有過失，太太須賠罪，若有重大的罪過，丈夫可以要求離婚，並且可以向父兄請求罰金，像這樣有道可行，打人就是不人道的。

二、他們出去狩獵得到野豬或鹿，帶回來後會分配給鄰居或親族等，甚至也拿來給我們日本人。倘若貪心，只留給自己吃，神靈會給予懲罰，此後去打獵將得不到獵物。還有，若帶著許多食物或物品，途中遇到親族或友人而不拿出來與人分享，則會被認為是不知羞恥的貪心者，會被部落絕交，或要拿出罰金來賠罪。當然，若對方客氣不肯接受，那就不打緊。但若假裝沒帶東西，不通人情地悄悄經過的話，是會被懲戒的。

三、他們既不說謊也不偷竊，這也是優點之一。我不敢說絕對沒有，但實際上真的很少發生，若有事要他們必須在什麼時候一定要來，他們會說：「我若說謊，一定會被山地裡的毒蛇咬

死。」他們將糙米放在田裡，田裡種植地瓜、香蕉，也不曾被偷竊，在他們的話語裡：「即使沒有人看見，神靈的眼晴是很大的，若偷東西馬上就會被人家知道。」他們就是存在著這種思想，所以偷盜者等很少見。

四、他們之間的男女關係很嚴謹，假若未婚者犯罪，會被絕交，沒有人要娶她，結婚後犯罪的話，不分男女都會被離婚，我所認識的人中間，有一對夫婦已經有了孩子，過去一家和睦地生活著，可是丈夫卻突然回到父母的原生家庭去了。問起原因，原來丈夫在結婚前曾經和別的女人發生關係的事被知曉了，因此被離婚了，丈夫是入贅的，在妻子的家裡尚有老母親，而他帶著孩子過著很貧困的日子。在我們日本人的想法裡，結婚前的罪過又算什麼，何況又已經有了小孩，不必離婚，只要賠個罪就得了，可是對他們來說，這是行不通的，貞操確實是比甚麼都更寶貴的。犯罪了又欺騙處女跟她結婚，是罪加一等。以更深的想法來看，這是不容赦免的大罪。以前他們單獨自治的時代，就是單純地遵守著祖先的遺訓，懼怕神靈勝過受誘惑，可是台灣人或日本人進來了以後，有了妻妾，也有娼妓，看在他們眼裡，台灣原住民也就不由自主地墮落了。在早期歸順的所謂文明婦女中，也有人當了娼妓（自願或被迫，不得而知），許多人以為這就是進步，沾沾自喜日本化了呢！究竟要浸染日本式到什麼程度，實在無法測知。當他們還打赤腳裸體之時，是單純的、純潔的、憎恨罪惡的，不知是文明的空氣，還是惡魔的誘惑，現在他們已穿起衣服、撐傘、穿木屐了，他們的腦海裡也許已經沒有祖先，也沒有了神靈，這便是我所最耽憂的

地方。

問：越聽就越知道台灣原住民的優點，領悟到我們至今對台灣原住民的想法實在太膚淺了，既然他們擁有這樣的質性，他們的教化是否有可能？

答：是的，這是一個大問題，事實上，我不敢斷言能教化或是不能教化。以前某台灣總督曾詢問英國的宣教師，是否能教化台灣原住民時，宣教師馬上回答：「台灣原住民是不能教化的。」那位宣教師對台灣原住民並沒有深入研究，只聽說他們會獵首，還有其他惡習，就認為台灣原住民絕對是不可能被教化的，由於這個見解，他做了如此的回答。我卻認為，若相信他說台灣原住民是不能教化的，就放任他們凶猛，遺棄他們，是不應該的。另外，也不能只聽信他們的優點，就認定他們是可以馬上教化的人，或者比文明人還容易教化，這也是沒有深入研究的結果。也許在台灣原住民裡，有比文明人更容易教化的地方，不易教化的地方可也很多。這樣比較的話，當然是比文明人還困難，「在人不能，在上帝凡事都能。」正因如此，歐美各國已經有野蠻人被教化的歷史，深信上帝會在適當的時期，開啟適當的路，拯救他們。

　　（內村先生說：這實在是很有益的研究。只有深深地同情他們，認識他們，才能開啟對他們傳福音的道路。所以我不得不對井上先生的台灣原住民傳道事業寄予深切的同情。我們日本人直到今日，仍在接受歐美宣教師的傳道。我們從今起須更進一步地自己來當宣教師，在那一點上，井上先生是我們的先鋒。）

　　　　　　　　　　　　一九一五年二月《聖經之研究》刊載

二、從起源到衣食住

（1）因大岩石分裂而產生男女人

根據傳說，泰雅族的最初祖先居住在叫做巴克巴克窪的地方，那是在台中和新竹之間的大霸尖山（有的台灣原住民說另外的山）的大岩石中，發現有人隱藏其中，烏鴉和小鳥等就集合起來祈願人類的出現，但是卻總不容易出現，因此更加熱切地祈求，就在一個很大的響聲之同時，巨岩崩裂，出現一男一女，那就是泰雅的祖先，直到今日。這個小鳥就叫做 Siliq，是判斷凶吉的神鳥，從日常生活到狩獵或獵首等，任何事都要由它的鳴聲來做決定。Siliq 就成為語彙起源，Plaka Siliq 就是幸福、高興、或相愛的意思。Yaqeh Siliq 就是不高興、生氣、不喜歡的意思，並且大石頭裂開叫做 Pinsbkan na Utux，意思就是神靈所分裂的地方。Blaq Pinsbkan na Utux 就成為神靈巧妙分裂，表示感謝和喜悅時所用的話語。南部有個種族說人從竹子生出的桃太郎式的傳說也有，此外還有其他種種的傳說，在此省略。其他多少有點歷史性可信度的傳說，如說他們的祖先曾住在台北的艋舺，Manga 是原住民語言 Vanga 的變化，意思就是獨木舟，他們的祖先是從馬來半島那邊被潮流漂流到淡水還是基隆，曾經在台北平原居住過的，這種說法並非牽強附會，連一次也沒到過台北的人，說到 Manga，就好像是說到故鄉的樣子。

（2）生死是神靈的權能

我進入山地管制區約一年左右時，有一對看起來健壯的台灣原住民夫婦來我家，很稀奇地看著我的孩子，我問他們：你們沒有孩

子嗎？有那麼健康的身體，為什麼沒有生育孩子？他們答：「為什麼？我又不是神靈。」才想到我自己是相信全能的上帝，又從事醫生的工作，為何會問這麼不小心的事，應該是他們反問我才對。我想起以色列的始祖雅各的妻子拉結對丈夫說：「你給我孩子，不然我就死了。」雅各生氣對拉結說：「叫你不生育的是上帝，我豈能代替祂作主呢？」真是更加令我感到台灣原住民是高貴的民族。

又有一次，有一位帶一個腳歪歪的孩童來，問我這隻腳是否可以醫好？我回答他我不能，他就說：「沒辦法，是神靈把他織壞的。」一點也不埋怨神靈，他們認為是自己有錯，遭到神靈的處罰，才生出這樣的孩子，完全不知道血緣結婚等，有著生理學上的害處，血統相近者結婚，是因神靈責罰而產生殘障者，這個跟我國鄉下人直到現代仍相信的事情很類似。

（3）死後渡過彩虹到神靈那裡去

他們對於出生，是抱著前面所說的想法的，那對於死亡又如何呢？若聽到有人死了，便說：「Masuq Tminun ru Huqing la 意思是說：「編織結束，所以死了。」也就是人生的旅途結束了，或是已達天命，或是含有神靈的攝理之意。死後會如何呢？積了善行者就會渡過那美麗七色彩虹，到神靈那裡去了，即是與神靈合一。但是為非作歹的人就會從彩虹橋掉下去，變成惡靈。當然，這時候去獵首並不被認為是惡行，而是嚴守祖先的遺訓去獵首的，那是值得大大加以誇獎的凱旋。彩虹就叫做神靈之橋「Hongu Utux」，還頗有詩意。

(4) 神靈的眼睛很大

　　持著上述觀念的他們，日常所有的行為從那裡出發，惟有「Utux Gaga」，也就是「神靈的律法」，盡力不要去做違背祂的事，例如在與人約定時，在禁戒偷盜時，常常會說：「Ana ini mita su quriq ga, Yaba roziq ku Utux ru laxiy pquriq」意思即：「即使沒有人看見，神靈的眼睛是大的，所以不要偷盜。」與儒教的天網、四知[22] 等思想極為相似，真是不可思議。

(5) 公平的分配法

　　台灣原住民即使殺了人頭，也不會搜查那人身上是否有錢，他們只要取了人頭就心滿意足，是比較無欲望的民族。他們肚子再怎麼餓也不吃敵人的東西，即使喜歡喝酒，但若是心裡不喜歡的人所給的，也不喝，有如「不吃嗟來食」、「再渴也不喝偷來的泉水」，正是這樣的風氣。

　　有食物而不分給別人時會被嗤笑為貪心者，吃飯時人家來訪而不邀人同進食，則會被譏笑為不知羞恥，共同捕魚時，若甲家五人全部出去捕魚，魚獲很多，乙家因為有人生病，只有小孩子參加捕魚，也是照人數來分配魚獲，並非照戶數，而是平均分配給每一個人，在現代來說，實在是很難得的公平方法，他們中間看不到乞丐或孤兒，這實在是連文明國家都望塵莫及的優點。

---

22 天知、地知、你知、我知

（6）由貞操問題看台灣原住民的價值觀

若要問台灣原住民的第一優點是什麼，必須說那就是男女的貞操。即使台灣原住民一無可取，也可以用這優點來誇耀於全世界，由貞操問題來看台灣原住民的價值，實在是很高貴。

也許誰都會認為赤腳、裸體過著原始生活的野蠻人，男女之間的關係一定很靡亂吧！你實際去觀察，那是會叫文明人感到羞恥的美德。若有兄弟或表兄弟在場，台灣原住民絕口不提結婚問題和有關色情的事，若有人破壞這習慣，可向他索取罰金來絕交。不知道兄弟在場而以為是他人在開玩笑時，也會臉紅地趕快離開現場。

若女人家上廁所被男兄弟看到，也是羞恥的──不如說是男的不被許可──她們清早起來會假裝要去田裡，拿著鐮刀出家門去，或是裝著要出去打水。有外人在場時，絕對不說要去廁所，而是說「要去看天氣。」（Mita Kayal）或「要出去外面一下」（Musa Tanux）。

各個種族都是一夫一妻制，禁止同姓、近親者（表兄妹）通婚，任何一族（只有一族除外）都是由父母決定，經由媒妁來結婚。有一種族確實有交換結婚的風氣，趁對方的女孩還幼小時，就贈送黑布、酒肉等來訂婚，等待成長後再結婚，更過份的是甚至有人會指腹為婚。

有一個種族還舉行搶新娘的模擬儀式，男方家裡先用占卜挑選吉日，然後帶著親族一起到女方家去，抓住新娘的手，勉強要帶走，當然新娘本人還有其他近親會協助拒絕，爭了一陣子後，只好放手交給新郎。這時候難免會有人受傷，若是見到流血，反而覺得是吉兆而高興呢！即使在殺牛、豬時，也會故意讓它逃走，再追逐

著刺殺，這等快樂的風俗，真的是既原始、勇敢又殺伐的遺風吧！

　　男方送給女方的禮物，因種族不同而有所差異，但差不多都是十五圓到三百圓左右的物品，或者是現金，有一個種族是要贈送黑布一匹的。結婚後夫婦倆都到妻父家，等工作了二年或五、六年，生了一個孩子，才會回到自己的家。除非不貞，否則絕對不准離婚，若這樣做的人，會被視為犯罪而被絕交。

（7）失去配偶者須服喪一年以上

　　在有些種族中，失去配偶者一年內不准出席任何集會、宴會，有的還要服喪二年以上呢！不僅是喪家，連鄰居也要三十天左右都不參加宴會、舞蹈，服喪期間若有不謹慎者，亦予以罰金。若是丈夫去世，妻子要剪頭髮埋在墓側，或是夾在牆壁間，沒有經過一年以上不准再婚，二、三個月就穿戴飾品的人，會被嘲笑為沒節操。各種族多少有些差異，但這是普遍執行的嚴謹習慣。已婚者不用說，連未婚男女都必須嚴守 Utux Gaga（神靈的律法）。這跟中國的教導，男女七歲以後就不同席、不看、不聽、不說話等消極形式不同，他們可以一起到山野工作，一起住在夜間可以看到月亮、星星的家，彼此交往，夏天的時候，男子幾乎都是全裸的，真是過著極其自然的原始生活。

　　若是不幸與有夫之婦發生感情而陷入不貞時，頭目和長老就會訓誡二人，抓住姦夫的頭髮來打背部，以樹枝輕打淫婦的臀部，再交還其丈夫。丈夫可以亂打她的臀部及全身──直到別人來制止，否則絕不停止──再加以痛罵，然後離婚。被離婚的女子，在同種族間是絕對不准再婚的。

(8) 即使婚前的不貞亦可離婚

一九一四年，我在加拉排部落時，有一位中年男子名叫瓦旦·他拉。妻子叫拉歌歐敏，他們有一個孩子和老母親，四個人很和樂地過日子。可是後來聽說男的被離婚了，有一次，我問那妻子到底什麼理由？她臉紅地不肯多說，從她簡短的幾句話中，我才知道原來這個男人有不好的行為，而且是結婚前發生的事。我勸她：以前發生的事就不要追究了，現在也已經有了小孩，特別是還有老母親在，所以不要再計較啦，破鏡重圓如何？我是以日本式的想法親切地規勸她，可是那位太太卻大不以為然，她忿忿不平地說：「對台灣人也許算不了什麼，可是對我們的規矩來說，這沒有商量的餘地，我們不是貓或狗，再怎麼困苦，也不能和破壞神靈律法的人一起生活。即使我可以忍耐，但神靈和旁人可是不准許的，雖然結婚前犯的罪可以付罰金來賠，可是將罪隱瞞，欺騙處女，破人寶貴貞操，那是不可原諒的大罪。」被她這麼一說，到底誰是野蠻誰是文明？被稱先生、先生的我，從來沒有像那時那樣，覺得好丟臉。

(9) 侵犯處女的人可殺

在他們台灣原住民之間，青年男女若落在罪裡，雙方父母就會被叫到頭目面前，在眾人之前賠罪並付罰金，男的將來不能和處女結婚，女的只能當人續弦或終身孤單地活在陰影裡。女方若有比較暴躁的兄弟，有時也會殺害對方的男生。這不禁令我想起在創世記卅四章所記載，雅各的兒子們為了妹妹受辱，大為生氣，將對方所有男子全部都殺死的事，這真是共通點。結婚後的犯罪男女都會離婚，這與日本的舊思想，若女的破了貞操馬上就被離婚，而男的卻

可以公然地被允許蓄妾或嫖妓，真有天壤之別。可惜近來風氣越來越惡化，沒有像以前那麼嚴厲，漸漸混亂了。

（１０）男女平等

台灣原住民幾乎是男女平等的，只有工作分配不同而已。也就是說：男性上山打獵，到田裡耕耘，或是取藤蔓編籠子、劈竹造屋頂等粗重工作，女性則到田裡掘地瓜，在家裡搗米、洗衣服等等。男性絕對不可以強迫妻子做事，或者無理責罵。即使妻子有過錯也不可以打人。若發生不得已的事時，會告訴妻子的父兄，請求處理，若是妻子不好，父兄要罰錢來賠罪。而那筆錢就拿來請雙方的親人吃飯擺宴席，就是彼此和好了。這叫做「Mtrayas qsya－讓水流去」，以後絕口不再提此事，也不可以留在心上。若是哪一方日後再提此事，就換他付罰金賠罪。無論如何，這種一旦付諸流水的事，若再度被提起，咸認是不相信別人，不重然諾。若是國與國、民族與民族之間都這樣的話，國際聯盟就大成功了。我曾親眼見過這個問題，那是有位在角板山當巡查的台灣原住民，他從滿清時代就接受中國人教育，在台灣被日本佔領時開始學日語，現在是地位很高的官吏，他接受了文明教育，同時也學會壞事，有次醉酒後毆打妻子，因此妻子很生氣地回去哥哥家，哥哥就與丈夫談判，要求付出罰金來賠罪。[後來他因醉酒跌落溪谷去世了。] 我常耽心的就是這一點，希望無論如何，這種高貴的美德不要出賣給廉俗的文明。在進化的過程中，也許不得已，但總希望盡到最善而防止惡化。

（11）紋面的起源

到目前為止，我已略述了台灣原住民精神面的事，類似的事情還很多，以下謹就有關他們的惡習稍加說明。

不用說，最大的惡習就是獵首。其他也有種種惡習，比如說，為了防止瘧疾的傳染，要他們掛蚊帳，他們卻說從來都沒有用過，恐怕不吉利，死也不肯用。病人沒來拿藥，問他為什麼，會說是聽到鳥叫聲不好、作惡夢，或招巫師，說是絕症，吃了藥也無效等等理由。他們又非常好喝酒，連女人和小孩都常常喝。其次是紋面和穿耳洞，這也是無法贊同的惡習，特別是男子紋面和獵首有直接關係，近來有強迫他們漸漸在改進。

至於女子的紋面，有個很有趣的傳說，泰雅的始祖是二位兄妹，並沒有其他可以談心的朋友，二人很和睦地生活著，及至成年，妹妹比較聰明又早熟，有一天在發呆想事情，就對哥哥說：「哥哥已經是成人了，應該要結婚。」哥哥回答：「要去哪裡找妻子啊？」那時妹妹想到一計，就告訴哥哥：「那個女的住在山麓的洞穴裡，日落的時候，我過去迎接她，哥哥您到途中來和她結婚吧！」然後急忙地離開家。她如果照著原本的模樣，馬上會被認出來，於是她就在臉上塗煤煙，改變容貌，然後坐在石頭上等哥哥來，哥哥並不知道是妹妹，就和她結婚成為夫婦了。另外還有一種傳說，不是始祖的兄妹結成夫婦，而是四、五代以後所發生的事。

紋面或穿耳洞時，若傷口化膿，會被認為是做壞事受到神靈的責罰，就沒有人願意娶她了，即使早已訂了婚，也會被解除婚約，這也是很不好的習慣，現在已漸漸在改進，我想應該是沒什麼好耽心的。

（12）獵首是「最高法院」

關於獵首的傳說：他們還住在發源地巴克巴克窪時，因為子孫很多，土地相對變得狹小，必須移住到其他地方，於是把土地平分二份。但是要調查人數很困難（他們計數的知識極低，只會用手指、腳趾頭來數，超過就不會計算），於是就決定，要留在本地的登上甲山，要移居他處的登上乙山，互相約定以鳥叫聲大小來增減土地。登甲山的人先發聲，他們很老實，全部人都發聲了，可是登乙山的主導者很奸詐，他禁止半數人發聲，當然聲音就不如甲山的人，因此比甲多出幾份人數，後來這個詭計被人發覺，甲山的人被欺騙了，很生氣，就要取回人數，可是乙山的首領不肯答應，約定將來若彼此發生爭執，為了判定曲直，可以對乙山的人獵首。為了永久不再有異議，雙方立下條件，要乙方下去平地，甲山的人就成了泰雅族的祖先，而下到平地的，現在是哪一個種族，就不知道了。

這實在是太不可相信的事，獵首到底是什麼時候、用什麼理由開始的，完全不知道，可是互相殘殺是所有人類的共通性，大概是在漂流到台灣之前就有的吧！應該說是為了以武力來戰勝外敵，為了種族保存上的必要所採取的行動吧！獵首應該說是他們的最高法院，所有的事情都要藉它來解決。他們不僅不認為這是犯罪，反而相信是神靈在幫助他取得日本人或台灣人的頭顱，就像古老時代的民族，相信由於自己守護神的幫助才得到了勝利，絕對不是想到要人頭就任意去殺人、好流血，而是被必要所迫，不得不，這是攸關生命的，萬一有個失誤，自己的頭反而被砍，絕不能隨便開玩笑的。

（13）獵首羅曼史

男子到了十七、八歲時，要在額頭或下巴紋面，條件是要自己一人去取不同種族的人頭來，若是沒有，則不許紋面，會被認為是額頭光禿者，所以無論如何都必須成功不可，正如元服[23]的樣子。

烏來有對年輕夫婦，恩愛地過著日子，他們是日本佔領後才長大的，所以能夠破除舊習，沒有紋面就結婚。有一次妻子被鄰近守舊的朋友們嘲笑與額頭光禿者結婚，回到家正沉入悲痛時，丈夫從田裡回來，說：「衣服濕了，請拿件衣服讓我換。」太太卻跟往常不一樣，默不作聲，丈夫大聲催促，妻子卻站起來，打開一個寶箱，拿出獵首用的道具和槍，丟到丈夫面前。她的意思是你這個額頭光禿的人還說什麼大話呢，去取個人頭來吧！丈夫其實也常常被友人或守舊的人嘲笑，他都反笑他們才是守舊者。但今天不是別人，而是自己的妻子輕視他，實在令他無法忍受。他憤然地拿起槍，從家裡狂奔出去，潛入附近的樟腦工寮瞄準正在工作中的台灣人，呼地一槍，拿了人頭立即跑去頭目家，弄了個漂亮的紋面回家。竟然有這樣的羅曼史，我們不難看出在未受教化的時代，紋面和獵首對他們是何等根深蒂固的習慣。

（14）年中行事

所有的種族都有年中行事，依著自古流傳下來的一定儀式來祭拜神靈、感謝、祈願等。儘管現在許多已單具形式而失去精神，可是這仍然是他們修養品性、保持秩序的強而有力的方式。

---

23 表示為男子成年而舉行的儀式。

　　祭事以同一部族聯合組織一個祭祀團體為原則，但若遷居到與
本部落隔離偏遠的地方，就一小部落或是一個家族的來執行。有一
定的司祭者，他擁有祭事的絕對權威。由部族而成祭團的祭司，乃
從同一系統出生，擁有世襲的尊崇。以部落同宗而成祭團的地方，
就以頭目或長老來擔任司祭者，若是只有單一家族，就由家長來司
祭。

　　關於農事的祭司，在凶作的時候，會和其他部落更換，並且有
些祭事，由未婚女子來司祭的也有。

　　祭祀的種類、儀式、時期，依部族而有不同的規定，但是根本
的意義和精神是一致的。祭祀的種類和時期的標準，舉例如下：

　　（一）播種祭（像我國的新年、中國的春節）。（二）納鍬
祭。（三）驅瘟祭。（四）除草祭。（五）狩獵祭。（六）摘穗
祭。收割祭（像日本的神嘗祭，中國的秋節？）。（七）孩童祭
（命名、感謝、祝福祭？）。（八）豐年祭（等於新年？）。
（九）開墾祭。（十）祖靈祭，又稱靈祭。其他尚有地瓜祭、鬼神
祭等種種，在此省略。

（15）台灣原住民的新年

　　台灣原住民並沒有像文明人一般的年曆，所以從滿月到滿月算
一個月，若每次收穫米、小米時，就算作已經過了一年。所以新年
等節慶跟我們不一樣，是理所當然的，他們也不叫新年，叫做播種
祭（Sm'atu）（依種族而異，大約於十月左右舉行豐年祭），大概
在十二月下旬或一月上旬，也就是陰曆正月的黑夜（因為討厭見到
月亮）來舉行。

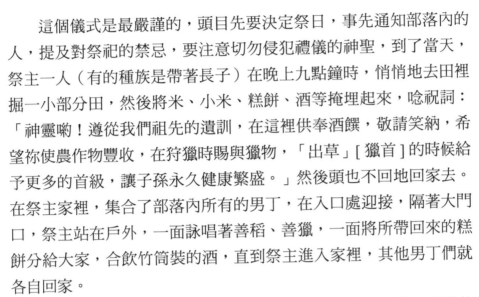

　這個儀式是最嚴謹的，頭目先要決定祭日，事先通知部落內的人，提及對祭祀的禁忌，要注意切勿侵犯禮儀的神聖，到了當天，祭主一人（有的種族是帶著長子）在晚上九點鐘時，悄悄地去田裡掘一小部分田，然後將米、小米、糕餅、酒等掩埋起來，唸祝詞：「神靈啊！遵從我們祖先的遺訓，在這裡供奉酒饌，敬請笑納，希望祢使農作物豐收，在狩獵時賜與獵物，「出草」[獵首]的時候給予更多的首級，讓子孫永久健康繁盛。」然後頭也不回地回家去。在祭主家裡，集合了部落內所有的男丁，在入口處迎接，隔著大門口，祭主站在戶外，一面詠唱著善稻、善獵，一面將所帶回來的糕餅分給大家，合飲竹筒裝的酒，直到祭主進入家裡，其他男丁們就各自回家。

　第二天天未明就起床，各自出去搗糕餅，休息不工作，盛裝共渡歡樂，再次日，也就是第三天，頭目就率領男眾出去打獵，若有斬獲，大家就高興地擺設酒宴。若是沒有獵到東西，表示沒有見到流血，不吉利，所以會連著好幾天外出打獵，直到取得獵物為止。甚且有的部落的祭主要去祭場時，會帶一隻雞去，宰殺了以後再帶回來，以此當作狩獵收獲，表示今年就會像這樣地狩獵有獲，而穀物也會大豐收，大家都很歡樂。最近有的地方取消了祭主，各戶由戶長來執行，方法也許多少有點不同，但都是大同小異。

（16）台灣原住民的希望和我的希望

　日本人過新年時，會做很多料理，陳列很豐盛的菜餚，著盛裝，既吃又喝，原住民看了，不明究裡，僅有這樣的希望告白：「日本人聰明，所以賺取很多錢，可以吃好吃的東西，穿好漂亮的

衣服，不用工作也可以生活。我們台灣原住民愚笨，不懂得賺錢之道，才會落得這麼可憐，我們今後要讓孩子們去接受教育，成為聰明的人，學習賺錢之道及手藝，希望讓我們也能過富裕的生活。」原來如此，雖然受教育成為聰明人，使生活水平進步是必要，可是為此放棄務農而喜愛領取微薄薪水的話，這是他們的墮落，是他們的自我毀滅，人絕對不只是穿美服、吃美食、過安樂的生活就是幸福，還不如安於粗衣粗食，不染文明的俗塵，鼓勵神聖的勞動，多少學點工業和文筆之道，改善衣食住的程度，同時，我深切希望他們不要失去高貴的自由、正直和純潔，不管到什麼時候，都是認真的繼續持有樸素的台灣原住民的氣質。

我所愛的台灣原住民，所親愛的朋友啊！希望你們不要單獨看文明的表面，不要追求只得到美麗花朵，日後卻一無所有的夢幻般的幸福，東洋人得到歐美文化的花朵，卻不追求它的果實，也不探討它的根本，甚至反而漸漸地失去東洋固有的善根善果，您們千萬不可學習這種愚昧。你們應該無論到哪裡，都要繼續保持你們善良的台灣原住民氣質，拋棄野蠻的惡習或不良的行為，只要學習我們日本人善良的一面就好。特別是日本人的缺點，如男女間的不貞、離婚、姦淫，其他不知道勞動的神聖，是高等遊民，只有旺盛的虛榮心，不怕上帝反而怕人，愛錢不如愛上帝，千萬不可學習這些缺點。你們自己無論何事都要信賴上帝，敬畏祂，不依賴習慣或迷信，依照真正的信仰和知識來走上帝的道路，這正是我對你們十三萬多同胞所抱持的希望。

一九一七年一月元旦稿

（17）種族和人口

種族：有人說台灣原住民是馬來人和黑人的混血。或說是馬來人和琉球人的混血，或者是純粹的馬來人種。總之，只有馬來人種是學者的一致說法。

種族和人口

種族	部落數	戶數	人口
泰雅	280	6,640	32,168
賽夏	10	185	1,142
布農	120	1,877	17,681
鄒	26	240	2,391
排灣	175	8,783	41,459
阿美	62	4,785	35,820
雅美 [達悟]	7	319	1,618
合計	**680**	**22,829**	**132,279**

（18）面積和氣候

台灣本島和屬島合起來共二千三百三十萬平方里，其中約十分之六是山地，周圍約二百六十里強（一千公里），地域內有新高山[玉山]、雪山，其次有二十五座一萬尺（三千三百公尺）以上的峻峰連疊，在五千尺以上的高地，夏季時不超過華氏九十度，冬季降到冰點以下的時候也不少。很多地方常起濃霧，見不到太陽。

（19）物產和森林

　　台灣原住民的產物，在生藥方面有木斛、石斛、金線蓮、風藤、茯苓、鹿耳（袋角）、鹿鞭（牡鹿的生殖器）、鹿肚石（在胃中石灰化的子粒）、鹿肚草（晒乾的肚袋）、鹿胎子（晒乾的胎盤），及熊膽、穿山甲、熊豹、猿猴等的骨頭。

　　工藝品有鹿皮、羌皮、熊皮、獺皮、鹿角、苧麻、藤、蓆草、竹材、薯榔、麻布、藤籠、網袋。

　　食料品有木耳、香菇、愛玉子、胡麻、香蕉、筍、胡桃。

　　若以單一地方而言，有排灣族的胡桃手工藝，雅美族的土器、獨木舟的模型等等，都是台灣原住民用蕃刀製作或採收的東西，數量極少，算不上是產物。經由政府和民間事業家的經營，輸出日本及海外的有樟腦、阿里山的檜木、巒大杉、肖楠木、藤等，都是台灣山地管制區出產的，事實上稱為台灣的寶庫也不為過。

（20）職業和衣食住

　　職業只有一個「農」字就概括一切了，近來受了教育，才有人就職醫師、學校教師、警察官、護士等其他職業，但像雨夜的星星般，極為少數，台灣原住民的工作可以說是從狩獵時代轉移到農業時代。因此衣食住都是極其簡單原始，想像以前在日本鄉下，山上小屋住著半獵半農的人，和在海岸從事半漁半農的人，跟他們沒什麼大差異，主要的食物有米、小米、地瓜、蔬菜等，跟以前的日本人完全一樣。

第五章
過去所做的教化事業

一、台灣原住民傳道的過去、現在、未來

　　台灣有三百萬島民和舊中國人、十三萬台灣原住民和二十萬日本人（以上是當時的數目）居住。日本人佔領台灣後不久就有日本基督教會、聖公會等著手於傳道工作，現今在主要的街市熱鬧地區可以看到教會的存在。島民之間，於五十多年前，也就是日治時代以前，就有英國和加拿大的長老會來傳道，像最初的宣教師馬偕娶當地居民為妻，以醫療和傳道在台灣北部教化。甘為霖在南部傳教，他們都是熱心、人格高尚的福音使者，幾乎有四十年之久，一方面與炎熱和風土病搏鬥，一方面致力於當地居民的教化。馬偕博士更是死後還將屍骨長埋台灣的土地裡。如今在偏僻的深山裡到處都可以看到尖頂的禮拜堂，這在我們日本國內是絕對看不到的情況。根據一九一二年的調查，教會、佈道所等有五十三所，信徒人數有一萬三千二百六十三人，另外，天主教堂有十九所，信徒人數有二千四百九十名，比率是二百人中有一人，若以日本國內人口六千萬來算，信徒二十萬，則比率是三百人中才有一人，台灣的比率竟比我們還多出二分之一，因此，在台灣人之間傳道，於東洋來說，可以說是已經傳遍了。可是，在十三萬台灣原住民之間，卻連

一間教會也沒有，可稱為信徒的，連一個人也沒有，直到現在，甚至連傳道的自由也尚未准許，實在令人感到無限悲痛！台灣原住民正如內村先生所說，他們和馬達加斯加島民與我們日本人是同種族的，是我們的骨中骨、肉中肉，絕對不是毫無關係的人民。他的地名和言語有許多和日本語相似，同音的也很多，現在我隨意可舉幾種例。據傳說：他們的起源地叫做 Papak Waqa（割耳朵），我所住過的地方叫 Klapay，那附近的山叫做 Rahaw（樹等生長的狀態），Slaq（濕地水田），Pyasan（Paesu 戰死的地方），父親叫做 Yaba，母親叫做 Yaya。跟日本語相似的話，主要的有：

(1) Mita cikay（看一下）

(2) Cipok balay（真小）

(3) Nanu yaw（什麼事）

(4) Blaq（美麗的）　Yaqeh（惡的）

(5) Iyat（不是或不之否定詞）

(6) Pilaw（閃閃發亮）　Pira（發光）

(7) Hoqing（死）

Hoqing 是名詞，Mhoqing 變成現在式的「死」，Phoqing 是未來式的「要死」，Hoqing 是剛死。這些話在地瓜，或米煮熟時可以用，當樹葉紅了或果實成熟等也用。好像與日本話的「老」相似，實在是有趣的話語，其他尚有種種共通點，在此省略。

荷蘭人統治台灣是在一六二二年到一六六一年間，共四十年之久。最初渡來台灣的宣教師叫干治士 [Georgius Candidius]，在台南附近的新港社（現在連一個原住民也沒有，已經是熱鬧的街市了）設立根據地，六個月後就使當地人背誦祈禱文的一部分，瞭解信

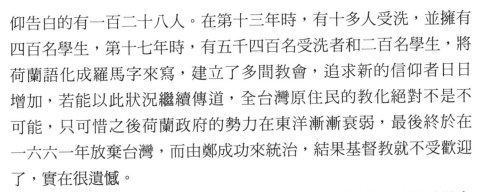

仰告白的有一百二十八人。在第十三年時，有十多人受洗，並擁有四百名學生，第十七年時，有五千四百名受洗者和二百名學生，將荷蘭語化成羅馬字來寫，建立了多間教會，追求新的信仰者日日增加，若能以此狀況繼續傳道，全台灣原住民的教化絕對不是不可能，只可惜之後荷蘭政府的勢力在東洋漸漸衰弱，最後終於在一六六一年放棄台灣，而由鄭成功來統治，結果基督教就不受歡迎了，實在很遺憾。

在北台灣的西班牙教化，比起荷蘭人，期間是短了些（僅有十六年），因此顯示的事蹟也很少，只集中在基隆、淡水等處設立學校，施行教育，有原住民語言集、教會問答、祈禱文的一部分，可見已經將傳道的預備工作整合好，也日漸接近收穫的日子。

當時北部廿九名宣教師 [修士] 中有二名日本人，一個名叫 Nishi Rokuzaemon（西六左衛門？），另一個名叫 Sato Tomonaga（佐藤友永？），前者是平戶人，父親為 Nishi Naiki（西內記？），母親名叫 Soy（ソエ？），一五九〇年出生，雙親為天主教徒，所以六左衛門也成為信徒。長大後前往馬尼拉，進入道明會的神學校深造，畢業後成為宣教師。但是，當時日本嚴禁傳教，所以被派遣到台灣來，時年卅六歲，在基隆從事傳教，二年後再度前往馬尼拉，一六二九年四月回到琉球，十一月前往長崎，以後滯留六年，一六三四年八月四日，以觸犯國禁而遭逮捕，被用竹片剝裂指甲，又被反吊在挖好的土洞裡，受盡折磨，最後在同年的十一月十七日被處決。後者是大村人，一六二四年前往馬尼拉，神學校畢業後受派遣來台灣，在基隆從事傳教工作四年，再度前往馬尼拉，後來欲往長崎，航海中被颱風所阻，在海上漂流了五個月，好不容

易漂到鹿兒島，不幸仍以觸犯國禁在長崎被處死刑。以上二名之外，尚有一位日本人，於一六三一年起在台灣傳教，三年後回去馬尼拉，死在那裡。

依此看來，對台灣原住民的傳道，我們日本人三百年前早已著手過了，而上帝在今天，不更特別託付我們日本人對台灣原住民傳道嗎？日本人思鄉觀念特別深重，對什麼事情都容易生厭，到哪裡都無法專心完成一件事，也就是所謂的三分鐘熱度，被國內外有識者說是做什麼事都不長久。可是西班牙宣教師大多數是殉教了，其中僅有極少數是為了不得已的事情才回國的，相對的，日本宣教師僅二、三年就回家鄉去，成不了什麼事，真的是無限遺憾。我想，還不如在踏上台灣土地時就被台灣原住民殺害，在上帝面前反而可以成為馨香的祭物呢！

一九二三年八月稿「聖經之研究」刊載

二、荷蘭時代教化的事蹟

（1）希望時代

關於荷蘭時代宣教師的教化事蹟，有荷蘭語和英譯的資料，而在日本語方面，只有在總督府所編輯的《台灣蕃政誌》上有些記載而已，那本書是非賣品又非常大本，讀的人很少，所以我參酌十年前在《靈之糧》上所連載的文章來做記述。

最初渡台的宣教師叫做干治士，公元一六二六年在台南附近新港社開始著手，他是一位學識淵博、信仰熱誠的人，熱心從事台灣

原住民語言研究和傳教，在第六個月時就有一百廿八人能夠背誦祈
禱文，瞭解信仰告白，第四年就寫出原住民語言祈禱文及信仰問
答。他在寫回本國的書信上寫著：「在台灣傳揚基督教，極為必要
的條件就是台灣是我國的領土，若我國放棄此地的統治權，馬上就
會落入西班牙人或是日本人的手中──真有先見之明──但是，很
清楚的是他們對基督教的傳道並沒有加以保護，所以目前的急務就
是派遣傳道者，他的任命是經過傳道總會或是總領事的許可，並且
必須注意到隨時都不能沒有傳道者駐留在此地。傳道者本身應有將
這個事業當作終身事業的覺悟，至少須下定決心在此地服務十年、
十五年不可。光只數年是無法充分學習到語言的，新傳道者要赴任
之際，最好有家眷伴隨，這樣才可以展示有德行、美好的家庭模
範，才得以改善他們的風俗。若是單身傳道者，既然渡來此地，更
希望能進一步與台灣原住民女子結婚。其次，希望性情溫良、品行
端正、有恆產的本國人，即使十二、三人也好，渡來本島永久居
住。台灣原住民可以以本國人做為中心，組成集團，藉以期待產生
良好的結果……。」

　　抱著大希望著手傳道的干治士先生及其他宣教師努力工作的結
果，就在第十三年，有一七三二名信徒和四百餘名學生，在第十七
年時，有五千四百餘名信徒，及二百多名學童。更有「主禱文」、
「信仰問答」，還有其他種種原住民語言的著書。台灣原住民會書
寫羅馬字，瞭解荷蘭語，建立了一些教會，新信仰者日漸加增，幾
乎是不終止的狀態。

（2）教化的顛峰？

之後的教化事業，一步一步穩定地進行，一六四七年新來的倪但理 [Danier Gravius] 先生最精通台灣原住民語言，後來出版像台灣語譯宣教書那樣很有可看性的書。下記顯示當時的教育成績一斑：

部落社名	兒童	成年男	成年女
Sinckan[新港，今新市]	45	20	35
Tibokarg[大目降，今新化]	55	58	164
Bacloan[目加溜灣，今善化]	48	42	100
Soulong[蕭壠，今佳里]	（男女別不明）394		
Mattu[麻豆，今同名]	（男女別不明）145		

備考：讀書拼字屬中等，寫字尚未熟練，大都可以背誦祈禱，學生以外的台灣原住民每週來一次，溫習祈禱和問答書。

像這樣子，他的教育不單單針對兒童，也普及到成年男女，一六四八年在各部落，兒童以外分成數組，各組不同的日子分別教導。

從來，教育僅是教會的一部分，只不過是由宣教師和台灣原住民的助手來執行，但這一年，更進一步地計劃為培養台灣原住民教員而有建築學校的議案，要設立在新港社和麻豆社。麻豆四方都有樹林且又寬闊，在那兒有東印度公司的石造倉庫，旁邊有煉瓦石造的小學校，暫作校舍。這個地方有很多魚，並且接近鹿場，也方便得到肉。地形是夾在兩條河之間，可以防止學生脫逃。

在當地，現在亦可聽到口傳：「以前紅毛人（荷蘭人）設立了

學校，起先很多兒童不喜歡讀書想脫逃，學校就在周圍放水環繞著，學生就不能脫逃了……。」

學校的校規要旨如下：

1. 限定學生人數三十名。

2. 學生的資格是十歲以上、十四歲以下，性情順良且富於記憶力，盡量挑選貧困、無父母的孤兒。

3. 職員有校長、副校長、幹事。

4. 教科課程

上午六時至八時	用原住民語言來上基督教問答
上午八時至九時	早餐（飯前飯後由學生輪流禱告）
上午九時至十時	閱讀及習字
上午十時至十一時	基督教問答
十二時	午餐（由學生輪流讀一章聖經、禱告）
下午三時至五時	荷蘭語
下午六時	晚餐（與午餐同，禱告）

5. 假日　禮拜四

6. 訓練方法

　i. 學生於日出前起床、換衣服、盥洗、梳理頭髮，再作晨禱。

　ii. 學生若欲外出，須申請許可。

　iii. 副校長要處罰學生時，不能打超過一下。（這件事至今仍被傳聞著）

　iv. 定時限荷蘭語以外，不可說其他語言。

一六五七年重新規定宗教上的教科課程。

基督教問答有兩種，一種載有三十九條，另一種有六十九條問答，前者是年少學生用，後者是年長學生用。其他適用於教化的有「主禱文」「信仰條目」「十誡」「祈禱文」等等。

參照

從李杜威先生 [Ludwig Riess] 的《台灣島史》[1897 年在日本發表] 上所記載的數節，我們也可以知道當時的狀況。

「我嘗試讓小孩子學習荷蘭語時，我驚訝他們有好記憶和優美的發音。在台灣設立學校所產生的利益，結局都是歸功於干治士先生的力量較多。他在一六三六年就已經集合了七十名孩童，每天用羅馬字來讓他們學習國語，自從政府接續這個事業，供給了相當的衣食，至一六三九年，已經接受這恩典的人實際上是五個學校，人數多達四百七十六人。以後為了女子學校和壯年們，又設了宗教學課程。青年在早晨天未亮時就聚集學習教科書，孩童們要上整整二小時的課程，女子們要學習課程到傍晚，教師呈沒有半刻閒暇的狀態……。」

到了一六五八年，台灣原住民教化的方針有個大變更，過去是積極的勸善主義，現在突然變成消極的懲罰主義，傾向於威力壓制：「台灣原住民若信奉偶像，或是有姦淫的行為者，為達到全面禁止的緣故，前者要在公眾面前鞭打再放逐，後者要在公眾面前鞭打後再處六年的禁錮，其他的行為依荷蘭所定的法律來處分。」公告以原住民語言翻譯後，揭示在學校和會堂上。正如《中國評論》[China Review] 所說，台灣荷蘭東印度公司的事業可以說是在一六五

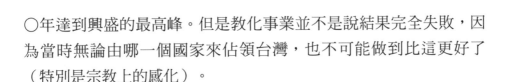

○年達到興盛的最高峰。但是教化事業並不是說結果完全失敗，因為當時無論由哪一個國家來佔領台灣，也不可能做到比這更好了（特別是宗教上的感化）。

(3) 荷蘭人的末路！

一六六一年，順治十八年，即歷史上明朝滅亡的當年，明朝遺臣鄭成功計劃從台灣光復明朝，向荷蘭長官提起台灣歸還的談判。其文曰：

「台灣原本即為我先人所屬，現尚有其遺物可認。其上一切的動產可以歸你，但土地必須歸還我。」

當時荷蘭長官揆一（Frederick Coyett）先生採取強硬對策，拒絕他的要求，並將此事通知巴達維亞（Batavia）[今之印尼雅加達]，要求增遣軍艦來鞏固台灣海岸的警備。那時在東洋，荷蘭的勢力已像黃昏的夕陽，日漸失去全盛的氣勢，也沒有增派軍艦的費用，加上東印度公司評議會決議不交戰，下令停職揆一長官，且以克倫克[Herman Klenk] 先生來代替，造成鄭成功大軍進逼台灣時，正值舊長官離去而新長官尚未就任的空隙。鄭軍幾乎未遭抵抗就佔領了普羅民遮城（台南），七個月後熱蘭遮城（安平港）也不保，只好獻出所有公有物投降，放棄台灣而撤退回巴達維亞。荷蘭人佔領台灣卅八年，抱著極大苦心和抱負所經營的一切，全歸於泡影，實在遺憾。

之後經過十四年，一六七五年，在荷蘭出版了一本叫做被《被遺誤的台灣》（*Verwoorde Formosa*）的書刊，詳細記載著荷蘭人和鄭成功交涉的情形。其中也附有幾幅畫，描繪著儼然穿著明朝衣

冠的鄭成功坐在殿座上，其下有許多荷蘭人投降簽約的狀況。過去在東洋海上曾經勢力強盛，恐嚇當時的明朝政府而佔領台灣的荷蘭人，一旦失利，淪落到跪在亡國遺臣座下，真是可憐。在此情況下，好不容易被教化了的台灣原住民，又得再度回復凶猛的本性了。當然其中也有完全改變成善良的子民，在台灣原住民的口碑裡，至今尚流傳著許多事跡。老一輩中也有人稱讚荷蘭人，像新港社，當荷蘭人要從台灣撤退時，有許多人依依不捨，竟跟隨到巴達維亞去，就此不再返回台灣了。

用從荷蘭人學來的羅馬字拼成原住民語言，寫成土地契約書的文物，至今仍留存著，從荷蘭人接受教育的結果，竟然持續了一百五十年。鄭成功時代的《台灣府誌》說：「習紅毛字者，曰教冊，用鵝毛管削尖，注墨汁於醮，橫書，自左而右。」[24] 紅毛就是荷蘭人，記載著從荷蘭人學習羅馬字，以鵝毛筆來書寫的樣子。

三、西班牙時代教化的事蹟

一五九三年，即西班牙人佔領菲律賓群島二十九年後，進一步想要佔領台灣，隆方・凡廸歐 [Vendio] 先生率領 San Felipe 號及另外兩艘帆船從馬尼拉港口北進，當通過巴士海峽時，遭遇暴風雨，一艘船沉沒，另二艘船破損，不得已只好徒然返回馬尼拉。之後數度嘗試，依然不敵競爭對敵荷蘭人，因此南台灣從此被荷蘭人佔領。

---

24 案：鄭氏時期無修《台灣府誌》，語出清代黃叔璥《台海使槎錄》，原文為：注墨汁於筒，沾而橫書。

就這樣，在一六二六年五月（荷蘭人佔領南台灣二年後），西班牙人假藉要保護在中國和呂宋間貿易的名義，企圖佔領北台灣，就從呂宋的北端 Apari 港口派出十二艘帆船，率領這個船隊的提督是巴爾德斯 [Antonio Carreño de Valdes] 先生。但因為荷蘭人已經在西海岸設立旗艦總部，不能北進台灣海峽，於是取道台灣的東海岸航路，終於發現台灣的東北角，就命名為 San Tiago，也就是今日的三貂角，然後繼續前進基隆港，命名為 San Tisima Trinidad[聖三一城]，又把港岸的中國人村落命名為 Parian[澗內]，把今日的社寮島 [和平島]（基隆港口的小島）命名為 San Salvador[聖救主城]，以此為根據地，在附近海岸及高地上設置了四個砲台，在 San Salvador 建立天主教堂，稱為 Todos los Santos[諸聖堂]，順道在一六二九年七月回航至淡水港，命名為 Kasidol，建築 San Domingo[聖多明哥城]，建立了教堂，稱為 Nuetra Senora del Posario[玫瑰聖母堂]。當時在北台灣，除了原有的台灣原住民居住以外，尚有不時前來做貿易的中國人和日本人。西班牙人的當務之急是對外設置防禦，對內部管理原住民方針並不很重視，雖然如此，由於交通方便，對居住在關係地域上的台灣原住民也施以教育。最初著手於傳教的地方是基隆，以西方的 Kimali 及 Tapaku 為主，在淡水是以 Pantaoh 及 Pakuretu 為主的。Kimari 有五個部落，人口約六百人，Tapaku 也有五個部落，人口約一千人，在傳教方面，就在各部落設立集團。

一六三二年三月，他們上溯淡水河進入台北平原，稱呼河流叫做 Kimanzon[今新店溪]，沿著北方一支流的部落，就稱呼為 Richiyoko、Kamako、Maube 等，相繼著手於傳教。並且也對沿著淡水河南部一支流的三大部落（人口六百）開始傳教。在淡水的宣

教師名叫愛斯基委 [Tacinto Esquivel]，在基隆的宣教師名叫基洛斯 [Theodore Quros]。兩位都很熱心從事傳教，基洛斯先生著有（一）原住民語言宗教問答，（二）聖經抄譯，（三）原住民語言集及文法。愛斯基委先生也寫了（一）基督的聖蹟，（二）原住民語言集、文法。當時在基隆也設立一所學校，是計劃對台灣原住民，及中國人、日本人教育的機關。

　　西班牙人佔領北台灣共計十六年，不及荷蘭人佔領南台灣的一半時間。因此，對台灣原住民教化的效果無法與荷蘭人相比較，我們不知道他們培育出多少信徒，可是渡來此地的宣教師竟多達廿九名，且大多數都被台灣原住民殺害了。即使到現在，北部原住民仍舊相當凶猛，南部原住民則好像比較溫順，何況在當時，西班牙宣教師的傳教應該是很困難的。

角板山和緒方正基先生

　　這次秩父宮殿下啟程前來角板山，新聞、雜誌都加以報導了。在當地還特別設置廣播站，接收各地的通訊，發行《角板山時報》，聽說聚集了官民來迎接，是前所未有的盛事。我自己不幸不能親臨現場，但是那地方我曾經居住過，所以我很清楚地知道，現在試著回想寫看看。我在角板山是一九一三年，正在建築現今的貴賓館（當今大正陛下當皇太子時，為了配合希望前來此地的行程，所以很早就著手動工），從阿里山搬運檜木來，從急坂二十町的河邊（秩父宮曾渡過）運來砂石，那時正是五年計劃、討伐的時期，即使在現今的合歡等，也時常發生原住民殺害事件，究竟何時要開始討伐也不知道，是充滿殺氣的時期。當時成立第一期蕃語講習

所，有卅五名警察官參加，我也參與在其中。

教官是今年五月廿四日在《大阪週刊朝日》上畫「泰雅和狗」的緒方基繼先生的父親，和現在擔任蕃童教育所老師的依凡·普洛那兩位先生。緒方錯誤！尚未定義書籤。基繼先生的父親緒方正基先生出生在九州熊本市外大江村，於熊本語言學校就學，直至他在第五高等學校讀書時，因生病輟學，繼而渡台。他是一位很有骨氣的人，幫助當時的樟腦製造事業家 D 先生，全心奉獻於台灣原住民撫育，他與屈尺總頭目女兒 Wasiq 結婚，育有二男一女，基繼君是長子，和在同地出生的我的次子同年齡，現年十三歲，算來應該是小學校要畢業了。但是緒方先生因為辭職去從事開墾工作，沒有讓他上小學校，數年前搬來角板山，才第一次進入蕃童教育所唸書。緒方先生受過相當的教育，也感到孩子受教育的必要，可是為了獨立自給主義的緣故，不依賴親族或友人，也敢於擔負身為父親很難忍受的不就學行為。

自從撫墾署時代，大嵙崁在管理台灣原住民上是重要的所在，成為弁務署和蕃務本署的管轄所在地後，建有很漂亮的交換所，與台灣原住民交換物品，與他們接觸，和平連繫，也計劃開發山地，可是台灣原住民無論如何都不肯出來，當局者也就不再提起。但緒方先生單獨深入山地管制區，登上角板山附近的草天山，說服頭目，將頭目帶來交換所。（緒方先生留長髮，對原住民語言很熟練，乍看之下，很像台灣原住民，常常站在台灣原住民那邊，替他們說話。）他實在是開了北部原住民的天之岩戶大恩人。

緒方先生渡台以來，歷盡艱辛，不斷奮鬥苦戰，矢志一貫成為泰雅的朋友，不，成為泰雅人（泰雅人叫他鐵木·巴度，反而不知

道他的本姓）。他希望真正的開發，可是由於長年苦戰，身心衰竭，加上氣喘老毛病發作，令他十分痛苦，終於在去年底去世，令人感到無限惋惜。我確信他已跑完當跑的路程，織完工作（Masuq Tminun），渡上彩虹橋（Hongu Utux），到神靈的身邊安息了。他在天上看見今日的光景，不知要如何高興呢！（也許感到悲哀也不一定。）

　　角板山可說是台灣山地管制區的東京吧！都市人一到這裡，看到它顯著的進步，一定會大吃一驚的。這只不過是九牛一毛，大海裡的一滴水罷了，尚有許多未開發的山地管制區，多數的台灣原住民，若要達到角板山今日的狀況，請不要忘記曾有前記的緒方先生，及許多人的犧牲，並且還要花費國民不少的負擔。我們必須早一日儘快將十三萬多台灣原住民教化善導，來安慰犧牲者之靈魂。的確，這就是我們對於天皇國家還有人類同胞所負的一大使命。

　　　　　　　　　　　　　（一九二五年六月上旬　在台北的家）

第二部

蕃社之曙

序

　　一九四七年六月初，那時我剛從台灣歸回日本不久，在神戶車站前的消費合作社見到好久不見的賀川先生，他親切地告訴我：「寫點台灣的事情吧！我負責替您出版。」但是當時我因旅途疲憊和營養失調，身體很衰弱，沒有寫作的元氣，只回答他「謝謝您」就分手了。

　　到了秋天，體力漸漸恢復，東京也有二、三位朋友勸我將《生蕃記》再版，但是原出版的警醒社書店受到戰亂災害，遺失了原版，我也就死了心。

　　從翌年夏天開始，我住在清水市，得知附近的商船大學內有聖經研究會，指導者西川勇平先生出版了以鋼板謄寫的一頁文刊「恩惠」，我被迫要寫些台灣的回憶，就破了「不寫也不說自己事」的禁誡而寄了十數次文稿，意外地收到許多讀者寄來的謝函及喜悅的讀後感，受到這些鼓勵，我又陸續寫了百頁以上文稿。

　　今年四月下旬，靜岡廣播電台要我寫些短篇隨筆，我就寫了台灣的回憶，寄去以後被廣播出來的就是：「台灣唷！將往何處去」這篇文章。

　　不久，住在台灣的友人告訴我，在殺害我父親的太魯閣族內有驚人的信仰復興消息，令我對台灣的異象又再次甦醒過來。我居住台灣約四十年，雖然表面上看來沒有得到任何益處，可是到了今天，太魯閣族有千人以上進入信仰，將祖先留傳下來的蕃刀或槍變賣來購買日本語聖經和讚美歌。為此，或許我可以這樣說吧：「從

劫初建造經營的殿堂上，我也釘了一根黃金釘[1]。」

七月卅一日，接近先父的四十五週年忌，也是我入信五十年，而且九月二日是我七十歲的生日，在種種意義上，對我來說，真是值得許多回憶的一年。

邁入老境，記憶日漸衰退，至今所寫好的原稿也漸漸消失，我想若是做成書版，將會有所助益吧，才決定出版。我是將四十年來所寫日記和在新聞雜誌上刊載過的文獻全都棄留台灣才返國的，現在僅將留在記憶裡的事，沒有任何參考資料，一路寫出來，也許會有些許差異及重複的部分。倘若能得到讀者的諒解，實感幸甚。對於出版像這樣內容貧乏的東西的「燈光社」齋藤敏夫先生及其他同仁，且在出版之際極其盡力的賀川豐彥先生和川候義一先生，我都致上至深的謝意。

此外，尚有山縣五十雄先生擬就英文介紹，約定要以本系列的別冊出版，對於賜予好意的山縣先生及讀者，尚請見諒。

本書若能拯救祖國同胞的靈魂，同時為我一直深愛著的台灣及生活在其上的台灣原住民得到稍許助益的話，則不勝感激。

一九五一年秋　著者　井上伊之助

---

1 此處引用日本短歌，意指從相當危險、時常有原住民獵首之初，就在做上帝的事工。

第一章
台灣傳道的回憶

寫在前面

　　芦花寫「回憶錄」時是卅三歲，那時他已經寫了一、二本書，已在文壇上小有名氣。我現在的年齡是他的二倍以上，已近古稀之齡，我一直醉生夢死，沒什麼成就地過了半個世紀，居然要寫我自己的「回憶錄」，真是悲喜交集，感慨萬千。

　　回顧我的過去，只有二個字可以形容，就是「冒險」。但對上帝來說，只有「恩典」二個字，以世上的篤信家來說，應該說是「信仰生涯五十年」吧！可是像我這般少德小信者，只能說是失敗的五十年生涯。河上博士去世時所得到的評語是：「捨身卻日日得新生命！」令我十分感慨。也許，若我在渡台當時就殉教的話，對於後世當更有幾分益處也說不定，可是卻汗顏地活到今日，誠如保羅所說：「我情願離世與主同在。」我的信仰尚未成熟，所以直到現在還沒有進入天國安息的資格，到現在仍然活著，但是人所有的生活，完全是掌握在上帝的手中，我們只能順從上帝的旨意來活了。我去台灣是在一九一一年的十二月，一直到一九二五年十月止，概略情形全記在《生蕃記》中，現在寫的是在那之後的回憶，我在台灣近四十年間所寫的日記全部遺棄在台灣，現在浮現的記憶都是大概的輪廓，也許時間會前後不一致，敬請鑒諒。

　　（之後有三十本日記被保存著，於一九五八年夏天被送回來，

真是奇蹟。）

救出被出賣的泰雅姑娘

　　我在十一月中旬，為了要出版《生蕃記》的事來到東京見賀川先生，他說：曾經在報紙上看到有二位泰雅姑娘，被賣到東京的私娼區玉之井的消息，雖然到處打聽，卻像捉雲般地不容易掌握真相。為此我專程去台灣總督府辦事處和警視廳調查，才知她們已經從玉之井移轉到京橋的一家叫鈴蘭的咖啡屋去了，尋覓了許久才找到那間店，可惜她們又被移轉到日本橋的吳服橋附近一家叫鳳橋的咖啡屋，我拖著疲憊的腳步繼續找下去，佯裝客人進去昏暗的店裡，是下午一點鐘左右。裡面沒有其他客人，女侍們都在飯後休息中，應聲出來一位圓圓胖胖的可愛女孩，瞬間我直覺就是她！那張臉和目光，還有前面留著長長的流海，為的是要掩蔽頭額上的紋面。我點了一杯咖啡後入座，請那女孩子也坐下，我一直注視著女孩子的臉，確認前額是否有紋面？我以泰雅語問她：「妳的故鄉在那裡？」她一句話也不回，驚慌失措地呼喚著：「布給，趕快來！」那位名叫布給的女孩子急速過來，「您有什麼事？」她站在椅子邊問。她年約三十歲，雙頰和額頭都有紋面，臉長長的美人胚子。接著她們二人以泰雅語交談，然後問我：「你會說泰雅語，是居住在台灣的嗎？」我回答：「我居住台灣多年，一直都在照顧泰雅人，最近有事情來東京，聽到妳們在這裡，所以專程找來，妳們不想回去台灣嗎？」她們很高興，流淚回答說：「我們是被某某先生帶來此地的，很想回家，可是身上沒錢，不知道怎麼回去，也不知道路。」我要求與女主人見面，想知道她們被送到這裡來的經

過。女主人曾經去過台灣，這裡是別人出資開店的。二位女孩子是因為先前借了四百圓而流落在這裡的。由於台灣總督府辦事處和警視廳都警告過嚴禁賣春行為，她們只能將客人所給的小費留為儲蓄或購些生活必須品，目前的情形就是如此。

我覺得好像就是找到了自己的孩子那般的心境，忘了雙腳的疲倦，再次前往總督府辦事處和處長會面，請教當局對處置這兩個女孩子的意向。將這二名女孩賣到玉之井的人，是一位本來在台灣的泰雅族界當警部補[2]的，二女戶籍上是台灣人的養女，實際上卻是泰雅族，在貞操觀念上是比文明人更加堅決的。我告訴處長，「我多年以來一直為台灣原住民教化工作，不能眼睜睜地捨棄她們不顧，所以懇請總督府來救助並帶她們歸回台灣，若是不能的話，我自己再想辦法來救她們。」處長本身也沒什麼辦法，就回答我：「我得和上司商量，所以請稍待時日。」

我當晚回到住宿處，馬上寫了兩封約十張原稿紙的信件，一封是向某前輩請求援助，另一封信給和我搭同艘船回東京的總督府民政長官後藤文夫先生，請教他這兩女的回歸問題。

過了二、三天，長官那兒有了回音，要我去辦事處會面。我一去，長官恰巧不在，由祕書官代理處理，他告訴我：這二位女孩子確實如前所記，是被曾經在台灣原住民管制區服務的警部補誘拐來的，可是因為她們戶籍上是台灣人的養女，所以很困難處理。我說：「某某人身為日本人警官，擔任台灣原住民的指導工作，總督府應該負有取締責任和嚴罰權利，為著戶籍上的小事放棄這重大事

---

2 日本警階之一，位居警部之下，巡查之上，負責警察實務與現場監督的工作。

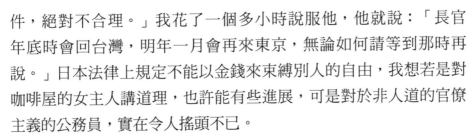

件，絕對不合理。」我花了一個多小時說服他，他就說：「長官年底時會回台灣，明年一月會再來東京，無論如何請等到那時再說。」日本法律上規定不能以金錢來束縛別人的自由，我想若是對咖啡屋的女主人講道理，也許能有些進展，可是對於非人道的官僚主義的公務員，實在令人搖頭不已。

我那時候連一圓的收入也沒有，要如何去籌這四百圓巨款呢？只有求上帝使長官返京的日子早些成行，然後想辦法來拯救她們。

那一年終於過了，進入一九二六年，一月中旬後藤長官返回東京，我馬上去見他，幸好台灣的婦人會[3]願意出四百圓，所以就將這難題解決了，真是感激不盡。

之後過了數日，二位女性終於要回家了，我和一位不認識的青年（對她們十分同情的人）及她們共四個人一起照相，又帶她們去東京的動物園和三越百貨公司（她們住在東京一年多，從來沒有人帶她們出來遊覽過，完全是籠中鳥的生活）。一月底，由辦事處的一位某警部先生護送她們到神戶，然後拜託汽船的事務長讓她們乘船回去。我送她們到東京車站，火車要開時，我真的感到如釋重擔般，無法言謝。我本來是為了出版《生蕃記》來東京的，卻意外地救出這寶貴的二人，實在是很大的意外收穫，即使我的書不能出版，能救出比全世界更珍貴的二個靈魂和肉體，是叫我的東京之行更加具有意義和使命的。這完全是出於上帝的恩惠，每當我想起這件事，就無限感謝。

3 愛國婦人會台灣支部，一九〇四年成立的社會事業組織，服務項目之一即為原住民社會救濟和協助。

之後五年，我進入台中州下的眉原地方，居住了約二年之久，這裡是上述其中一位姑娘的出生地，我後來得知她嫁給新竹州的台灣人當妻子。另外那一位女子在附近的埔里部落，和養母住在一起。我覺得自己真像婦女經過懷胎的勞苦和生產的喜悅一樣，得知在東京費盡苦心救出的二位女性，都能夠回到台灣出生地過著安康的生活，實在最令我高興。

事件並沒有這樣子就結束，那以後我在馬烈霸部落從事醫療工作五年間，命運竟安排由我來照顧前記的某某警部補所留下的女姜（泰雅族人）和三個孩子。[4]

啊！上帝的智慧、富足和計劃是何等的深遠呀！竟讓卑微的我，來承受上帝的恩惠及祂的工作，願榮光歸於父上帝和主耶穌基督！

後援會的誕生

前述我滯在東京時發生的事以外，尚有一、二件事，我憑記憶記下來看看。

一是聖公會總會所提台灣原住民傳道計劃的流產，一是我的舊友們及諸位弟兄們盡力成立了後援會。當時聖公會的傳道局長貫民之助先生，深切感到台灣傳道，特別是針對台灣原住民傳道的必要，我也因先前在種子島和聖公會的關係之緣故，和名出保太郎先生及元田作之進先生都很親近。有一次我們偶然在東京踫面，談到台灣原住民傳道的話題，貫先生也在場，他告知傳道局列有年額

---

4 根據國立台灣圖書館資料，二女名 Bukehenomi 和 Tasupatla，警部補名叫下山治平。

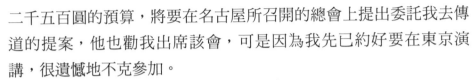

二千五百圓的預算，將要在名古屋所召開的總會上提出委託我去傳道的提案，他也勸我出席該會，可是因為我先已約好要在東京演講，很遺憾地不克參加。

　　這提案在總會是贊成的，可是一般不關心的代議員比較多，最後竟被否決掉。雖然僅有二千五百圓當作我一年的傳道費用，但多多少少也能做些對台灣原住民的教化呀。這個預算被否決，可以顯示出聖公會當時的財政狀況，以及信徒對於不同人種傳道的態度，若讓外國人知曉，將會是何等的羞恥啊！可是對我來說，這反而是慶幸的事，我多年來獨立，不受他人轄制，特別是教會的束縛，奮身拚命地工作直到今日，從未失去上帝的恩惠，真叫我感謝不已。

　　正巧在那時候，在前輩土肥修平先生女婿河田茂醫學博士家裡，於飯後閒聊話題中提到我的事，當場就和松野菊太郎先生商量，每個人都贊成，就推舉長尾半平先生當理事長，成立後援會來幫助我傳道，津下紋太郎先生、藤川卓郎先生、多田武幹先生、諏訪幹雄先生、戶叶五郎先生、菅儀一先生、河田茂先生、岡本執先生，尚有其他諸位先生當理事，向贊助者募捐一年一口一圓的會費，以松野先生為主，我約有一年時間每個月都收到少額捐款，使我的傳道工作順利進行，也得以在台灣各地旅行，在台灣人或原住民間傳揚主的福音。

首次的收音機廣播和歸台

　　那時候收音機的廣播台僅有東京的愛宕山和大阪的三越百貨公司四樓（？）二處而已。我住在台灣的深山裡，和原住民一起生活，很少有機會和文明人接觸，他們竟要我在首都東京從事收音機

廣播，令我十分躊躇，但是對方一直懇切請求，所以我就在四月上旬，站在愛宕山的廣播室，以「台灣原住民的宗教和傳說」為主題，演講了三十分鐘。這是我第一次的廣播，自己覺得不是很好的演講，卻多少有些回響，到處都有來訪者，要我去演講，也問我一些當地的實際狀況等，這些演講速記在一年後，以「趣味講座」由廣播電台來播放。

大阪也要求播放，我講了一些與東京大同小異的事情，返台途經神戶、門司、福岡等地，拜訪了一些舊友，到處演講，回到台灣的家裡已經四月底了。

自前一年的十一月算起滿六個月，我並沒有什麼固定收入，全然倚靠上帝的嗎哪來供養，妻子和五個孩子能平安無事地過活，完全可說是神蹟。妻子自去年夏天起，在台灣青年會的游泳池當守衛，住在一間四疊半[5]的房間。妻子也常常去朋友家幫忙，加上次子因疑似傷寒而住院，為了看護他，常常將較小的孩子們放在家裡，由快十一歲的長女煮飯，六歲的三子和四歲的妹妹二個人留在家裡看家（長女上學後）。家旁邊即是一公尺以上的深水游泳池，一般常識者都知道讓孩子們看家是何等危險，也很荒唐。有位教會牧師看到這情景，非常耽心，要我們小心注意。我妻子只有叮嚀二個孩子不要去水邊，做完禱告才出門。六歲的三子聽說曾經有附近的孩子們到游泳池入口來打架，他將妹妹關進房裡，自己一個人去對付那一群孩子。當時我的家庭，無論環境或心情上，都是處在極其危險的狀況。

---

5 二疊為一坪。

巡迴傳道和訪問加拉排部落

　　我大概花了一個禮拜的時間，在台北家裡整理我不在期間的來信。整理完後，帶著二、三十本《生蕃記》去訪問台灣人教會或原住民舊友，直接間接地傳福音。那一年夏天，從東京的青年會來了一位名取順一先生和一位青山學院的神學生笠井昌先生，因暑期短宣前來台灣，為成全他們的希望，我們前往訪問我所住過的加拉排部落，我們一起在庭院的草地上仰望天空，為台灣原住民來禱告，這是我一輩子也忘不了的回憶。名取先生一行人睡一晚就出發，笠井先生住了二、三天，和我一起教孩子們唱讚美詩和說聖經故事。

　　我們在前往我第一次入山的葫蘆灣途中，遇到熟識的警手[6]打那‧路巴克正背著孩子的死屍，我就為他舉行了葬禮。當時的感觸，我寫了散文詩如下。[日文原著已略]

在葬禮的傳道──日本人、台灣人的融和

　　我結束山地管制區和中南部旅行，回到家裡已經是九月初了，之後又以台北為主，接受台灣人教會邀請演講，所到之處皆蒙上帝祝福，堅固信徒的信仰，也對一般人傳了福音，在感謝中回到家已十二月初了。旅途中，令我印象最深刻的聚會是在南台灣的屏東和新竹州下的南庄。

　　屏東有一位伊江朝貞先生開設了東洋醫院，自給傳道。在台灣人教會裡，有吳[希榮]牧師一家二十多人為主的大教會，崇拜時有二百人以上參加，附近鄉村的信徒們都帶著便當來參加下午和晚上

---

6 日本基層警階之一，多為台灣人。

的聚會，晚上才摸黑徒步回家，真是很熱心。我去的時候，台灣人和日本人一起聚集聚會，由吳牧師翻譯，我以「我似對外邦人那般對台灣原住民欠了傳道的債務」為題，做了二個小時的長篇演講，聖靈大大地動工，此起彼落地有的人流淚禱告，有的人充滿喜悅，感動地站起來說感言，會後共進午餐，日本人和台灣人和睦融合在一起的情景就在眼前實現了。

南庄是新竹州山地管制區入口的一個小部落，信徒有支廳長、郵局局長、樟腦製造所長及民間有志者十多人。他們建立了一個小教會，另外也有台灣人的教會，被稱為「基督徒村」。村落中心在一個小山丘上，下方有一條清溪，後方有鹿場大山聳立著，很令人想起九州阿蘇山麓的宮地町地方。此地也是聚集了日本人、台灣人共同聚會，充滿著上帝的恩惠，共享愛筵，感謝和讚美聲在眾山間回響。人類若能經由上帝的愛（Agape）來合而為一，就能夠超越民族，停止憎恨、仇視、戰爭，一定能實現和平之國度。以上二個地方都是小小的雛型。離南庄約二公里處，有個叫做甘蔗寮的小村落，有位老信徒最近才去世，要求我去主持葬禮和佈道，這位老太太臨死前留下遺言給三個孩子：「請廢止台灣人那種拜拜式的葬禮，將喪葬費用去請牧師來向村人傳福音。」說著就親手把所儲蓄的數百金拿出來交給孩子。

老太太是貧窮農夫的妻子，年輕時就死了丈夫，弱女子帶著三個孩子幫忙村人工作，或是幫人家洗衣服等來撫養三個孩子，帶領他們成為虔誠信徒，養育他們成為很誠實認真的青年。三個孩子也都很虔誠很勤勉，把家境從貧農變成中農 [小康]，生活也蒙上帝祝福成為豐裕，在教會裡，更是超出身分的奉獻，對老母親十分孝

順，依中國人的習慣，每個月都給她零用錢，老母親什麼東西也不
買地將錢貯存起來，將那筆錢用來當作上述的佈道費用。多麼令人
敬佩的信仰美談呀！敗戰後[7]的日本人到如今仍舊為了結婚就浪費數
十萬圓，為了葬禮也要花費幾萬圓在飲食上也不心疼，這些皆是不
認識真神，不信基督的緣故。

去白毛社入山──感冒和獵首

　　十二月了，那一年也快要過去了，大家都正進入聖誕節、新年
等快樂的季節，自給傳道的我在物質方面是「辛苦」和「辛年」，
不能給孩子什麼快樂，在精神方面則是充滿了感謝和希望。過了聖
誕節的廿七日下午，接到向台中州申請了許久的報到命令，這是在
巡迴傳道中曾經與台中州警部野口先生會面時，聽到東勢方面的山
地管制區有些衛生狀況很惡劣，很需要醫生的地方。我就提出錄用
申請書。野口夫人的父親木村友吉先生是台北組合教會的會員，本
來在日本聖公會當傳道，畢業於加拿大的多倫多神學校，回國後在
名古屋的私立中學校當校長，來台灣後，當英語教師或總督府翻譯
的工作，後來當賴生商會的顧問等等。木村先生伉儷對我的使命很
同情，常常援助我，那時候也是單方面盡力地資助我，常替我出旅
費，令我至今仍然無法忘懷，我衷心感謝他們。木村先生在戰前就
返回東京，三年前逝世了。所以到最後，我都沒有機會與他會面，
實在遺憾至極。特別在此謹記哀悼及感謝之意。

　　第二天二十八日，離開台北到達白毛社，當天的感慨我寫了以

7 案：此句為戰後的回憶文字，因《蕃社之曙》出版於 1951 年。

下的短歌：

> 歲末眾人都歸家惟吾往山上去
> 無人送行孤單於車站我心猶喜
> 聖靈催促勉勵弱我前往白毛山

白毛部落有居民三十五戶一百五十人，沙哇來部落是十一戶六十人的小部落，離三里處有三百人左右居住著。當時百分之八十以上的人正患著流行性感冒，每一家都並排枕頭躺著病人，沒有人作飯，巡查和警手等只好煮烏龍麵或稀飯來給他們吃，狀態嚴重。

寒冷的正月新年裡，許多人沒有衣服，沒有棉被。我送一位青年一件舊襯衫，他卻不穿，問他為什麼不穿，他說身體太髒，等病好了，把身體洗乾淨後再穿。我教導他到底生命和衣服哪一個重要，勉強他穿上，又再給他一些豬肉，他好高興地說：「真親切的先生！」看到他們僅僅因為收到舊襯衫和少量豬肉，就從心裡真誠感謝的那個樣子，就想起基督所說的話：「貧窮的人有福了，因為天國是他們的。」深深地打動我的心。

那個時候，日曜世界社的西阪保治先生要求我寄稿件給他，我就以「台灣原住民傳道事情」為題，將荷蘭人和西班牙人統治時代的傳道與我之現況，寫了六張原稿紙寄給他，刊登在《日曜世界》上。

這二個部落正為著不可思議的流行性感冒而煩惱著，在一九一九年、一九二〇年間流行著所謂西班牙型流行性感冒時，全部人都感染了。由於他們的迷信，以致於有二、三個日本人巡查也犧牲了。他們的想法是：「至今都沒有這樣嚴重的感冒流行，是日

本人帶來的，因此觸怒了神靈，需要取日本人的頭顱來祭祀，才能趕走瘟疫。」為此，有一位巡查在辦公室寫文件時，他們從後面躡腳進來舉刀就砍，頭顱掉到前面去了，而身子仍舊坐在椅子上。另外一個人是要去洗澡，在更衣室前被闖入紙門，站立著就被砍了頭。真是只聽聞就覺得很悲慘的事件。幸好，自那以後就沒有再聽過什麼血腥事件，他們從事和平的農業，進步到以笨拙的手法在種稻。我進入山地才五天，就迎接一九二七年的新年了。

小屋居住和親友們的來訪

新年也不知不覺地過去，一下子就到了二月中旬。流行性感冒緩和了許多，由於地處南國，梅花、桃花、櫻花等一起綻放，真的是百花爭艷。我寫信告訴台北的信徒朋友：「梅櫻桃齊時盛開的鄉下，何時方得盛開福音花？」他回我「福音花朵將開綻，只因您殷勤播種」，令我得到很大的鼓勵。

到了三月，開始執行部落遷移到河對岸去的計劃，全部泰雅人由三名巡查率領，我也搬去他們幫我建造的一間小屋（四疊半和一間的土房間）居住。本來他們勸我在宿舍尚未完成前暫時還是住在舊官舍比較好，可是許多泰雅人在生病，假若我每天往返走一里多的路也實在吃力，並且萬一泰雅人患了急病，我根本就來不及搶救，所以還是決定強行搬過去居住。

從四月初進入雨季，每天都一直下雨，小屋的地板很低，屋頂和牆壁又都是茅草建的，濕氣很重。不久我也罹患感冒，且併發瘧疾臥倒病床，那時候正巧台中州知事三浦錄郎先生在管轄區內巡視，途中路過來探望我。數年前他還在當新竹州內務部長時，我正

在新竹教會傳道。他夫人是很熱心的信徒，主日崇拜或婦女聚會都出席參加。所以我和三浦先生很要好，我躺在病床和他隔離著會面，他說：「住在這種地方，當然會生病，自己要多加小心！」然後下令要警察官盡速將宿舍建好。

不久從被教會連盟派遣來台灣傳道的千葉勇五郎、松野菊太郎兩位先生來訪問我，在連續下大雨的時節，穿著草鞋步行三里山路，全身有如落湯雞般，濕答答地來到我這兒。

在四疊半的小屋裡，我們一起讚美、一起禱告。我親手做簡單的飯菜，一起分享到深夜，我得到很多鼓勵和安慰。三個人把枕頭並排著睡，他們二人因為旅途太勞累，馬上就打起鼾聲睡著了，我呢？因為太久未見面，彼此交談太融洽，竟興奮得睡不著，不知不覺已聽到雞叫聲了。在兩位先生多年的傳道中，遇到這樣景況還是第一次。第二天幸好天氣很好，吃過早飯就出發了，我送他們三里多才依依不捨地辭別。

希望以祈禱的姿勢來死

雨季濕氣很重，我在山上小屋生活，終於造成坐骨神經痛。我自己無法治療，所以到台北的紅十字醫院去接受治療，劇痛不再，輕快多了，可是無法根治，所以我就去浸泡溫泉、按摩或針灸等物理治療。最後終於可以自由走路，回到白毛社是六月中旬，宿舍也完工了，經過半年，終於可以住到像樣的住處了。在病中，從屋頂隙縫間看到小鳥飛進來吱吱叫，庭院的樹上也有小鳥飛來唱歌，這些都是來安慰我的病苦的，聽說聖法蘭西斯 [8] 曾經對小鳥講道過，

8 天主教聖徒，方濟會創辦人。

我雖然不會，可是我對小鳥們感謝不盡呢！我睡在木製的粗布吊床上（一九二三年震災時從美國寄來的），病痛得很厲害時，就從床上下來，靠著床禱告，據說李文斯敦是靠在床邊以禱告的姿勢進入永眠。病況嚴重時，連躺著都痛苦，自然就跪下禱告，緊緊抓住上帝，全身倚靠祂。現在，我離開家人，獨自一個人住在深山小屋裡，不好看的睡姿也沒有人會來幫我弄好，所以我只希望，無論在什麼時候，到上帝面前或是被人看見，都不會不好意思以禱告的姿勢去世。

廢止稱呼台灣生蕃或蕃人

一九二八年春天，此地教育所（那時候稱為白毛教育所）的教官帶著十幾名學生和其他地方的學生總共數十名，前往台北、基隆方面參觀。回來時我問他們最有趣的是什麼事？回答說：看到動物園的大象，還有其他珍奇動物，並且在基隆看到大海和軍艦等。最討厭的事呢？他們回答說：走在市街上時，被人家說是蕃人的小孩，或在商店購物時，被人家說「是蕃人卻很會說話吧」等等。教官告訴我：「真希望都市裡的人對於山上的孩子能夠更加理解及同情。」這也是我一直在思考的事情，於是在《台灣日日新報》上提倡今後應該廢止稱呼生蕃或蕃人，教育所或療養所等也該改成以地為名的白毛療養所或南勢教育所。幸好當局者也同意，馬上就改變稱呼了，這對我來說也是一件很值得高興的紀念。這裡是白毛部落和沙外部落合併起來的地方，應該取那一個部落名稱呢？這個成了問題。有一段時間，我們稱之為新白毛部落，可是總覺得不相稱，這地方對著北勢部落，所以應該稱為南勢部落，我向當局這麼提

議，伊藤理蕃課長當場拍手大喜，馬上把它寫在看板上（他是一個寫字很漂亮的人），可是必須向總督府申報，得到許可後才可以改名，所以暫時把看板隱藏起來，三個月後正式許可了，成了名符其實的「南勢」，而「高砂族」的稱呼也是從那時開始的。

中田羽後先生和川俁義一先生到訪

一九二八年春天，中田羽後先生來訪。他和他父親及金森通倫先生一起來台灣傳道，他們從台南啟程回家，因為尚有點時間，就過來看我。我在東京的學校時才十五歲左右，幼稚且懵懵懂懂的，三十年後再見面，實在無限感慨。中田先生現在是我們教會的音樂家，是很特殊的人物。

那時候我另外還接受了川俁義一先生的來訪。我在千葉縣佐倉傳道時，川俁先生在步兵二連隊當一年志願兵服役，他每個禮拜天都參加主日崇拜。那時我們彼此都是打開胸襟坦誠交談。他除役後獻身，畢業於東京神學社，在岡山教會、高知教會等傳道，牧會很成功。之後，做了短期的巡迴傳道，據說在日本各地都做很有力的傳道，此次來台灣傳道，在忙碌的行程裡還專程撥空來找我。我們好久不見，緊緊地握手。那天正好是大正天皇的即位慶典日，泰雅教育所舉行了祝賀典禮，升起國旗、唱國歌。我們作了詩詞：

蕃刀久銹新朝春　　川俁
蕃山國歌聲揚春　　井上

我們二人在深山裡一起為日本國的救贖和台灣原住民禱告。吃

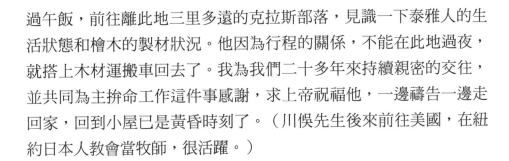

過午飯，前往離此地三里多遠的克拉斯部落，見識一下泰雅人的生活狀態和檜木的製材狀況。他因為行程的關係，不能在此地過夜，就搭上木材運搬車回去了。我為我們二十多年來持續親密的交往，並共同為主拚命工作這件事感謝，求上帝祝福他，一邊禱告一邊走回家，回到小屋已是黃昏時刻了。（川俣先生後來前往美國，在紐約日本人教會當牧師，很活躍。）

在刑警的監視中和矢內原先生談話

　　一九二七年四月十日上午，從郡役所打來警察電話。[9]因為東京帝國大學的矢內原忠雄教授要來訪問，要我到途中去迎見他。我和他不曾見過面，他是內村先生的門下，又是繼承新渡戶博士去世後的新進學者，據說是個信仰深厚的人，我算好時間，從家裡出發走了三公里左右，看到有二個人在一起走著，其中一人就是矢內原教授，彼此自我介紹打招呼後，就坐在旁邊的香蕉樹下，聽他談起內村先生和東京的教友們的近況。我也請他轉告內村先生有關我的現況。雖然我們有許多話想談，可是跟他一起來的刑警先生站在旁邊，所以我們不能暢所欲言，實在遺憾。他是應台灣文化協會[10]邀請前來各地演講的，警務局很注意他的行動。

由於收音機廣播的緣故被迫辭職

　　一九二九年三月在台北，中央研究所發表有個衛生講習會，我

9 日治時代規定，每隔二小時，山地派出所警察須與平地互通電話連絡。
10 日治中期成立的台灣人組織，從事政治社會文化運動，知名人士如林獻堂、蔡培火、蔣渭水等。

也去參加。二個禮拜左右的滯留期間，我接受了台北廣播局的邀請，廣播發表有關台灣原住民的研究。這個跟以前在東京或大阪廣播的內容一樣。我自己認為並沒有觸犯到政府當局的禁忌，可是卻造成台中州和總督府及警務局之間許多問題，就強迫我辭職。因此我在五月初來台北，二年左右過著流浪者的生活。在這期間，我通過了現地開業醫的檢試，反而更好，對於相信上帝的人，「凡事都互相效力，叫愛上帝的人得益處。」當時我四十八歲，是么兒四子出生的那一年。

訪問父親的遇難地衛里部落

一九三〇年五月，我去訪問父親遇難的地方衛里部落。過去我雖計劃了好幾次，卻都無法成行。我從渡台當時就一直期盼著，如今終於實現，那個地方的種族叫做太魯閣族，是最強悍的種族，也是最後才歸順的。

東台新聞社探知到我要去訪問父親的遇難地，就安排了渡邊記者和圖書館的大津先生，還有父親上班的賀田組的親族中村先生等，準備好計程車讓我一起同行。由一位叫北浦的當地駐在巡查來帶路。那是一個好幾年都沒有人去過的草原，並不容易找到。終於找到的是一個長三尺、寬四寸左右，以水泥打造的紀念塚，巡查覺得很愧疚，折些樹枝當供物說：「我在此地已十年了，從來沒有一個遺族來到這裡，所以我也沒打掃，很抱歉。」我跪在紀念塚前面，做了數分鐘的默禱。胸口窒塞，不知不覺淚流滿面。當時的感觸，我以不太純熟的詞句來表現。

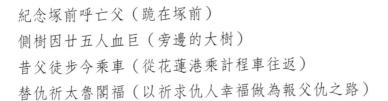

　　紀念塚前呼亡父（跪在塚前）

　　側樹因廿五人血巨（旁邊的大樹）

　　昔父徒步今乘車（從花蓮港乘計程車往返）

　　替仇祈太魯閣福（以祈求仇人幸福做為報父仇之路）

霧社原住民蜂起

　　從花蓮港回來不久，為了做傳染病的研究和治療的實驗，就到台北市的傳染病院上班。

　　十月廿五日發生了有名的霧社事件，有一百多名日本人犧牲。正好在那二、三日前，我做了一個不可思議的夢。夢見我和數名泰雅人在一個很大的岩窟中，好像是隧道，頂頭上方有一個一尺左右的圓洞，洞口正在開槍，從裡面可以清楚看到外面人的一切行動，所以百發百中；外面也一直在開槍，槍聲不斷，躲在洞內的無一人中槍，漸漸地，外面的人逐漸離去，終於安靜下來，這時我就夢醒了，當時我並沒有對任何人提起這個夢。霧社事件的當事者莫那魯道一族躲在岩窟中有一段很長的期間，讓日本軍隊或警察很頭痛，我一想到此，就覺得這不是普通的夢，而確實是靈異的夢，這是我以後才開悟的。若是我屬靈的天線更加敏銳、確實的話，也許就能發出警告，防範於未然。實在是遺憾。

什麼是霧社事件 [11]

霧社事件到底何事？我想現代人也許有許多人不知道，所以我想寫一下。霧社可稱為泰雅族的東京，是很進步的地方，有小學校、郵局、公醫診療所、警官駐在所等等，也有一百名左右的日本人居住在那裡。一九三〇年十月廿五日，小學校要舉行運動會，許多人帶著酒菜、便當等，一大早就來集合，等待運動會開始。突然從附近樹蔭或草叢間，有二、三百泰雅族人突然展開襲擊，看到日本人就殺（台灣人卻一個也不殺），連幼小的嬰孩婦人都趕盡殺絕，能高郡守以下，約一百五十人左右犧牲了，正是所謂昭和時代最不幸的不祥事件。

諸多原因，不能確定是為哪件事，但主要有下列幾個理由：

一、霧社的分室主任警部（當時東京名歌手佐塚觸的父親）娶了白狗部落頭目的女兒為妻，白狗部落跟霧社是世仇，霧社受不了被敵人女兒統治的感受。

二、為了在霧社建造武德殿，勉強從遠方搬運木材來，又拖延支付費用。

三、有位巡查喝醉酒，欺負了泰雅青年。

四、有位巡查與泰雅姑娘發生關係等等。

---

11 據《南投縣誌》，當時由原住民青年花岡一郎帶領青年隊，莫那魯道帶領壯年隊，擊殺日本人一三四名，台灣人二名，負傷者二一五名，而賽德克族死傷九百多名。此處所稱泰雅族，今已正名為賽德克族。

霧社事件當事者的木乃伊

　　那是一九三四年六月十二日的事了，那天正好是能高郡役所的落成典禮，集合了郡下產物舉行展覽會，為了展示山上的產物，泰雅族也去參觀，我就當救護員，也一起去參加。

　　清晨四點鐘與教育所學生一起出發，提著燈籠走了一里多路，十一點鐘左右到達霧社，住了一晚，第二天去霧里，立刻去參觀郡役所。內中陳列著許多珍奇物，但第一個看到的就是莫那魯道的木乃伊；在霧社事件發生後，台中州知事水越幸一先生歷經千辛萬苦，去過馬赫坡岩窟探險，一直在尋找莫那的屍體，一直找不到。過了三年多的今天，他已成木乃伊，六尺長的骸骨完整被保存著，真是奇蹟。儘管想到他殺害了許多本國人，甚至有為的高官[如當時的台灣總督石塚英藏]也因為追究霧社事件責任而被迫下台，再怎麼憎恨他也不足消恨，可是他今天遭到老天的報應，成為木乃伊，好像是在眾人面前懺悔一般。

　　我站在他面前默想了一陣子，要恨惡罪不要憎恨人，我捨不得離開那裡，我三年前在川中島，為移住過來的霧社泰雅族醫療診治，其中也有莫那的女兒和親族，所以更加深對他的同情。這個木乃伊，我記得後來好像被保存在台北大學土俗學研究室[12]。

眉原部落入山和霧社的遷移

　　霧社事件發生後第二天，我去拜訪台灣總督府理蕃課長石川定俊先生，關心慘案，他剛剛上任理蕃課長這個職位，完全是外行

---

12 即台北帝國大學土俗人種學研究室。

人，他提出關於泰雅的種種質問，我乃就所知範圍述說意見，並告訴他只要我做得到的事，請他提出來，我一定照辦。

第二年四月底，我接到台中州廳要我去報到的命令，五月四日出發（帶著放假中的長子同行），日沒時分抵達能高郡埔里，投宿於日月館。第二天去郡役所報到，接到「醫務囑託眉原駐在」的就職派令。眉原離埔里市鎮數里遠，位於前年反抗過政府的泰雅族幾個部落遷移計劃的川中島附近。從郡役所打電話到眉原部落時，他們說今天已經太晚了，不能來接我，請等到明天。我想早點到，就把長子和行李留在旅館，自己一個人慢慢走去，途中在山道遇到泰雅姑娘，以泰雅語交談，她起先好像受到驚嚇，漸漸才放心地教我怎麼走。

傍晚五點鐘左右，平安抵達，跟駐在所員打個上任的招呼。這裡是人口三百五十人左右的小部落，有巡查三名與二名警手，也有教育所，約有三十名學生。其中一位巡查娶了泰雅姑娘為妻，並育有四個孩子。衛生狀況不良，瘧疾和其他病患很多，相當忙碌，好在語言可通，所以工作得很愉快。

五月十四日左右，要搬去霧社的泰雅人來到川中島，因有病人，希望我去診療，所以就冒著大雨火速前往。連日大雨造成河川水位急增，無法通行，只好坐流籠攀附臨時搭建的鐵絲吊橋渡河過去，沒有看過這情景的人，無法瞭解這是多麼危險的事。到了那邊一看，帳篷內橫躺著數十名患者，其中也有數名在霧社事件中負傷的泰雅人。他們本來住在海拔一千公尺以上的高山，要他們遷移到平地居住，特別是在蚊蟲孳生的這個時期，瘧疾就一個傳染一個，有百分之九十以上的罹患者出現，因此《日刊新聞》上刊有川中島

移住者全部滅絕的消息。我和另一名衛生兵青年巡查拚命醫療，結果令人慶幸地，死亡者很少，到了秋風時節，許多人已康復了。

當時在霧社事件中，曾對確定有殺害日本人的泰雅人做了一番調查，但是要怎樣處分，卻變成政府當局的問題。從總督府到台中州，有關的官吏都到現場去出差、召開協議會，我也應邀參與會議。當時有位負責的某官吏問我：「有沒有什麼既不受傷也不反抗，一下子就死亡的藥？」他是以很嚴肅的態度要我作答，我想了一下，回答說：「藥是有，可是身為醫生的我，不能為了殺人而使用這種藥，並且總督府最初就從寬赦免了，而且在遷移之前，他們有人就害怕會被帶到某處處死而不肯答應遷移，政府承諾絕對不會殺人才帶他們到這裡，現在竟要毒殺，這會影響日本的威信，所以我堅決反對這種手段。」對於我的論點，沒有任何一人反對，所以就將卅七人帶到郡役所，留置處分。但是後來他們因為長期沒有接觸陽光，加上食物變化，仍然一個一個死在獄中。我對某官吏的提案，當時勇於說「不」，以致自己沒有犯下大罪一事感謝上帝，我早已遺忘這件事了，這次在整理日記時才恢復記憶，想起來，這件事在我的生涯中確實是件重大的事。

離開眉原前往馬烈霸

六月底，馬烈霸的公醫辭職，由於沒有繼任者，就任命我前往。正逢雨季，天氣根本就不可能放晴，因此我冒雨赴任。那天大概是四月八日吧！馬烈霸是霧社再進去八里的深山部落，座落在海拔一千八百公尺的山腹，在泰雅族中屬於最高地區。相對的也就沒有瘧蚊孳生，衛生情況也很良好。

以前所記載，將泰雅姑娘帶到東京某警部的同居妻子彼各・斗烈就是出生於此地的，育有三個孩子。長子公費畢業於師範學校，在霧社公學校上班，次子在農學校[13]就學中，彼各是個性善良的人，沒有再婚，任職台中州囑託，生活無慮地與長女倆人住在一起。她是警察署派來幫忙我照顧患者，打掃診療所等的，我也盡可能地幫助她。

畫家石河光哉到訪

一九三三年聖誕節前一天（？），西洋畫家石河光哉先生來訪問我。滯留約一個多禮拜，並畫了一些山上的風景和泰雅姑娘等。

他曾經在聖地巴勒斯坦滯留七個月，將苦心創作的畫帶回日本，這次也以同樣心情來馬烈霸深山。這裡是危險且交通很不方便的地方。（霧社有許多蚤蟲，被認為是危險的地方。）一般都市人並不容易來此地。他在埔里時曾經寫信給我：「因為沒有進去聖地馬烈霸的資格，遺憾而回。」可是第二天一大早起床時，突然感到靈感來了，就斷然入山。他後來回東京後，與塚本先生等聚會時，將馬烈霸和我的事報告給塚本先生及其他研究聖經的人們知道，所以大家對我非常同情，此外石河畫家把賣出馬烈霸油畫所得的款項捐贈許多給我，我一輩子都無法忘記他的恩情。

傷寒與精神病患

第二年夏天，暮卡布埔部落發生傷寒病例，有十四名男女罹患

13《南投縣誌》稱就讀台中一中。

此病，死了二名，這裡連敷頭的冰塊也沒有，情急生智，將石油罐的下部打個洞，插上竹管，從上面不斷灌冷水沖額頭，竟也有相當的效果。沒有牛奶，就給他們喝小米或糙米稀飯和粥，副食就以蔬菜汁和烏龍麵供應，因此傷寒病患最常見的維他命缺乏症，這兒都沒有發生，比起台灣傷寒死亡率百分之二十，這裡的情況真是相當良好。（有關報告曾被刊載在台灣醫學雜誌上，成為非常貴重的文獻。）此外有兩名泰雅族精神病患亦住在此地，一個是白狗部落的青年，另一個是他表姊，就是在霧社事件中犧牲的佐塚警部的妻子雅外‧鐵木。她事件當時倖免一死（泰雅人絕對不殺害同族人），第二年參加一周年紀念會時，大受刺激以致於發狂。他們二人都是躁鬱症，曾經復原過，卻不幸又再次發作。我以前對該女曾施予睡眠療法，使她恢復到可以做些普通工作，後來又發作，只好送她到台北的養神院[14]住院治療。

　　如前所記，馬烈霸地處高山，有時會下雪，非常寒冷。我的神經痛復發，連步行都沒辦法，當然也有其他種種理由，我只好決心離開此地。在這裡，我的責任區域是從霧社境界到海拔二千八百公尺高山的松嶺為止，十二多里間有六個部落，巡查駐在所七所，人口一千三百人以上，衛生狀態不良的地方很多，半夜只要有病人，就會隨時被警察的電話叫醒，五里也好，十里也好，都要徒步去診療，這裡沒有助產士，所以也常常必須幫忙接生。這對於本來腳就不太好的我來說，實在是一大重擔。我的繼任者是一個年輕醫生，也是我的親密好友，他對我說：「在這麼差勁的地方，您居然能夠

---

14 松山療養院前身。

服務五年之久！」五年來我能夠平安無事地完成工作，完全是倚靠上帝的恩典和主內眾信徒的禱告才能達成的。

被狗咬而患丹毒

一九三四年三月初，我到附近的白路莫安部落去診療時，右脛骨下部被狗咬到。二十多年來我在數千回的部落往診中，連一次也未曾被狗咬過，這次還是第一次呢！我想，如果我每天往診的話，狗會很熟悉我，也就不會咬我吧！只因我以路途遙遠，山路不好走為理由，只有他們來接我時才前去，這是我的罪過所招致的結果。

回家後我馬上消毒處理，可是復原情形不佳，最後終於化膿變成丹毒[15]。如果症狀輕微，我還可以自己充分治療，可是卻發燒並且劇痛不已，只好決定去台中醫院住院治療。

我向郡役所打警察電話，請他們送山籠及挑夫來，第二天一大早就從馬烈霸出發，途中搭輕便車、公車、火車等，換了三班車才抵達台中，已經晚上八點多鐘了。

當時情況，已由台中聖公會木村牧師的公子毅三先生投稿在《基督教家庭新聞》上，轉載如下。

台灣原住民之父：井上先生

去年三月，常夏的台灣正是由春季轉為夏季的時候，傍晚時天氣從竟日的暑熱消除，開始下著細雨。當晚有個禱告會，五、六個信徒集合祈禱的聚會將結束時，有一個瘦巴巴、臉上顴骨很突出、

---

15 急性真皮細菌感染炎。

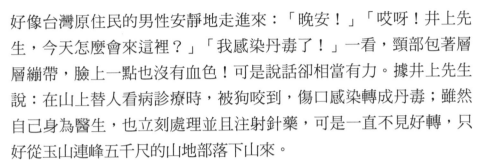

好像台灣原住民的男性安靜地走進來：「晚安！」「哎呀！井上先生，今天怎麼會來這裡？」「我感染丹毒了！」一看，頸部包著層層繃帶，臉上一點也沒有血色！可是說話卻相當有力。據井上先生說：在山上替人看病診療時，被狗咬到，傷口感染轉成丹毒；雖然自己身為醫生，也立刻處理並且注射針藥，可是一直不見好轉，只好從玉山連峰五千尺的山地部落下山來。

請井上先生自由禱告時，他禱告：「主啊！感謝您讓我能夠與多年不見的信仰同伴一起禱告。回顧廿五年前，由於聖靈的引導，我獻身於台灣原住民傳道。可是政府卻不允許自由傳道，以致於未得一人信主，僅以醫生身分來度日。主啊！請赦免我這軟弱沒成效的生涯！」哇地一聲，井上先生竟激動地當場俯伏大哭起來。知道井上先生的決心和過去情形的人也都泣不成聲。像這樣充滿感激的禱告會，我完全是第一次踫到。

井上先生曾經因為眼疾和瘧疾，還帶有其他疾病，一度回去日本國內，也曾經接受過都市教會招聘，但是由衷深愛台灣原住民的他，捨棄一切，與妻眷分離，再次進入深山。馬烈霸部落位在海拔五千尺以上的高地，是個既無禱告同伴亦無談心朋友的地方，在那裡與原住民共同起居，只為了要彰顯上帝的榮光，下定決心，無論毒蛇瘟疫多麼危險，都願意喝下這苦杯。他就是這麼心甘情願過原始生活的一位先生。

緬甸傳道之父賈德遜先生曾經也受過頑固政府的彈壓，以致未能傳道即仙逝，可是他的苦心和祈禱沒有落空，終於開啟了自由傳道的時代。

井上先生也許也是未能得到傳道許可卻以醫生為業也說不定，

但是身為一個基督徒，他一直在策劃促進他們的教化。井上先生深怕泰雅人所擁有的高貴習慣和傳說將逐漸消失，所以很珍惜地花費心血記錄下來，他一直努力希望將來獲得傳道許可時，要留給事奉的人有所參考。

有若日本李文斯敦的井上先生的工作，完全必須靠聖靈動工。以前年輕貌俊的井上先生，越來越像台灣原住民的面貌，實在是環境所致。——筆者父親三十年前曾經與井上先生一起在千葉縣傳道。當時他是廿三歲的青年才俊——我們應當在背後迫切為井上先生祈禱來援助他……

調職到新高[玉山]登山口

一九三六年六月三十日，我離開馬烈霸部落轉去內茅埔部落，該部落是玉山登山口地方的布農族，人口僅有二百人左右，非常接近台灣人的村落，有輕便車可搭到離此地一里左右的地方，比起馬烈霸來，交通是方便多了，可是天氣炎熱和語言不通，使得我有一段期間很辛苦。

從七月中旬起，在台北的長女路得子帶著妹妹知惠子和弟弟祐二（當時七歲大）前來。難得家裡突然熱鬧起來，我自炊生活很長一段時間，有時也自己洗衣服，現在開始，家事可以完全交託長女處理，我自己可以專心致力於研究和工作，實在很高興也很幸福。

八月底學校要開始上課了，所以次女返回台北，留下長女和四子陪我。在家附近有一個啞吧姑娘，每天早晚都來玩，和孩子們比手劃腳地交談，扮家家酒，玩得很親密。我的家族那時候正在台北盲啞學校的宿舍幫忙，所以和啞生或盲生都很親近。

　　第二年三月，四子要入學了，因此和長女二人回台北，我又恢復單身生活。到了七月，次子從東北大學回來，帶著二個妹妹和么弟來山上找我，讓我過著第一年熱鬧的團圓生活。那時候，對於未歸順的布農族，我曾寫過「蕃社的偉人」的理想小說，刊載在大阪的《週刊朝日》增刊號上。

　　八月底，離三里遠的楠仔腳萬部落徵召公醫，我被調職，孩子們返回台北，我一個人隻身赴任。

調職到楠仔腳萬部落

　　楠仔腳萬部落有布農族和鄒族的二個部落，瘧疾流行，衛生狀態很不良好。從高山方面許多布農族移居過來，管區內達二千人以上，我的責任很重大。那時候正流行阿米巴赤痢，約有二百名左右病患，真像個野戰醫院。布農的警手投露波斯當我助手，跟我一起奮鬥，幸好過程良好，終於撲滅疾病。這是川中島以來的大事。

　　我記得好像是一九三八年夏天，《聖經的日本》主編政池仁先生來訪（有台灣青年謝萬安先生陪同），在此地停留數日，一起分享主恩，共同祈禱，對於沒有信仰同伴、一個人過著孤單生活的我來說，實在是很大的安慰和鼓勵。恰巧布農族人帶鹿肉來給我，令我連想起以撒的帳篷。布農族的老父親生病了，想吃鹿肉，兒子們就出去狩獵。政池先生是未曾謀面的信仰朋友，自從他送我李文斯敦的傳記以來，我們就一直通信，早就想與他見面，可是我又不能上東京，一直期待著不知何時方能相見，他的來訪著實令人感謝和喜悅。

新高山 [玉山] 遇難者的治療

　　那年歲末的十二月卅一日，一里遠處有個鄒族病人，我下午去診療，拖著疲乏的腳步回來時，看到站在診療所庭院裡的 M 巡查向我招手，催促我快點！快點！我急忙回去，原來台中州來了警察電話，已找到在新高山遇難的高等學校 [16] 學生，要我趕快去八通關（新高山麓一萬尺左右的地點）。

　　我的第六感告訴我，這是十分重大的任務。因為這是四天前遇難的消息，即使人還活著，恐怕也受傷相當嚴重，我想應該要派遣外科專門醫生來，可是今天是除夕，況且太陽就要下山了，平地醫生絕對不會前來救他的，除了我這個當不成庸醫的偏遠鄉下醫生以外，是沒有人願意走十里路徹夜去救人的，所以我決定帶著藥品和外科器材等數樣東西，五點鐘從家裡出發，到三里遠的東埔已經是八點鐘左右，兩名布農族青年拿火把等我，我坐上行李背架，一起從東埔出發，比較平坦的路，我就坐著讓他們背，比較危險的地方，我就下來自己走。其實，從海拔四千尺要爬上一萬尺的地方，當然沒有平坦路，四分之三以上都是我自己走路的，又下著雨，更加寒冷。才爬了三里左右，兩個布農人就叫肚子餓，不肯動，原來他們沒吃晚飯就出發了，語言不是很通，這二位跟泰雅人不同，會說謊話，心眼又壞，怎麼說也不肯動，只好叫醒已經睡覺了的駐在所警官起來煮飯，讓他們吃飽了熱飯，終於才再出發。雨越下越大，風也將火把吹熄了。在什麼都看不見的山路上，一邊摸索一邊走，到達八通關已是元旦上午三點鐘。

---

16 台北高等學校，校址即今日國立台灣師範大學校本部所在地。

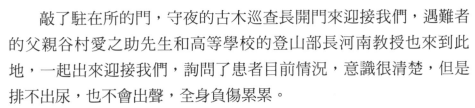

　　敲了駐在所的門，守夜的古木巡查長開門來迎接我們，遇難者的父親谷村愛之助先生和高等學校的登山部長河南教授也來到此地，一起出來迎接我們，詢問了患者目前情況，意識很清楚，但是排不出尿，也不會出聲，全身負傷累累。

　　我從紙門向病床探望，傷者好像在睡覺，所以我就稍微休息一下才進入病房，整脈、聽診心臟等，還好沒有我想像中那樣嚴重，注射了強心劑和利尿劑後就等著天亮。我自己不敢睡覺，拚命向上帝禱告，希望我所不能救治的大命，求上帝伸手援助拯救他。

　　元旦六點鐘左右，我進去病床診察，令人吃驚地，他竟然大有起色。等到有體力能出聲時說：「醫生，您是井上伊之助先生嗎？若是您，您必然會把我醫好的。」在新年時講這種不吉利的話，真令我吃驚。後來才得知，原來過去我曾經接受《台灣的實業》雜誌主編訪問，談論關於生死的問題，他也看過這篇「永遠的諺語」的談話。今天早上他聽到隔壁房間的家人在叫井上先生，井上先生的，令他想起我的事來。我雖然多少帶些內科的注射藥來，但是凍傷的藥在平地是用不著的，沒有什麼適當的東西可以替代，突然我想起或許在這裡就有，打開設備良好的醫務室，找一找櫃子，真不可思議，竟然發現放有十年以上的凍傷藥膏，居然沒有腐壞，這個藥的藥效非常好，完全是上帝的特別禮物，我由衷地感謝上帝。不久尿就自然排出來，也有了食慾，恢復得很快，再怎麼說，他已經四天沒有吃東西，又好幾次從斷崖上跌落下來，從頭到腳都是割傷、浮腫、凍傷等，遍體鱗傷。

偏遠鄉下山醫和奇蹟的治癒

三日早上，從台中州打來警察電話詢問：「到台中醫院來住院如何？」他父親、教授和古木部長三人坐著會商，徵求我的意見：「可否以擔架搬動？」我聽出他話裡是在問留在此地有沒有痊癒的可能？坦白說：山地醫生的粗略治療有可能使他痊癒嗎？當然應該送專門的外科醫院去住院才可，我直覺地這麼認為。所以我回答：「我非常贊成送去台中醫院，可是他還在發燒且甚衰弱，我不敢說可以，但是在這裡不可能給予最完善的治療。」我又不是上帝，只是凡人，並且實在不是什麼專門的名醫，又怎麼敢斷言受重傷的癒後情形會如何呢？

三個人似乎很為難，再與台中州交涉了好幾次，我則在另一個房間默禱，不久他父親來告訴我：「醫生，拜託您了，現在動他的話有危險嗎？他本人也說：若是您，您一定會醫好他的，所以全權拜託您了！」我回答他：「這裡是藥品和設備都不完善的深山裡，並且我不是外科專家，只不過是個鄉下萬事包辦的小醫生，我不敢擔保會完全治好，若經過情形不佳，那時再住院也好，這也是人之常情，對我請不要客氣。若要去住院醫治，我反而安心，所以請詳加考慮再做決定。」他父親只說：「謝謝您，萬事拜託您了！」就不再說話走出去了，我深感我的責任更加重大，只有每天日夜持續禱告、繼續治療了。

從那以後，真不可思議地，一切都很良好，傷口不化膿，壞死的皮膚也開始剝落，一天比一天加速復元，飯也早上多加一匙，晚上再加半匙，很小心地漸漸增加飲食。因為在饑餓狀態下，一下子吃很多是很危險的。

　　過了一禮拜左右，他可以跟平常一樣吃飯了，扶著紙門也可以慢慢行走，因此第八天就造了擔架抬送下山。病人在擔架上唱著「主啊！我愛就祢」的讚美詩，我不覺熱淚盈眶。五點鐘左右平安到達東埔溫泉，住一晚，許多人都向我致謝，我回答說：「這完全是上帝的恩典和他本人體質健壯，精神方面也很堅定才有這樣的結果。」我打從心裡感謝上帝的恩典才造成奇蹟的痊癒。一行人滯留那兒三天，我回楠仔腳萬部落，前後正好十天，真是很辛苦的一場爭戰。

見到血跡判斷生死

　　遇難者是台灣總督府技師谷村愛之助的長子谷村愛道先生（十七歲），今年高等學校一年級學生。他和二名學友一起於十二月廿八日去登山，結果在積雪的山路上沒走好，和另外一名朋友一起失足掉落斷崖。另外一位急忙去巡查駐在所報案，接著立刻向郡役所、台中州、總督府報告，馬上組織起警察搜救隊，由數名巡查和近十名布農族向遇難地出發。要在積雪深厚的廣闊山裡搜索，實在是很困難的作業，本來打算到卅一日下午盡全力搜救，若是沒有發現的話，只好暫停搜救，等過完年再出來搜救，可是有布農老人看到留在遇難地石頭上的血跡，就說這人還活著，我們再找找看。於是帶著數位青年往下方到處尋找，竟然看到谷村君坐在對面的岩石上揮手，他因為疲勞和凍傷，已發不出聲音來。布農人們大喜過望，馬上跑去他那裡，將帶去的火柴在離他一公尺處生起火來給他取暖，將剩下的便當給他吃，他只是一直點頭表示謝意，很高興獲救。

布農青年小心翼翼將全身受傷浮腫的谷村先生抱起來，放到背架上，攀登五百公尺以上的斷崖絕壁，帶到警察隊等待他們的地方。見到他們，警察隊大家大聲歡呼迎接他們，再把他帶到八通貫[關]駐在所。那真是奇蹟的生還。

老布農族人看到血跡就能判斷生死，是因為他們多年狩獵，射殺鹿和野豬所得到的經驗，這是比文明人由血跡來測試血型更具科學的實驗。

長女路得子去世

一直臥病在床的長女路得子病危的消息傳來，我決定於八月二日早上出發回家，正好碰上暴風雨，道路坍方，山洪氾濫，只好繞道越山而行，好不容易出來到二水搭上火車，晚上九點鐘左右到達新竹州的苗栗車站，前面鐵路中斷了，火車停駛，只好到市區旅館住宿一晚。第二天上午十點鐘從該地出發，途中在二、三處下車徒步，又轉搭公車，回到台北的家已經是三日下午三點鐘左右了。

長女當時已經過世，因正值盛夏，不能久放屍體，所以家人決定，假若我在四點鐘以前尚未趕回來，就要先行火葬。照了遺容，萬事都準備好了，親近的教友們和盲啞學校的教職員也都聚集了，大家就只拉長脖子等我到家。我一看到長女的遺體，盡量壓抑不流淚地祈求冥福。

台北聖公會的大橋牧師和日本國內傳道局派來暑期短宣的吉本牧師二人主持司儀和弔唁講道，傍晚時送去火葬場火葬。至今我自己已經主持過好幾次別人的葬禮，也講過道，也去過火葬場，可是要去送自己的孩子，這還是頭一遭。

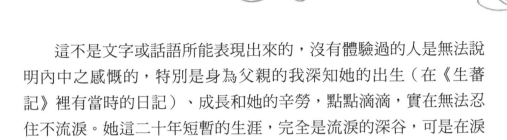

　　這不是文字或話語所能表現出來的，沒有體驗過的人是無法說明內中之感慨的，特別是身為父親的我深知她的出生（在《生蕃記》裡有當時的日記）、成長和她的辛勞，點點滴滴，實在無法忍住不流淚。她這二十年短暫的生涯，完全是流淚的深谷，可是在淚水的深處，還是要感謝上帝深切的愛。

離開楠仔腳萬部落往台北去

　　一九三九年三月左右，我身心極其軟弱，無法承受山上的生活，想去父親的遇難地花蓮港，向當地的太魯閣族醫療傳道。向相關單位交涉過，卻一直無法定案，所以決定暫回台北與家人一起住段時間，照顧生病中的次女，四月初即辭去楠仔腳萬部落的工作。

　　回到台北，經過一個月的禱告和熟思考慮的結果，決定在市郊內湖台灣人村落開設一個小診療所，命名為愛生醫院。我在此地約有二年左右，主要是從事對福佬人的診療，計劃針對懂日本語的青年男女傳道。從台北（三里左右，有公車方便通達）來的訪客很多，主日學學校的學生曾來這兒遠足過，台北的會友們也經常來參加家庭聚會。

村協議會和自來水道建設

　　內湖名符其實是個有湖的地方，大大小小總共有一百個以上的池塘，水井非常少，大多數的人都飲用池水或河水。但上游沖下污物及洗衣服等的，很骯髒，都市人看了，連茶都不敢喝，一旦發生傳染病，必定會全村滅絕。軍隊或學生遠足來此地時，都要從遠方運水過來，或從其他地方帶食物來。

　　我在診療所開幕的慶祝會上，邀請了縣廳的衛生課長、警察醫、郡長等，在席上談及飲用水的事，說明建設小規模自來水道的必要性，請求當局援助。幸好我的信仰友伴剛剛當上總督府的地方課長，終於正式向村協議會（如同村會）提出二萬圓（以鄉下村落來說是一筆巨額）預算的申請書，議員總共十六名，從這村落選出的只有數名而已。離此地三里多的鄰近村落，也一樣是飲用池水，所以異議他們也必須要建設自來水道，甲論乙駁的，我是議員之一，也是發起人，所以花了一個鐘頭左右的時間來說明人類和水的關係，還有傳染病和衛生等，鄰近村落在三年以後一定建設，請超越小村落的利害問題和感情，此時此際一定要切實實行，經過極力說服，反對者終於讓步通過。

　　總督府撥款補助三分之一，三分之二以村長和協議會員的名義向信用合作社貸款一萬三千圓，從一里多遠的深山，用水泥製造的大涵管引進清水，清涼的冷水就在村役所、市場和我的診療所前有共同水道，還有其他數個地方都可以湧出來使用。

　　那是一九四〇年秋天的事。

　　接著不久就發生大東亞戰爭[17]，有數千名軍隊來駐屯，從台北市疏散來的人也有一萬名以上，大家都得到使用水的方便。之後雖然台北市要以二十萬圓來收購此地，使之成為台北市的局部延伸，可是內湖村不肯答應。後來我離開內湖去台北，在戰爭中曾經再次造訪當地，村長和有志者聚集起來，向我道謝，要為我建立紀念碑，我回應說：沒有必要為我建碑，村民能夠幸福就好，倘若結果不良

---

17 日本所稱的二次大戰。

好，我就很抱歉，現在見到大家都很高興，我就滿足了，因為當時是勉強建造的，很早就建造實在是件好事。

這種問題是與信仰無直接關係的，對我來說，那不過是意外的收穫而已。我想起李文斯敦曾經致力於和傳道無直接關係的探險事業，接受了從地理學會來的感謝與援助，世界上的人都尊敬他為大探險家，我的自來水道敷設，無心插柳柳成蔭，說起來是對人很有助益的。

賣豬來付醫藥費

同年十二月三十日，離此地一里遠的深山裡，有一位十一歲的少年被水牛撞傷，變成破傷風。先前有某位台灣醫生見無法治癒就放棄，到我這裡來和我商量，請求我去診療，我去了一看，病況相當嚴重，無法下手，就盡最大的應急處理，每天持續不斷求上帝拯救可憐的少年。新年期間六天都沒有休息，我每天都去探視，注射鎮痛劑、破傷風疫苗等等，一個禮拜後漸漸復元，能夠攝取流質食物，體力也一天比一天恢復，一個月左右就完全康復了。

這種病，若在初期就注射疫苗是很有效的，治癒的例子也有。只是發病過了二個禮拜，已經進展到快要死了，以當時的常識和醫藥是完全無藥可救的。我在初診時，本來想拒絕醫療，可是他專程來請求我，只好重新考慮，盡人事，聽天命，盡自己所能施予治療，並暗地向上帝祈求幫助。上帝竟然垂聽我的祈求，真的完全是神蹟地將少年醫好。醫生到最後還是一無所能，即使自己清楚是不可能的，必須超越人間的層次，只有仰賴生命源頭的上帝。

其實疫苗和其他醫藥的實際費用才僅僅廿八圓，可是這個孩子

的家境很貧窮，又沒有父親，沒有錢可以付帳。就把豬賣掉，然後拿著錢，由母親帶著孩子一起來道謝，要是普通的醫生，至少要索費二百圓以上。往診要徒步走一里的山路，診療費也很貴，還不肯每天都去。可憐貧窮者實在是無法得到最佳的治療。

不久這個少年就完全康復，我每次見到他，就很感謝上帝的恩典。

妻的傷寒和關閉診療所

一九四○年十一月底，村裡信用合作社社長的二名家人發高燒，原因不明，接受治療時，經檢驗結果證實是傷寒症，我馬上向警察報案，並送往隔離醫院，又在病家及其附近施行大消毒。台灣的醫生都不報案，暗中治療且索取高昂的醫藥費，等到無法醫治時，再叫病患前往台北醫院，推卸自己的責任。村人也喜歡這樣，寧可暗中接受治療，也不願通報有傳染病。我由於職務上的良心不許可，都坦白處理，所以患者不願前來就診，以致門可羅雀。

可是十二月下旬，妻子也原因不明地發高燒，檢驗結果證實是傷寒症，在歲末廿八日住進傳染病院去了。

我和十歲的么兒二個人寂寞地迎接新年。一月中旬，我也感到腹痛，往台北的紅十字醫院住院接受治療，幸好不是傷寒，而是腸管膜狹窄而已。照攝 X 光結果，發現我的內臟全部被壓迫擠到左邊下垂著，我天生就左邊身體比較小，特別是左腳比較短，走路都向左傾，這是長久以來受壓擠所造成的結果。另外我的腳因為腿腓血管變成扭曲萎縮，這也是因為三十多年來我在台灣山中徒步的結果，我想這多少也可以算是我為了愛人類而勞苦的傷痕（聖

痕？），為此而感謝。

　　我不在家期間，四子被三子帶去他服務的地方——士林，替我照顧他，幸好我兩個禮拜後就出院，妻子也在二月中旬出院，全家又再次團圓。可是診所的生意還是不景氣，漸漸地生活也變得困難。

　　在那時候，台北的社會事業財團所經營的仁濟院院長羽鳥博士來造訪。我們談了許多，他很同情我的現況，就告訴我，薪水雖微薄，但至少可以養家，要不要去仁濟院上班？因為次女從去年就一直生病，一直受到該院的照顧，這對我來說也很方便，就拜託他錄用我。

　　我原本打算在內湖開業幾年，本來計劃多少能夠賺點錢，再去父親的遇難地衛里部落以及其他台灣原住民鄉醫療傳道，沒想到事與願違，才僅二年就必須離開此地，實在是遺憾至極。哎！我好像天生就不是物質豐富的人，誠如基督所說：不要帶枴杖也不要帶兩件褂子，上帝會供給糧食，每一天每一天，都會從天上降下嗎哪來養育我們的，直到最後。

離開內湖前往仁濟院

　　四月十八日我離開內湖，搬去仁濟院住，成為數十名可憐病人的朋友。

　　仁濟院是清國時代創立的貧民救濟機構，日本佔領時接收下來，專門醫療路倒病人、貧困者和老衰者，兼併養老院，是台灣惟一的社會事業醫院。

　　我就任時收容了肺結核患者二十名，精神病患二十名，還有老

衰者三十名，另外還有對一般民眾開放的收費門診。我主要是做前項工作，當那些人生疲憊者、可憐的肺結核病患，以及除了吃飯以外、已失去希望和理想的精神病患的朋友。

在這種機構常見患者對經營者的不滿和不平，主要問題在於餐飲。由於中日正處於戰爭中，配給本來就不夠，又因為管理炊事者既無誠意又無情，就發生了許多問題，我只好與財團幹部協力改善至某種程度。每週有一、二次由職員勞動服務來美化庭園、清理室內、設置慰安所、精神講話等等，致力於安慰這些無法享受家庭溫暖的人。到戰爭末期，美、日之間關係緊迫，市民、病院都必須協助國防工作，我也被迫要負責以病院為主的一切相關事務，公私兩方面都極其忙碌。

次子去世

一九四二年七月，在東京的次子正明生病了，為要靜養而返回台灣。我在自宅診治過，可惜不見療效，只好住院接受專家治療才見好轉。第二年春天，他想回東京去，可是戰爭越來越激烈，糧食也缺乏，一切不盡人意，到了夏天，病情再度惡化，不幸於第二年八月廿五日去世。他畢業於東北帝國大學[18]，在橫濱的銀行上班，已經結婚，甚至還生了兒子呢！

失去長女路得子，我的淚水尚未乾，就又失去棟樑般的次子，真是言語無法表達，筆墨無法形容的傷心。但相信上帝不會讓我們遭受超過我們所能承受的試煉，總會給我們開一條脫逃出路，只好

---

18 今之仙台東北大學。

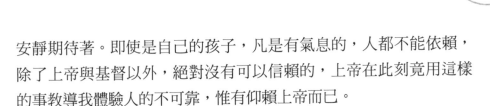

安靜期待著。即使是自己的孩子，凡是有氣息的，人都不能依賴，除了上帝與基督以外，絕對沒有可以信賴的，上帝在此刻竟用這樣的事教導我體驗人的不可靠，惟有仰賴上帝而已。

　　關於次子，我是有許多話想說，可是這是私事，而且篇幅有限，只能割愛。他在世的生涯雖然很短暫，可是對於他父親追尋台灣原住民傳道的夢想，他是全然瞭解並支持。

　　自從次子去世後，有段期間，我整天都失魂落魄地茫然過日子。可是現實卻又不許可我一直失魂落魄，今後要重新出發，打算設法去花蓮港，倘若能夠在父親遇難地開業的話，則不僅為家父，亦可為其他許多人弔靈，可以從事太魯閣族的教化和醫療，將來自己的屍骨也想要埋葬在那裡。我就這樣抱著希望，祈求早日實現。

　　幸好花蓮日本鋁業公司醫務室正在招募醫師，那個地方很接近父親遇難的地方，立刻去交涉，大體上也都談妥了，只等待東京總公司的聘書，我也將行李打包好，打算隨時可出發赴任。可是戰爭越來越激烈，總公司方面說也許會中止花蓮港的事業，請我暫時不要出發前往。所有的希望一下子變成泡影。

　　雖然仁濟院一直挽留，希望我繼續留任，可是我已經打包好行李，並且也開過歡送會，要如何是好，我只有繼續熱切的禱告。有一天我與總督府立養神院院長會面，談及自己目前的情形，他說目前該院正缺人手，無論如何請過來幫忙，直到戰爭結束，將來再準備去花蓮好了。我就這麼決定了。

　　養神院離松山機場三公里，敵機來襲非常激烈，每天至少必須躲防空洞二、三次，這裡有一百名以上患者，要保護這些無法分辨東西南北的精神病患，實在不容易，職員們都冒著比野戰醫院更甚

的危險來診療和看護。

空襲時要帶他們去防空洞,有人悠哉悠哉地望著天空,有人跑出戶外,有人就在防空洞裡撒尿拉屎,非實際參與這般工作的人無法想像其中的辛苦。

疏散和終戰

一九四五年二月上旬,離台北約九里叫做八里庄的地方要設立分院,我是主任,要帶領數名看護和三十名患者疏散到那裡去,那是英國人戴仁壽醫生所設立的痲瘋病醫院 [樂山園],總督府將它接收過來的。

這個建築物四周沒有圍牆,門戶不完善,患者可以自由出入,想逃走的人很多,卻只有數名看護者,根本無法監視他們。不過附近有軍隊駐屯,某中隊長跟我長子是同一個專科學校畢業的,他們常常幫我送回逃出去的患者。

當時在台灣,有數十萬人的軍隊駐紮,米或副食品都供給到部隊去,我們一般地方老百姓就只有少量的配給,職員和患者都過著極度貧乏的生活,護士們常常要求轉職,我十分辛苦地挽留他們。

我本來婉言苦勸他們,若戰爭結束,一定會增加配給也會加薪,請再稍微忍耐一下,哪知竟是無條件投降的終戰,對於台灣人職員,我深感過意不去,只有一直賠不是,八月底帶著職員和患者回本院。當初疏散來此時,以總督府的威權趕走戴仁壽醫生的部下,又將不喜歡的病患強制轉院到國立醫院去,回來時卻是悄悄地逃離村莊。幸好當初接收時我不在場,是由其他醫生或事務長去代辦的。

被接收後，院長以下者留用

十月廿八日中華民國台灣省衛生局長來接收病院，任命中國人當院長和事務長，日本人院長和職員就以囑託留用。我不久就去與中國的高官會面，將自己的使命，也就是對台灣原住民的教化和診療極力向他說明，幸好那人是基督徒，十分諒解我的使命，並且肯定我過去的成績，告訴我：「你是日本的聖徒，沒有必要歸國，盡量去傳道，我也准許你去開設醫院。」那時候我正好收到從羅東三星鄉下來的電報：「有要談速來」，發信者是山口。

另外我與台灣人杜聰明博士一直交往親密，他現在已經是醫學部長，他告訴我：政府因為對台灣原住民有些計劃，希望我能當顧問工作。

次女知惠子歸天

次子死後第三年，終戰那年十二月十四日，次女知惠子廿三歲歸天。何等不幸的事接二連三到來，知惠子是我在種子島時，一九二二年三月廿八日出生的，生為么女，倍受雙親及兄姊的愛護。她三歲時的夏天，我第三次渡台，在基隆友人家吃西瓜，她吃了一些西瓜，就患了很嚴重的腸炎，像赤痢般地一直下痢，在新竹醫院住院接受治療，症狀相當嚴重，連醫生都束手無策，我們夫婦和其他信仰友伴迫切祈求上帝的幫助。幸好治癒康復，那以後就不曾生什麼病，來到台北，和哥哥一起上樺山小學校，以普通的成績畢業。

她很喜愛歌唱和遊戲，在小學校裡，深受老師及同學們愛護，每當帶弟弟和朋友去上主日學，顯得特別高興。後來進入私立女學

校唸書，一、二年級都很健康，還拿了全勤獎，可惜從三年級第一學期開始生病，我們雖然盡力醫治，但病情時好時壞地，無法好好唸書，終於輟學。

一九四一年春天，我在仁濟院上班，同時讓她住院，嘗試過種種診療，然而都無法痊癒。如別處所記，我在一九四三年春天，辭去仁濟院的工作，就職於養神院，由於考量病房和其他事情，仍將次女留在仁濟院裡接受治療。

戰爭越來越激烈，養神院座落於機場附近，每天都有空襲，交通也很困難，我因實在太忙，無法如願去探望她，所以主要都由母親去探望她，可是因為糧食不足，導致營養不良，她日漸衰弱，看了真讓人心疼。

她將去世的那一天下午，我帶了飯糰和橘子去探望思念已久的她，她非常高興地搶著吃，連茶壺裡倒出的茶也幾乎全喝光。在向護士和事務員打招呼後，我急忙去附近的火車站想趕回去，可是火車已在五分鐘前開走了，只好去拜訪住醫院前面的朋友聊天，等下一班車。想想又不放心，回去看一下次女，往病房一看，怎麼是好奇怪的睡姿，趕快叫護士到裡面去看，聽診一下脈搏，早已停止跳動，把主治醫師叫來做最後注射也毫無反應，就像枯樹倒了一般，她已安眠歸天。

我到現在已送走三個愛子回天家，照理說，應該是孩子為父母送終，我們卻是父母替三個孩子送終，情何以堪？我想這也是因為我們身為父母的不注意和愛的不足才會這樣！原諒我！我的孩子啊！請你們原諒父母的罪過吧！我只能這樣禱告著。

次女在近年終時去世，聖誕節時，我只有帶著四子去參加崇

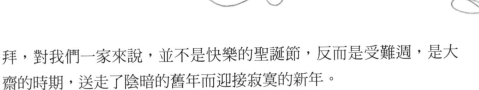

拜，對我們一家來說，並不是快樂的聖誕節，反而是受難週，是大齋的時期，送走了陰暗的舊年而迎接寂寞的新年。

韓國的年輕牧師周忠盛先生來訪

我想上帝一定會為我開路的，所以就開始整理行李，那是二月末的某一天下午，我正忙著打包，有一位看起來很健康的、高高的青年來找我，我帶他到堆積如山的書房會面，他叫周忠盛，韓國人，父親畢業於英國的神學校，曾經是南京的韓國人教會牧師。他本人則是京都帝國大學文科畢業，進入日本神學校繼續唸書，畢業後被徵召到台灣的部隊來，終戰後就自由解散了。他不知道要回國好呢？還是要怎麼辦，正深刻思考著。

他在京都帝國大學求學中，曾經從某位教授處聽到我的事情，想起曾經看過我的《生蕃記》，就決定要留在台灣獻身於教化台灣原住民工作。他和在名古屋高校時代同學的某位台灣人的妹妹結婚，目前在羅東三星這個地方教北京話，近日內打算往花蓮港方面去，準備向太魯閣族傳道。我深受感動，有陣子說不出話來，熱淚盈眶。好不容易心情才平靜下來，共進午餐一起交談，約定將來互相協助一起工作，做個感恩的禱告後，期約下次再見就分手了。之前我曾提起我收到一封署名山口的電報，我請教他是否知道是誰，原來是三星教會的長老，是台灣人，名字叫做林李石，山口是他的日本名字，這才解開了我的疑惑，林先生是我到新竹之後的朋友，所以決定二、三日後去三星見他。林先生將我的事告訴牧師和信徒，他們希望我在三星開設醫院行醫，一邊醫療，一邊可以對泰雅族傳道。

　　我去跟三星的牧師和信徒們面會，協議了許多事，但是先決問題是要找個家屋。在山的入口處，有一個叫做天送埤的小村落，那兒有個電力發電所，尚有數名日本人留任在那兒，聽說有間大間的俱樂部空著，可是不出租給一般人，所以我就和林先生打算一起去拜訪主任。見到他的鄰居時，我想起以前在台中州有位巡查跟他同名同姓，一去拜訪，果然是他，真是令人訝異的巧遇。以前在台中州時，我們就很親近。他有個那時還是嬰兒的女兒，如今已經十一歲，上學了。他馬上向主任介紹我認識，當場三個人就地坐著商量，結果必須報到電力總公司去，若成為囑託，則一切都可以解決。寬闊的房子若區隔成住宅、診療室、候診室，即可成為相當規模的醫院，況且公司本來就有材料，只要花個木匠工資即可。

在天送埤開業

　　當天傍晚我回台北，第二天就去電力公司拜訪被留用的日本人發電課長。在電力總公司，因為三子曾經服務過八年的關係，我也都認識理事以下多位人士，課長就將我介紹給中國人的理事及台灣人的課長認識，方知課長是台北教會創立者李新生[19]先生的兒子，就萬事OK，當場錄用我做為囑託，在天送埤發電所上班，月薪六百圓。這完全是上帝的引導「耶和華以勒」（上帝必預備，聖經創世記廿二章）。

　　萬事俱備後，我向院長要些時間，巡視了無法分辨東西南北的各個病房的七十多名病患，依依不捨地告別，四月十二日離開松山

19 案：可能為李春生。

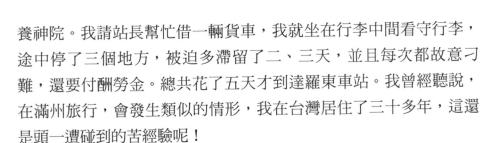

養神院。我請站長幫忙借一輛貨車，我就坐在行李中間看守行李，途中停了三個地方，被迫多滯留了二、三天，並且每次都故意刁難，還要付酬勞金。總共花了五天才到達羅東車站。我曾經聽說，在滿州旅行，會發生類似的情形，我在台灣居住了三十多年，這還是頭一遭碰到的苦經驗呢！

接到從台北縣送來的派令：「高山族（中國政府所改名）研究工作留用」，馬上著手改造家屋，在五月中旬完工並舉行開幕典禮，教會方面有牧師、長老等數名，公司方面有主任及數名職員參加，我提供餐點，感謝上帝的恩惠並祈求未來的祝福。

離此地約三公里處有個叫做隆必亞的部落，最遠有三十公里外的比雅南部落，總共有八個部落，大約二千名人口。

每天都有許多泰雅人來求診，我就計劃再建造宿泊所和集會所。美國的宣教師傑克遜牧師[20]也要求我到花蓮港去協助他，真是充滿了希望喜樂的事奉。

但是那一年秋天，謠傳所有日本人都必須遣送日本，報紙也這麼報導著。

歸國命令

十二月十八日早上，從公所來個公務員告訴我：「井上先生也必須回國去。」十一點鐘郡役所又來二名公務員：「實在是很過意不去，今天請馬上出發。」離公車出發時間，僅有二個鐘頭，時間緊迫，我沉默不語。

---

20 案：可能為孫雅各（James Dickson, 1900-1967）：加拿大宣教師，美國人，一九四六年受派為特使，並訪問花蓮原住民教會，後促成玉山神學院成立。

　　因病來求診的韓國青年（被日本軍徵召的下士官）和泰雅青年和郡公務員談判：「這位醫生是中國政府所留用的人，今天就叫他出發，太過份了，行李也必須打包整理，請延至明天，我們會幫忙整理行李，一定可以出發。」跟他們講道理，公務員就跟郡方打電話商量，終於延後一天。

　　之後附近的人都聚集來幫忙徹夜打包行李，私有東西都分配給認識的好友們，第二天早上下大雨，我尚未整理好，且借給人家的錢，人家也尚未拿來償還，因此我不能離開。公車六點要出發，青年們就幫忙搬運行李到車上，我叫妻子先出發，公車的駕駛卻一點也不領情，很不高興，前記的青年們就對他兇說：「你在嘀嘀咕咕什麼，井上先生是我們的恩人，中國政府也肯定他留用到今天，突然下命令叫他出發，你不搬運行李，太過份了，不要出聲，乖乖將行李和他太太送去羅東車站。」司機只好乖乖地讓他們把行李放在車上，冒著雨出發。

　　好不容易我才收到錢，就搭八點多的運搬木材小火車，大雨中坐在木材上，又不能撐傘，全身濕答答的像個落湯雞。到了羅東，向郡役所報到。郡守及民政課長都是台灣人，都很親切，沒什麼隔閡，告訴我：他們已經派了一位公務員為我的事到台北官署出差，要我等他回來，他若回來，就會到我留宿的地方找我。

取消歸國命令

　　晚上九點左右，郡公務員來告訴我：「取消歸國命令。」可是我已經將所有的東西都丟棄，藥物及器具也都處分掉了，現在回去也無法繼續開業，若依感情的做法，就這樣回國去比較好。可是我

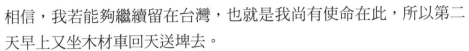

相信，我若能夠繼續留在台灣，也就是我尚有使命在此，所以第二天早上又坐木材車回天送埤去。

　　泰雅族人和台灣人信徒們都替我耽心，也許再過幾天又會收到歸國命令也說不定，村長和村裡有名望的人，還有一些青年，就在村裡到處奔走，開始進行我的留任運動。取得四十名台灣人和泰雅族的連署，二名村長和二名青年會長到台北長官公署去陳情，陳述我的過去和現在：「多年以來一直為我們服務的人，在政治上根本沒有什麼好耽心的，關於他本人的一切，都由我們來保證，無論如何請求讓他繼續留在台灣。」以此強行談判，所以長官以下的中國官員就將我的歸國命令都取消了。

　　一回到家，附近的人們都流下高興的眼淚，小孩們叫著「阿姨！好棒喲！」地跳向妻子，抱住她，老人們也很高興地說：「醫生回來了！」皆大歡喜！

　　回來真好，多日來的憂鬱和愁苦都一掃而空，想到那些老年人和孩子們高興的模樣，青年們喜悅的樣子，假若能和他們多一日相處，以致於失去什麼的話，我都很滿足。畢竟我能繼續留在台灣也是上帝的旨意。對啦！那個亞伯拉罕若想要回去故鄉，也是有機會的，可是他卻更羨慕天家而長久居住在異鄉。（聖經希伯來書十一章十三、十六節）

　　幸好當時寫的日記本還在，就轉載如下：

　　十二月二十日　昨天一直下雨，公車停駛，雇卡車裝行李回家。其實最先也不是回自己的家，因為我已將用品、書刊、藥品都送給別人了，先去告訴電力公司的主任，我的歸國命令已取消，商

討再度開業，他馬上就答應了，所以我趕快到鄰近地區去打招呼，把已經給人家的東西或已經賣掉的東西再要回來，已經失掉的東西，大部分都要了回來。

　　十二月二十三日　由於連日的操勞疲倦和淋雨的關係，我感冒了。整天躺在床上靜養，可是仍然有數名泰雅人來求診。替他們診療醫治。晚上十二點左右，被泰雅青年叫起床，原來是三位隆必亞青年去城裡參加肥料講習會，看完戲劇回來已經太晚了，希望借宿一晚，所以妻子就燒熱水煮飯招待他們，借他們棉被，讓他們睡覺。

寂寞的聖誕節和新年

　　十二月二十五日　今天是聖誕節，天氣很好，一大早富子小姐就帶四郎來家裡玩（台灣信徒的孩子們），三星教會的青年們來到家門口，為我合唱讚美詩八十八首：「普世歡騰，救主下降。」林李滿和廖大春兩人去松羅，將泰雅村長及另外數名把有關我的證明書帶回來，大家一起吃午飯，又有患者來求診，很忙碌的一天。外在的聖誕節是不可能的，可是靈方面卻是充滿感謝和希望的一天。

　　一九四七年元旦　今天雖然是元旦，卻是真讓人感到寂寞的新年。自年底以來，一直有很多雜事，以致於沒有做糕餅，也沒辦法煮年菜，加上感冒也尚未復原，所以一整天都在休息。直到二月底，日子過得很平凡，沒什麼特別的事發生。當時天花正在大流行（中國人渡台時帶來的），連深山裡也都被傳染了，有的人因痲疹去世，也有人因瘧疾發燒，特地來找我去醫治，順便申請診斷證明書等等，結果一去診斷，發現竟然是天花，馬上就一個傳染一個，

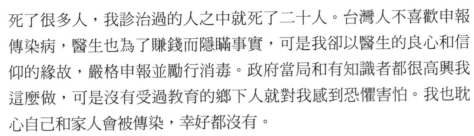

死了很多人，我診治過的人之中就死了二十人。台灣人不喜歡申報傳染病，醫生也為了賺錢而隱瞞事實，可是我卻以醫生的良心和信仰的緣故，嚴格申報並勵行消毒。政府當局和有知識者都很高興我這麼做，可是沒有受過教育的鄉下人就對我感到恐懼害怕。我也耽心自己和家人會被傳染，幸好都沒有。

　　二月廿四日 [21]　據謠傳，台北公賣局的官吏查到香菸賣店以公定售價以上的價格出售香菸而加以嚴厲指責並施以暴力，官方和民眾起了紛爭，進而出動軍隊，台灣人也拿出武器來應戰，以致於有二百名死者和三百名負傷者。在新竹、基隆方面也有大騷動。火車停駛，報紙也沒送來此地，所以詳細情形無法知曉。

　　三月三日　吃早餐時，聽到韓國人李兀變先生大叫：「醫生啊！大事不好啦！」原來是留茂安的泰雅人約有六十名去襲擊台灣人部落，要他們交出豬來，因為原住民自認為那是留茂安的土地，所以要求每一戶交出六十頭豬來，今後更不知要耍出什麼花樣呢，他這麼說著，只見他的行李由近十個苦力帶著，又看見他太太帶著雞等等，面色鐵青地從後面跟過來。真是令人感到可憐，可是我也沒什麼辦法替他解決，當晚讓他們二人住宿一晚。李先生第二天去羅東找陳盛學先生，將妻子和行李暫時留在我這裡。

　　根據發電所的 S 先生說：原來是布農族的村長前些日子去羅東，喝醉酒，聽到台灣人叫他蕃人，他就很生氣地放下狠話，「我要帶全族的人來殺你們。」才忿忿地回山上來。目前中學校的學生也都全部回到山上的家裡去。我也無法找人查證，到底事實是否如

―――――――――――――――――

21 案：二二八事件爆發於二月廿七日，此處可能為作者誤記或憑印象寫下。

此。無疑的，無論都市或深山，看來一定會越來越大亂。

泰雅青年殺害前妻

　　三月四日　早上十點鐘左右，派出所派人告訴我，有殺害事件，要我去現場看看，我就和他一起前去。在前方河邊，我看到有位泰雅年輕女性倒在地上，傷口從後頸部到後頭部，連頸子也有數處刀傷，傷勢嚴重。幸好還有脈搏，心臟也在跳動，但是已經無法言語，我馬上為她注射了強心劑，傷口也加以處理後用繃帶包起來，可惜數小時後仍死亡。

　　她是松羅人，被離婚的前夫所殺害。本來夫妻感情很好，生活在一起，可是她父母就是不喜歡這個女婿，硬叫他們離婚。這次男的來勸女的跟他一起逃走，女的不肯答應，所以就帶到河邊殺害，真是何等殘酷呀！這正是我第一次入山時的情景再現，真的讓我感到完全是四十年歲月的倒流。

　　四月三日　想起六十年來一直承蒙保守，很多事情令人懷念。在手邊就有許多值得回憶的信，卻因不知何時會被遣送回國，需要加以整理，有些信就把它燒毀了。傳聞霧社的台灣原住民在入山管制處繼續抵抗中國軍隊，因此軍方正從花蓮港越過能高山前往支援，又聽說是日軍還留在山上指揮。確實的情形不知道，希望這些事情都只不過是單純的謠言。

　　四月八日　今天是釋迦牟尼的生日，印度出了許多聖人，在中國，也以老子、孔子、孟子為首，出了許多偉人。在日本，以前也有相當的人物在指導著人心。但是自從明治時代以來，所謂偉人，我想都是軍人或官吏，這就是常啟戰爭直到今日的原因。我只有禱

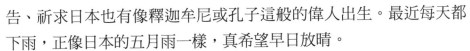

告、祈求日本也有像釋迦牟尼或孔子這般的偉人出生。最近每天都下雨，正像日本的五月雨一樣，真希望早日放晴。

十一點過後不久，有位照顧日僑的濱田先生從宜蘭來訪，他告訴我，二十日有艘日本船會來，若希望回國，可以申請，我告訴他並沒有要回國的打算，我們一起享用午餐後分手。

前往台北訪問中國官吏

四月九日　八點鐘出家門前往台北，去日僑委員會訪問名叫葉梅生的中國官吏。很遺憾地，他回國不在而未能見面，就去訪問負責照顧日本人的速見、蓮沼兩位先生聽取實況。他告訴我，原則上應該是全部日本人都會被遣送回國，二十日有艘日本船會來，政府的方針是希望回國者就早一點送回國。

第二天十日　我去訪問游[彌堅]市長，稍談些話，他聽我訴說我的工作和有關泰雅的狀況、泰雅的中學校等等，很親切地詢問我藥品有沒有，患者很多嗎？等等，卻沒有談到我歸國的事，他是一位從一開始就斷言我非必要歸國的人。

接著我去民政署訪問袁課長，打個首次見面的招呼，受到他熱誠的歡迎。他親切地問我一些關於台灣原住民的事及中學校的事，我請教他，我打算直到死都要留在台灣是否可以？他笑一笑告訴我，他不是負責這方面的，所以無法確實給予答覆。從他臉上，我可以看出他是很同情我，可是無能幫忙我。

四月十一日　一大早從台北出發，下午回到家，接著傍晚去種些蔬菜，心裡想著誰也不知何時又會接到歸國通知，就到那時再說吧，目前我不可中止我永住這兒的計劃。有位鄭先生夫婦帶孩子來

此住一晚。他妻子是日本人，所以想回日本，我勸他們這次這艘船是趕不上的，所以搭最後一艘船再回去好了。收到住宜蘭的車田先生來信告訴我說：已接到歸國命令，所以預定於十九日出發，我也將一樣會接到歸國命令，所有的日本人，再不多時日，就必須全部歸國，云云。想來事實也許會變成這樣也說不定，無論如何，我都不是為了自己而想留在此地的。其實回去日本對我來說是好的，也是安全的。像我倆這樣年老的夫婦，有因喜歡這裡而留在此地的必要嗎？但是為了這個地方，特別是想到泰雅的事，我就無法為自己著想，牧羊人豈可將羊留下而自行歸國去呢？

四月十七日 三星村公所的溫先生來告訴我，日本人全部都要歸國，可是名單上沒有井上先生的名字，所以大概不要緊吧！

四月廿三日 宜蘭的照顧科打電話來要我馬上過去，我在上午十點鐘出發，下午二點半鐘去鐵道部官舍訪問田淵先生，他告訴我，廿七日要我出發歸國的命令已經下來，無論如何請準備準備吧！我自己卻連什麼通知、消息都沒有，正覺得納悶呢！離開那兒之後，去訪問宜蘭教會的牧師，他告訴我，中國的基督徒軍醫已經來到此地，對我的歸國深感遺憾，可是趁現在再跟我一起去羅東商量看看。

於是二人一起到羅東去訪問陳耀宗牧師，結果決定由陳牧師去台北找英國宣教師劉忠堅牧師和台灣大會議長陳溪圳牧師商量，看看有否管道可行，我自己認為行不通吧！可是他都把這件事當作自己的事，盡力在做，實在是無限感激。看到他們為我盡力奔波的樣子，即使必須歸國，我也滿足，我確信凡事都有上帝的旨意：「萬事互相效力，叫愛上帝的人得益處。」

終於接到歸國命令──在基隆集合

四月廿五日 從郡役所來個公務員,帶著回國證明書(歸國命令)來,「實在是很對不起,可是對台北公署的命令,我們無能為力。這個地方將失去這麼好的醫生,實在是遺憾至極,我們的力量微弱,不能做什麼,等到簽好和平條約後,請再來此地。」他打個照會就回去了。

最後終於還是來了,並限定非明後天出發不可,其實早就該做好準備的,是我自己想或者可以不用回去,所以就一直放任著。

聽到這個消息,鄰近的人們都聚集來幫忙打包,特別是羅東來的韓國人李兀變先生,什麼都替我打點,因此一切都比我想像的還快就整理好,真是感謝。

四月廿七日 今天幸好天氣很好。善後整理就拜託附近的鄰居處理,所有用品分送給過去照顧我們的人,藥品、櫃子、書刊等就便宜變賣出去才湊足旅費。寄放在人家家裡的米就只好放著。想到這時候才要歸國,還不如去年十二月出發歸國的好,心裡雖然發牢騷,可是現在說什麼也沒有用,應該是充滿感謝地回國去。

和村裡的人一一惜別後,搭上搬運木材的火車從天送埤出發,李先生、林先生、潘先生、徐先生等幫忙搬運行李,又跟我們同行到羅東。到了羅東的平和旅館,暫時安頓休息一下就去郡役所,向郡守及所有職員告別打招呼,我看待這裡的每一個人都像是我自己的孩子一樣,現在要別離,彼此都眼眶紅紅的,胸口窒塞,說不出話來。「趕快和平簽約好後請再過來吧!」他們對我這麼說著,緊緊握手後回去旅館。

晚上九點鐘左右,陳耀宗牧師從台北回來,他曾和劉忠堅先生

和陳溪圳牧師商量過,他們認為:這次即使再發動留任運動,到底也很困難,還是暫時先歸國一下,等到簽好和平條約後,無論如何請務必再來。陳牧師專程去台北,卻是這樣的回音,對我感到很抱歉。我自己本身對這樣的結果已經很滿足了,正因為我們是主內的弟兄,所以十分親切地專程到台北為我奔波走動,去年十二月和這次共二回,台灣人和泰雅人對我的厚意,我將如何感謝呢?這是無法以言語或文字所能表達的,我只有低頭深深地致謝而已。

聽聞太魯閣原住民的信仰復興

陳耀宗牧師及其他數名信徒,為我舉行了歡送會,一起用餐,熱切地禱告,陳牧師說:「在井上先生要離開此地之際,有件非常好的消息,那就是太魯閣有很多人為了要受洗,從很遠的深山,帶著便當到花蓮港教會來,有一百名以上在聚會。現今在玻士岸部落建立了教會,有數百名信徒。甚至加拿大多倫多的英文報紙還刊登了『台灣太魯閣的五旬節』這個報導呢。這都是井上先生多年來的祈禱和工作的結果,感謝不盡。」我深受感動地一時說不出話來。

確實,上帝是永遠活著的,上帝是會實現應許的,連我們微小的工作和不足的禱告,祂都垂聽,不!不是為了我們的禱告,也不是為了我們的事奉,因為「上帝愛世人,甚至將祂的獨生子基督賜給世人」,所以才會引導太魯閣同胞得救。基督的福音正是:「上帝的大能從猶太人開始,無論是外邦人、有智慧的人、愚拙的人,所有信祂的人都可以得救。」

確實,上帝將像頑石般剛硬的人也能改變成為亞伯拉罕的子孫。當這個世界以文明、文化誇口的智者、學者,研究了原子炸彈

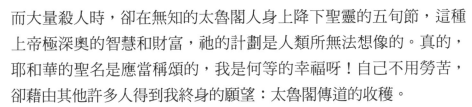

而大量殺人時，卻在無知的太魯閣人身上降下聖靈的五旬節，這種上帝極深奧的智慧和財富，祂的計劃是人類所無法想像的。真的，耶和華的聖名是應當稱頌的，我是何等的幸福呀！自己不用勞苦，卻藉由其他許多人得到我終身的願望：太魯閣傳道的收穫。

　　就在明天即將出發回國的前夕，聽到這個消息，實在是不可思議。這完全是上帝的恩惠。我可以懷著感謝和滿足離開台灣了，現在就是讓我成為玄海灘[22]的藻屑、或太平洋鯊魚的餌食也好，即使肉體腐朽了，深信我的靈魂也可以到上帝的身邊去，在永恆的地方，我們總有快樂相見的一天，並與所愛的太魯閣人們在一起。啊！終於可以渡到那美麗的彩虹橋，我好像進入夢幻的心境，十點鐘左右入睡。

再見吧！台灣！我們再相會

　　四月廿八日　清早起床吃過早餐就搭第一班火車離開羅東，郡役所的數名官吏和數名有志者來車站送別，我雖然在此地僅僅不到一年的時間，卻因傳染病的流行和對多數泰雅人的醫療，也接到二次歸國命令，真是嘗到很多困難和痛苦，感覺上好像在此地已經生活了很久。

　　今天終於要離開羅東了，「再見吧！羅東！不知何時方能再見面；祈願你永遠幸福！上帝啊！求祢好好地編織吧！」[泰雅語，Pirasoka Tminun Utux ki]

　　因為要和當地的大部隊共同行動，我們十點鐘左右到達宜蘭就

---

22 日本常發生海難的有名地方。

下車，全部的人都到火車站集合等待出發。在剩下一個鐘頭就要開車的時候，中國憲兵來了，要求檢查行李，命令大家在月台上解開所有的行李，想要檢查數百個行李，檢查後，我們再打包。那並不是一件容易的事，若趕不上傍晚在基隆的集合，會引起嚴重的問題，大家都很擔心著急。指揮者一起去向中國官吏陳述種種理由，才獲得諒解，只檢查了二、三個行李，並且都通過檢查了，我才放下心地出發。傍晚抵達基隆，才知道碼頭、倉庫共收容了二千六百名，我們大家都接受了傳染病的預防注射。

　　五月三日　今天終於要從基隆啟航回國，回想起我一九一一年十二月十六日第一次到這裡，在信仰友伴 M 先生家作客，數日的滯留中，看見近百名台灣原住民在警察官帶領下來參觀大海和汽船等，這是我和他們的初次會面。當然，當時和他們語言不通，我走到他們旁邊，看他們珍奇的服裝和帶刀的姿態，心中想著這就是我將來要同甘共苦的戀人，種種回憶如走馬燈地一一浮現在我的腦海裡，這個令人懷念的基隆，打算將來也要埋屍此地，我一直努力奮鬥的台灣，想到現在是最後的別離，自然情不自禁地熱淚盈眶。基隆最出名的就是下雨，今天也不例外地正下著雨，我站在甲板上，一直眺望著，直到看不見基隆港。雨越下越大，終於日落了，我喊叫著：「基隆喲！再見！"Good-bye Dear Formosa"。」才黯然下去昏暗的船室。

第二章
感恩記

內村先生與我

一、

　　我第一次見到內村先生是在一九〇三年。說起來並不是很親近的見面，只不過是內村先生站在講台上，我在聽眾席上仰頭看他而已。總之確實是見了面的。

　　那是在東京神田美土代町的青年會館所舉行的聚會，題目是「聖經的真髓」。我大約二年前就在本鄉的中央會堂慕道，雖然手中有新舊約聖經，可是卻不頂熱心閱讀，特別是舊約等，很難理解，所以只是片斷地翻翻閱讀的程度而已，聽了先生的演講以後，才知道聖經是世界上惟一的書，它的真髓就是基督，而認識基督這件事是人類最大的幸福，熟讀聖經，常常研究，是認識基督的最佳途徑。

　　那天我回到住宿的地方，就開始閱讀舊約聖經的雅歌、以斯帖書等，連夜深了都不知道。自從那天以來，已過了近半個世紀的歲月，我即使沒有看報紙，沒有吃三餐，卻似乎無一天沒有讀聖經。

　　那時候，內村先生住在角筈，教導少數學生研讀聖經，我好幾次到了他家門前，卻只是遙望著庭院和大門而已。我心中實在很想去拜訪他、請教他、請求他讓我也出席聚會，可是不知道為什麼，

總是提不起勇氣，不敢進去，只好悵然地回住宿的地方去。

我在一九〇五年秋天搬到淀橋柏木去居住，不久內村先生也搬移到那附近，當時我也很想去拜訪他，卻又不敢，只有望著在戶山原散步的內村先生背影，祈禱他安然無恙，以護衛他的心情，遠遠地伴隨著他。那時候在《聖經之研究》雜誌上設有「讀者欄課題」，我馬上投稿，有數回被刊載，我感到與內村先生雖然不見面，卻加深了彼此的交往。我就讀的學校對內村先生敬而遠之，去參加內村先生的聚會或購讀他的雜誌，都會引起問題（以後在基督再臨問題上卻是一致的）。雖然如此，我和其他二、三人卻是他的熱衷讀者。我不管人家怎麼說，書箱被檢查（所謂檢查異端書），我都不停止去購買來讀。

二、

一九〇七年我自學校畢業，去千葉縣的佐倉 [基督傳道館] 傳道。那地方是「我所喜悅的宣教中心」[Hephzibah Mission]（以賽亞書六十二章 4 節）的傳道地，有英國的戴雅夫婦、美國的彭洛多姊（她後來創立大久保的婦人之家）等定居傳道。

那年七月下旬（？）在山武郡鳴浜村海保竹松先生的家裡，舉行內村先生的演講會，研究雜誌的讀者都可以參加，我認為是好時機到了，就很高興、勇敢地去參加聚會。雖然是從禮拜天就開始，我因為教會有聚會，所以禮拜一才出門，我記得那天，很不巧開始下雨，從成東町開始就脫下鞋，我記得是打光腳徒步走過砂石路，到達時，上午的聚會已進行了差不多三分之二，正在說馬可福音第四章播種的比喻，我安靜地在最後面的位子，等到聚會結束時，才

拿出名片，請旁邊的人為我安排介紹與內村先生見面。

　　內村先生要我到前面去，有一陣子默默地看著名片和我的臉孔說：「你就是井上先生？是嗎？你終於來了，你常常投稿於雜誌啊！你雖然住在我家附近很久，卻連一次也沒來拜訪過，你真偉大，很多年輕人沒什麼大問題，也因著好奇心就來找我，要是來參加聚會，稍不合自己心意就馬上不來參加；你實在令人佩服，今後請常來參加聚會……，嗯，對啦！你在佐倉，離這裡很近，不須花費一個小時就可到達。」然後把我介紹給所有聽眾，我雖然平時在數百人面前都能很自然自在地演講，可是當時卻感到像個小孩子一般，不知道是不好意思還是高興。

　　可是下午的聚會就變得很不得了了，內村先生突然問我：「喂！井上先生！藉著基督耶穌的血，可以洗淨我們所有的罪是什麼意思？」所有會眾的眼光都注視在我身上。因為我的學校屬衛斯理派，主張潔淨的教理和實踐，他是在考驗我。

　　我一面禱告，一面想，這真是個大問題，自從衛斯理 [John Wesley]、慕迪 [Dwight L. Moody]、陶勒 [Tauler]、華生 [Wattson]、布雷克史東 [Blackstone] 以及其他許多人所談論的教理和實驗，在世界諸教會裡一直是被爭論的大問題，我這個缺乏經驗和知識的年輕人，是無法馬上回答的。若是答錯了，不僅自己，對前記的那些大前輩將很過意不去，自己也會在大眾面前丟臉。可是好不容易才見到內村先生，而面對問我這個大問題的內村先生，若是靜默不回答是很失禮的，所以我就回答說：「血就是生命，主為了我們的緣故，捨棄了生命。現在我們甦醒而活著，是祂的生命將我們潔淨。正如希伯來書第七章所記，祂是永遠長存的，所以能夠拯救我們到

底，拯救到底就是無論赦罪、潔淨，過去、現在、未來都一直持續地完全拯救，也就是藉著主的犧牲來贖罪。」內村先生好像很滿意，說：「好！那就是遠離迷信，把握住聖經的真理。」我摸摸胸口，放心了，而會眾也才安下心來。

　　當時在我投稿於研究雜誌的文中，我寫過我曾經到舊書店去搜尋研究雜誌創刊號，內村先生好像是想起這件事，在最後一天座談會席上問我：「你花了多少錢買舊的研究雜誌啊？」我據實回答：「從五錢到十錢。」內村先生非常感慨：「那個雜誌也要花十錢啊？正因為有你這樣的人，我的工作才不會失望，對人還是有助益的呢！」當時，新的研究雜誌好像是十五錢的樣子。

　　三、

　　一九〇九年十二月，我離開佐倉到東京，為了預備將來要在台灣傳道，我想做醫術的研究，到在伊豆的戶田港開業的諏訪幹雄先生處見習，從一九一〇年一月到八月，學習到一般的診療，若可能的話，我想花二、三年來研究和實習，可是萬事不如人意，九月上旬再次去東京，租了母校的一個房間，一家三口過著很貧乏又不自由的生活，內村先生很同情我的境遇，親切地告訴我：「你來今井館的預言寺如何？」我謝謝他的好意，告訴他我會想辦法好好生活的，敬請放心。

　　不久我被聘用為鐵道宣教會的巡迴教師，在各個車站聚會，傳講福音，也編集《鐵道之光》，內村先生就讓我轉載他的「國家禁酒論」及其他文章。鐵道宣教會的宣教師是英國來的一位未婚女性，起先她很瞭解我，也贊同我的台灣傳道，本來答應要介紹我去

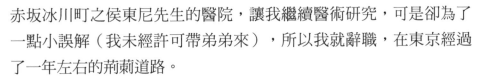

赤坂冰川町之侯東尼先生的醫院，讓我繼續醫術研究，可是卻為了一點小誤解（我未經許可帶弟弟來），所以我就辭職，在東京經過了一年左右的荊棘道路。

第二年一九一一年七月十五日，我要帶路和內村先生去前記的戶田傳道旅行，約定好他從柏木，我從渋谷出發，在沼津港會合，可是前一天半夜，我三歲的長子突然發高燒，另一方面我那因腳氣病在休養中的弟弟，突然病況惡化，我必須和他一起去神戶，終於違背和內村先生的約定，我用電報向他說明，請他自己一個人去戶田，在諏訪兄的家裡召開聚會。

四、

那年十月九日，我離開東京，要前往台灣，想起前些日子非常失禮，所以在夜裡向內村先生約個時間前去拜訪。那時剛好是家庭祈禱會的時候，他為我禱告，也對我說了一些鼓勵的話，當晚路得子的讚美詩及話語，至今仍留在我的耳際，可是那次卻成了我們永久的別離（不，只是到天國再相會前的暫時別離而已）。我因為在當年的十二月廿二日進入台灣的加拉排原住民部落，不能再見到內村先生的面及聆聽他的話語，可是在屬靈方面，我們非常親密地成為一體，經由《聖經之研究》或著書，日夜都感到我們在交談著。先生那時候連續出版《研究十年》《所感十年》，每次都直接送給我，或是寄慰問和鼓勵的信來給我。

一九一四年二月，我試著將自種的香蕉用包裹寄給內村先生，卻沒成功，但他也回了一封十分有禮貌的信給我。

一九一四年二月十一日

井上伊之助兄　　內村鑑三

敬啟者：

　　前些日子收到你的來信，謝謝你，首先為你能夠順利從事你一直所希望的事業感到高興，只要我們真心努力播善種，總有一天會結出相應的果實來，必須信賴收穫的主，徐徐地、一點一點地行善。

　　另外先前你所費心，專程送來的許多香蕉，謝謝你的好意及所費的心思及一切，只是非常可惜在途中已經完全腐壞，以致無法享用你專誠的好意，以郵寄方式從貴處送來香蕉應是沒有輸送成功的可能，今後敬請避免再寄，只是我對於你的愛心十分感動及感謝，請為我禱告。

　　匆匆

五、

　　一九一七年夏天，我併發瘧疾、十二指腸蟲、腎臟炎、眼疾等數種病症，在台灣沒有治癒的可能，所以很遺憾地離開那地方，回到日本九州福岡醫科大學接受治療。那個時候，也收到內村先生的來信，給了我很大的安慰及激勵。

　　當我病況漸漸好轉，能夠做普通的工作時，就寫信告訴內村先生，他非常高興，送了我一些他的著書，還透過朋友平出慶一先生來告訴我：內村先生希望我能夠當他的助手。當時，他正值非常忙

碌的時期，他正計劃出版全著作集，需要有書集編輯或研究雜誌的校正，在東京和附近縣市傳道，以及再臨運動等等，希望有個助手來幫助他，正好我從台灣回來，而且病也痊癒了，所以想起用我，這真是他深厚好意的要求。一般而言，很多人大概都會爭先恐後接受這個要求，或許也會強烈拜託，自願無酬去當他的助手，但他卻中意微不足道的我，並且還要支付相當多的錢給我，我是何等的幸運啊！

之前有位文豪，他有一個女兒，有八個以上的弟子都想娶她，結果他選中森田某先生，那時他的喜悅何其大呀。我想這也就是我當時的心理狀況！

然而，多麼不幸的我啊！悲哀的是我要做為內村先生的助手是有許多不足的。內村先生選中我，對於能力不足的我是否太過信任了？正如以前說過，我根本極少直接受到內村先生的指導，他只是看過我僅有的經驗和數篇文章，對我一廂情願獻身於台灣傳道寄予同情，認為我是一個有為的人物，也許他想像我是受過相當的教育吧！其實，我是因父親的失敗，無法取得學費，十九歲時上東京來苦學，因著《萬朝報》主辦者是同故鄉出身的關係上，很喜愛閱讀黑岩淚香、幸德秋水、堺枯川等的文章，同時也被內村鑑三先生的論文所吸引，如前所記，我聽到基督教的演講，徹底地接受信仰，雖然能將自己所想的事拐彎抹角地表達出來，但並沒有語學的能力。我畢竟還沒有自信能勝任內村先生的助手工作，特別是我眼疾癒後，大概不可能做細字校正等等的顧慮，所以很遺憾地向他辭退。我總歸失去了這個千載難逢的生涯大好機會，可是內村先生卻沒有責怪我違背他的好意，反而諒解我的苦衷，寫信要我充分休

養、等待再起之日。後來他選了千葉縣東金町的畔上賢造兄當他的助手。

　　這完全是上帝的旨意，內村先生得到好的助手，畔上先生也得到很適當的工作場所，他充分地幫助內村先生，晚年時，獨立發行《日本聖經雜誌》，在傳道上也很成功。我也得以在一九二二年，再度渡台後的三十多年間做些事。若是那時候我聽從內村先生的話，當他的助手，那我就會安於它而造成先生許多麻煩，也無法實行再度的台灣之行，而畔上先生也就無法上東京，說不定就終身任職鄉下的教師。上帝的智識是何等地深奧呀！

　　一九二二年五月，我再次前往台灣，以新竹為主，向日本人和台灣人傳道，內村先生對於我的工作，更是加倍同情、同感，不僅寫信來鼓勵我，也援助我傳道費用，甚至還寄給我下記的話語。

一九二二年十二月廿二日

內村鑑三

主內親愛的井上君：

　　恭賀平安！十二月十二日寄來的信已收悉。你持續不斷從事善工，我感到很高興。另外我以現金匯寄些錢給你，請好好地使用。這是從世界傳道〔協贊〕會[23]給你的捐贈，倘若尚有其他需要，請來信告知，請讓我盡量幫助

23　一九二二年十月成立對中國、台灣、南洋群島捐贈協助傳道之組織。

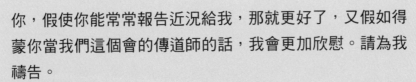

你，假使你能常常報告近況給我，那就更好了，又假如得蒙你當我們這個會的傳道師的話，我會更加欣慰。請為我禱告。

　　匆匆

　　我是何等幸福的人啊！當我在福岡的時候，也曾經受到那樣的邀請，我把它推辭掉了，現在又收到像這樣的信，對我來說，這是不配有的光榮，我十分感謝，可是，這一次我仍然是把它推辭掉了，真的，我是何等不幸又可憐的男子啊！

　　那時候台灣的官界正值所謂官僚主義的顛峰，對於人道主義、民主主義皆視之若毛蟲般厭惡、懼怕，甚至也壓迫基督教而採取敬遠主義，對我的台灣原住民教化工作也不如以前那般理解，我在旅行時都有刑警跟蹤，無法積極地工作。而且我已經接受了賀川豐彥先生為期一年的支援，即使我接受了內村先生的好意，成為世界傳道[協贊]會的傳道者，畢竟還沒有早日成功的希望，我自忖不可能達成他所期待的工作，所以雖然不是自己的本意，仍然將事情向他描述，婉拒了他的好意。

　　內村先生就將對台灣和對我的想法改變成對中國的傳道。對於我兩次的失禮，內村先生都以寬容的心接納我，仍繼續不斷以毫不改變的好意善待我。

六、

　　一九二五年十一月下旬，我帶著《生蕃記》原稿上東京去拜訪內村先生。已經是半夜，他還是很高興地歡迎我，當時他身穿和服，面對桌子，藍色的檯燈放在旁邊，正在讀書。幾年不見，內村先生的頭髮和鬍子白了許多，黑白參雜，面貌也蒼老了不少，我像是見了自己父親那般的心境，不自覺地落淚，聲音也發抖地打了招呼。我拿出原稿，請他過目及寫序文，他稍微看了一下就說：「我以後再慢慢看，這是非常有益的東西，日本人很少會讀這種研究，你只要出版幾冊，取個紙版就好，序文我在一週內會寫好。」我說：「這是受到內村先生多年指導與援助才有的賞賜物。」內村先生儼然地拉正衣襟說：「不是我，是基督，是基督啦！」我無法作答，就說：「是的。」乃告辭離去。

　　第二年四月，《生蕃記》出版了，我送了一本給內村先生，他非常高興地告訴我：「真是做得很好，我會讀的，謝謝你，你什麼時候要回去？啊！你最好是來長時間訪問，可是沒有時間吧！請你自己保重，為了台灣原住民，好好地工作吧！我每天會為你祈禱，也請你為我禱告。」這是內村先生與我在肉體上最後一次的別離。

　　一九二六年十二月末時，我進入台中州的白毛部落，開始泰雅族的醫療及寺小屋式[24]的主日學學校。（那時我終於從黑名單上被除名。）第二年春天，東京連盟派遣了千葉勇五郎及松野菊太郎兩位先生來台灣傳道，他們來到我的小屋（木柱茅草屋頂）住了一晚，回東京後，松野先生曾經去拜訪內村先生，將我的現況告訴他，內

---

24 江戶時代普及的初等教育，教導平民小孩子讀書寫字的地方。

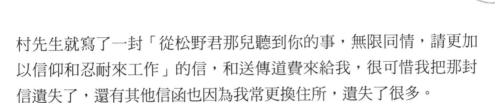

村先生就寫了一封「從松野君那兒聽到你的事，無限同情，請更加以信仰和忍耐來工作」的信，和送傳道費來給我，很可惜我把那封信遺失了，還有其他信函也因為我常更換住所，遺失了很多。

當我知道內村先生生病的消息後，就日夜為他的康復祈禱，我聽說 Kayapute 是很有效的利尿劑，就和教友想辦法用包裹寄給他，不知在他尚活著時收到否？我從三月中旬開始到東海岸（先父的遇難地）去傳道旅行，廿九日傍晚回到「蘇澳」小城鎮，路過會友的地方，從報紙得知先生的訃聞，如同被雷電擊到一般，許久說不出話來。三十年之久，直接間接地指導著我的內村先生，被稱為日本卡萊爾（Thomas Carlyle）[英國社會評論家、歷史學家] 的偉大先生終於去世了，我本來預定那天要回台北，但是由於旅途疲憊，又聽到先生去世受了打擊，決定當晚住宿友人家，召集了數位信徒舉行了追悼會，那時我講了大概以下的話：

「錯誤的撒都該主義和頑迷的法利賽主義，還有以權力來壓迫真理的希律黨，這三個大敵自基督時代一直持續到今日。半世紀間和這些爭戰而得到勝利、凱旋歸天國的內村先生，一生通過了苦難和荊棘的道路，將人類認為不可能的事，用信仰和忍耐來突破了。我們要將內村先生所遺留下來的不朽著作、五十年來為了愛我們國家及同胞而艱苦作戰，也為了世界人類的幸福和平工作而流的血淚腳蹤，我們每個人必須完成上帝所給予我們各自的使命。即使只有一步也要跟隨前進。」云云。

第二天我回到台北的家，馬上以「啊！內村鑑三先生」為題，向《台灣日日新報》投稿。

七、

一九四七年五月六日，我在佐世保登陸歸國，本來想立即到內村先生的墓地拜謁，可是由於健康及其他事情的羈絆，一直到那年的秋天，一個下大雨的禮拜一下午，和諏訪兄一家六人一起去多摩墓地憑弔先生的靈，如同先生仍然健在似的，我報告了有關台灣傳道的情形，以及最後不得不回國等等事情。感謝上帝讓內村先生出生在日本，為了寶貴的福音貢獻出全部的生涯。留下仍然活著的我們，希望能完成各自的使命。我的聲音發抖，淚流不止，大家同被聖靈所感動，許久都抬不起頭來。

以上是我與內村先生之間，在基督裡連結關係的概要。

關於內村先生的信

我第一次去台灣是在一九一一年十月中旬，到先生逝世的一九三〇年三月廿八日為止，約二十年間，我收到十多封先生寫來的信。在出版全集之際，曾經被要求刊載幾封書信，可是因為在台灣時，常換地址而遺失了許多，有的就照原樣夾在書中，最近在整理舊行李時，發現兩封珍貴的信件。

其中之一是一九二二年十二月廿二日寫的。那是我第二次去台灣，以新竹為主，在台灣做巡迴傳道，有一次到偏遠深山未開化山地去教化泰雅族時收到的。我第一次渡台是在一九一一年，以新竹州的囑託身分進入原住民部落，但是第二次時，政府當局誤會了我，將我列入思想黑名單，不准入山，即使我旅行時也有便衣刑警找我，將我所說的話記錄上報。

第二封是一九二九年十月卅一日寫的。當時我被撤除台中州囑

託職務，過著流浪的生活。原因是台北的廣播局邀請我播放了二次
有關台灣原住民的研究而引起問題，因為總督府警務局和台中州之
間意見不同所造成。如今回想起來，實在是很愚蠢的事，可是當時
的日本官憲，尤其是台灣正是極端的官僚主義，當賀川豐彥先生與
矢內原忠雄先生來台灣演講時，也有刑警跟蹤，並將內容記錄下來
向上級報告，甚且稍微對台灣的政策有所批評時，就馬上被下令中
止演講。

　　順便提起內村先生寫來的被我遺失了的另一封珍貴的信，那是
他要我注意我寫的草書讓人看不懂。我記不得前後的句子，但仍然
記得底下的話：

　　「寫讓人家容易看懂的字是一種慈善，你太會寫文章了，可是
有很多令人不容易唸的地方，今後希望盡量寫些讓人容易看懂的
字。」

　　這是何等謙遜禮讓的辭句啊！他本來應該寫：「你的字我看不
懂，要寫得更清楚好令人容易看懂。」但是他為了不讓我感到羞
恥，也不責備地以這樣的文章來訓誡我，令我感到真想挖個地洞鑽
進去。自那以後，我盡量以楷書寫字，有時候因為壞習慣，又寫草
字。我想又給先生添麻煩了吧！至今仍然無法忘懷。

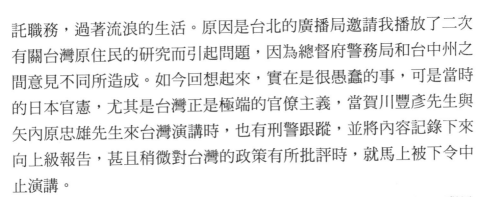

（第一封信）　　　　　　　　　　　一九二二年十二月廿二日
主內親愛的井上先生：

　　恭賀平安！十二月十二日寄來的信已收悉。你持續不
斷從事善工，我感到很高興。另外我以現金匯寄了三十圓

給你，請自由地使用。這是世界傳道［協贊］會給你的捐贈，倘若尚有其他需要，請來信告知。請讓我盡量地幫助你，若能常常報告近況給我的話，那就更好了，又假如得蒙你當我們這個會的傳道師的話，我會更加欣慰。請為我禱告。

　　匆匆

（第二封信）　　　　　　　　一九二九年十月卅一日

敬啟者：

　　拜讀了您九月十二日來信，因為瑣事纏身，以致延到今日才回信，實在非常失禮。對於你連續遭遇到困難的事，我深感同情不已，可是我相信直到今天，上帝同樣必定會展開道路的，我僅勸你不要勉強做些硬闖的事。

　　傳道並不一定要直接傳講道理，必須明白，只要基督徒在不信者中間的生活才是大的傳道。我想，為了所謂傳道事業而做特別的事奉，正是使事情更加困難，我自己私下認為，若你在那一點上稍微加以注意的話，你的生涯工作大都能迎刃而解了。也許是多管閒事也說不定，我只將我想到的事，如此告訴你。關於我自己的事，希望你從雜誌上面來瞭解，有很多不好又艱苦的事。及至年老還是困難不斷，我和你一樣需要友人的祈禱。

第三章
蕃社之曙

台灣唷！將往何處去

　　中共的毛澤東主席說：「台灣當然屬於中共。」蔣介石說：「台灣是戰爭結束時從日本人手中接收的，所以屬於國民政府所有。」還有英國政治家說：「台灣必須歸還給中共。」美國政治家說：「台灣應該由聯合國處置，在那之前，是屬於日本的。」

　　台灣自有史以來，曾經被西班牙、荷蘭、鄭成功、滿清、日本等五個國家佔領過，台灣原住民族說：「台灣是我們祖先代代統治過來的，是屬於我們的。」若是他們擁有像印尼那樣的勢力的話，說不定會爭取主權而發動獨立戰爭。幸好他們在日本佔領五十年間已經平定，捨棄了獵首的惡習而變成和平的百姓。

　　台灣出產砂糖、香蕉、柑橘、鳳梨、茶葉，稻米一年可以收成三次。山裡有數不盡的檜木和樟樹，還有其他種種產物，台灣被稱是寶庫。加上地處軍事要衝，大家爭論所有權也不無道理。但是物質會被火燒毀、被水溶化，一個原子彈就足以使之歸於灰燼，因此對我來說，並不那麼有魅力。我對於在原住民族和台灣人之間所擁有那永不磨滅的高貴特質、純樸的人性和自然的優良習慣日漸消失而感到遺憾。無論台灣屬於誰，都希望能夠保留這些高貴的特質。我赴台灣是一九一一年十二月末，直至一九四七年五月六日在佐世保登陸返國為止，實際上有卅八年之久生活在那個地方，而且是在

海拔一千公尺至二千公尺的偏遠高山上，與被稱為生蕃的台灣原住民在一起。戰後也有一年半左右獲留用，被准許執業行醫，也能夠自由傳基督教。我本來打算歸化中國，死後也要將遺骨埋葬在那地方，名字也決定叫「高天命」，可是國民政府變更方針，我被強制遣送回國，不得已只好全家撤回，可是我對於台灣的情感，卻總是無法忘懷。報紙上若有關於台灣的消息，我一定一字不漏地詳細閱讀，若收音機廣播台灣的事情，即使在吃飯也會放下筷子，躺臥睡覺時也會馬上跳起來，到收音機旁，半句不漏地注意聆聽。

　　台灣的原住民有七個種族，十五萬人左右，男女平等，一夫一妻制。（只有一個例外，排灣族是多妻制。）沒有所謂民主主義的思想，也沒有文字記載的法律或那樣的名詞，只有祖先代代口傳的不成文律法，稱為 Utux Gaga（神靈的律法）。他們相信若是冒犯了祂，就會遭受神靈的責罰以致死亡或生病。Rokku 是鹿，生在山野間屬於大家共有，但是若被獵人射中，就變成獵人所有。泰雅族獵到鹿時，若一個人獨自享用，則相信將來神靈就不會再給予，一定要分配給鄰居或親族。村中大家共同捕魚，魚獲不是分給一家而是照人數分配，比如有人生病無法參與捕魚時，五人家族就拿五份，三人家族即使全部出動也只能拿三份，這實在是很公平的分配法。到街上買東西，歸途中遇到友人，若裝作沒有看到而走過，會被認為不知羞恥，最少也要分一個糖菓給人家，已是習慣。

　　說起台灣名物，當然是阿美族的女戶長。他們住在東海岸花蓮港的平地，人口有五萬人以上，是台灣原住民中最大的種族，很早就接受教育，也繳納稅金，是最具文明生活的一族。可是祖先代代都是女戶長，兒子有多少個也都要送到別人家去入贅，倘若沒有生

女兒，先要領養個女兒來養，將來再招贅。

女子擁有絕對的權利，若是男子做了什麼壞事讓女子不中意，傷了感情，女子就會將男的行李丟到庭院，將家門關起來。當男子結束田裡的工作，空腹返家，看到自己的行李被丟在外頭，做錯事的話就賠罪，做不好的地方，下次要注意地賠不是，假若她仍不肯原諒的話，即使要求肚子餓了至少吃個晚飯再回父母家去，也不肯答應。她們不聽任何辯解的理由。「女人的命令無論如何都必須絕對服從」。男子只好背起自己的行李，垂頭喪氣地慢慢走回父母家。就像日本古諺：「若有米糠三合就勿入贅」，這對於阿美族男子是最適當的教訓，有道是「即使生為下等動物，也不要出生為阿美族男子。」

泰雅族不是女戶長，卻對婦女小孩都很重視，絕對不打妻子或孩子，也不動粗。在角板山原住民部落，有位男子在清國時代就唸書而當上巡查補，名叫依凡・夫露那，有一次和日本人巡查喝醉酒，打了妻子雅優子，妻子就逃回父母家，妻子的哥哥找依凡談判，要求一圓的罰金去買酒和豬肉，又集合眾親族，將依凡帶來賠罪，大家吃喝言歸和好。那樣叫作：「讓水流去」[Mtaryas qsya]。這件事令人覺得到底誰才是巡查都不知道，在原住民部落裡成為笑談。

泰雅族強調的貞操觀念叫文明人感到汗顏，泰雅族即使沒有任何優點，僅以男女間的純潔就足以誇耀全世界。

我最初入山的加拉排部落，有位叫瓦旦・他拉的男子，他有美麗的妻子拉歌・歐敏，和一個五歲左右的孩子，連同母親共四人過著貧困的生活，平常都是二人帶著孩子一起來，後來就只有女子帶

孩子來，我問她瓦旦生病了嗎？女子紅著臉不肯回答，後來在談話中，我才得知原來男子在結婚前曾犯過錯，所以離婚了，我就以日本人的想法勸她：「那是以前的事，而且已經有了小孩，就讓它如水流去，和好相愛地一起生活吧！」她馬上變容說：「我不是狗或貓，犯了錯還騙處女結婚的人，不能和他一起生活。」我反而臉紅地再也說不出話來。我反省著到底誰是文明人？誰是先生？好可愛的泰雅，現在不知道在做什麼？我每天晚上都夢到在遙遠的海的那一邊的台灣。

荷蘭領事揆一（Coyett）含著眼淚離開台灣，十四年後在阿姆斯特丹出版了那本《被遺誤的台灣》足足百頁的名著，到現在約有三百年，日本現在是迎接失去台灣後第六年的春天，一個女兒有女婿八人[25]的新台灣是幸還是不幸？

我不得不喊叫：「台灣唷！將往何處去？」

（一九五一年五月三日行憲記念日　在靜岡廣播）[26]

太魯閣族賣武器買聖經

「台灣原住民傳道有進展了，以蕃刀或其他武器來交換日語聖經和讚美歌，在太魯閣的斷崖附近成立的教會，每禮拜天都有上千人前來聚會，他們從要二天路程的深山裡，帶著便當來參加，慕道友和信徒合起來，約有一萬人。美國的教會也在每一個部落負責加以協助和指導。」這是曾任台灣基隆市長的台灣史跡研究家桑原政

---

25 一個台灣卻要接受荷、西、日、英、美、中共、國民政府、台灣居民等八個因素影響未來定位。
26 一九五一年九月八日，四十八個國家簽定舊金山對日合約。

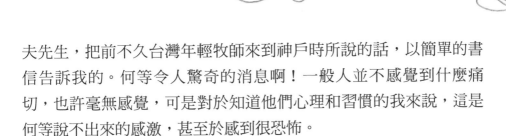

夫先生，把前不久台灣年輕牧師來到神戶時所說的話，以簡單的書信告訴我的。何等令人驚奇的消息啊！一般人並不感覺到什麼痛切，也許毫無感覺，可是對於知道他們心理和習慣的我來說，這是何等說不出來的感激，甚至於感到很恐怖。

蕃刀大多數是由祖先留傳下來的寶刀，他們把它當作自己生命般愛用著，就像日本的武士，將名刀當作自己的靈魂珍惜一樣。日本的武士也許會忘記吃飯，卻不會忘記對刀的照顧。

太魯閣族也是只要一有空就擦槍頭或弓箭尾，也常常磨刀，不讓它生銹，他們的習慣是男子若病重則將武器放在枕頭，死亡時就和死骸一起埋葬。所以無論出多少錢都不肯出賣，要用物品交換，也不容易答應。

將那個蕃刀毫不惋惜地，不，應該是一直十分惋惜地來交換聖經，以人的常理來看，到底是不可能的事，這完全是聖靈動工，重生了他們的靈魂，將古舊皮袋捨棄而領受新的皮袋的證據。正如福音書所記載：「發見藏在地裡的寶貝，就將所有的一切變賣來買這塊地。」將基督的教訓照樣實行出來，這是現代奇蹟，是上帝才可以將如石頭般剛硬的人改變成亞伯拉罕的子孫。

口裡提倡和平，並不捨棄可怕的武器，反而日益擴張軍備的文明人，要如何看待太魯閣族的事實呢？

若是世界各國的政府和人民，真的貫徹基督的福音，藉著聖靈奇妙的力量來打碎心靈，放棄所有的武器的話，世界的和平瞬間就可以到來。

斷定「宗教即是鴉片」，將上帝和基督埋葬，蘇聯自不用說，左手拿可蘭經、右手持劍的伊斯蘭教教徒，甚至連主張愛與和平的

基督教國家，都是一方面繼續喊叫著和平，另一方面卻又每天製造武器還不滿足。

　　祈願全世界人類都像台灣太魯閣族一樣，放下一切的武器，跪在基督的十字架前，勸告大家努力致力於建設和平國家。我迫切祈求那和平的日子早日來臨。

關於太魯閣

　　太魯閣在台灣的東海岸，是花蓮港方面的泰雅族之一部族，是殺害我父親和多數日本人的剛猛種族，也是最後才歸順的一族。歸順典禮那天，我因瘧疾躺在台北醫院的病床上正痛苦著！可是聽到這消息，太高興了，我還吟詩作詞「殺父頑強太魯閣歸順而喜泣」呢！那是一九一六年春天的事。

　　之後經過了十五年，我才去當地旅行，探視父親的墳墓。當時我做詩詞：

　　　堆積犧牲者築成之花蓮港，
　　　昔獵首子孫今割甘蔗工作。

　　以後又經過了十年，我在羅東的山地天送埤，因感冒休息時，曾接待二位太魯閣青年來訪。他們雖是殺害我父親的衛里部落出身，可是現在已成為基督徒並且熱心傳道，我們一起以太魯閣語禱告後才分手，當時我的心境正如被電觸到一般，一時說不出話來。

　　我在入山的一九一二年三月十日的日記上寫著：「從樟腦會社逃出來的伊東先生，因頭被割傷出血，我消毒後綁上繃帶。其他有

八人被砍下頭顱。希望砍人頭的他們那雙手，有朝一日成為持聖經和讚美詩的手。祈願那日早日來臨。」又一九二六年二月左右，在白毛部落的日記上記著「梅櫻桃齊盛開之鄉下，何時方得盛開福音花」，現在藉著上帝的恩典，他們用祖先留傳下來的寶刀換取聖經，聚集千人以上來唱讚美詩，正盛開著福音的花朵呢！實在無法測度上帝的愛和恩惠的高深，真不知要怎樣來感謝，我實在無法以言語來表達。我若這樣就去世的話，也很滿足。完全如聖經上所寫：「我的恩典是夠你用的。」

我三十多年的台灣生活，七十多年的生涯，罪和污穢，失敗和失序，實在是罪魁，上帝基於基督的愛，赦免我所有的罪，以愚拙的傳道來拯救相信的人，上帝珍惜自己的名的緣故，將人的計劃破壞、打破，而實踐祂自己的行程。

『若不是耶和華建造房屋，建造的人就枉然勞力。』我只有俯伏穿麻衣蒙塵灰來懺悔，惦記在遙遠的南方，為了十六萬台灣原住民和六百五十萬台灣同胞的幸福迫切禱告，特別是切望基督的福音能更深廣地被接受。

一九五一年七月卅一日　先父四十五週年紀念日

第四章
《蕃社之曙》讀後感

收到許多人寄來讀後感言，代表性地挑了二篇，記在下面。沖野先生是自從一九○五年以來，一直有交往的信仰友伴。金田先生則是在台灣馬烈霸部落，數年間從事孩童教育的警察官。

感激的書

/ 沖野岩三郎

我們夫婦在感激中讀完《蕃社之曙》。回想起來，在東京本鄉，我們第一次見面至今已經有四十五年了。這期間不斷地得以與您交往，直至今日，這全是出於上帝的攝理，我只有感謝。在讀此書時，想起了「台灣原住民萊撒」這件事。那是友人岡部節子提供材料給我而讓我寫出來的。

（中略）

我經由貴著作，才得以清楚明白您的全貌。深表敬意。特別是讀到最後有關內村先生的記事，才知道內村先生的本意，真是感到非常高興。我曾經閱讀過好幾本內村先生的傳記，卻從來沒有一篇文章能像您這樣將內村先生表達出來。

我想，在那個記載內的內村先生，正是真正的內村先生。我雖然也與內村先生有深厚的交情，卻仍然無法像您那樣知道內村先生的心意。真的很佩服您當年沒有輕率地闖去內村先生家這件事。您

的一生實在是很珍貴，而這個著作是其中最大的工作。

（下略）

我見到台灣原住民部落的傳道

／金田宗太郎

在崇拜後，吉野牧師告訴我：「金田先生，您曾經長久居住在台灣，讀這本書看看，應該有些和您共通的地方吧！」他交給我一本書，就是《蕃社之曙》。著者就是井上伊之助先生。我嚇了一大跳，我翻開第一頁，在那兒有一張照片，就是好懷念的井上先生，再注意一看，站在他身邊的那個人不就是我嗎？

自從一九三五年，在台灣山地管制區馬烈霸別離以來，毫無音訊，懷念的井上先生寫了這本書，令我感到彷彿身處夢境。當時我也一同在馬烈霸，我在駐在所上班，親眼目睹井上先生的尊貴事業，他是我深深尊重的一個人。當時我還不是基督徒，只不過是一名官吏而已。哪知經由天父不可思議的引導，現在不但我自己，連全家都是基督徒，並且還能夠親手拿到這本書。這完全是上帝奇妙的神蹟，及以驚奇的眼在保守著我們。

難以忘懷的井上先生，在那個台灣原住民部落，為了原住民醫療的緣故獻身奮鬥，我也曾經聽說過井上先生是因台灣原住民而失去父親，為了報這個仇而拚命的。

當時並無信仰的我，對於井上先生尊貴又神聖的事業持著無限的尊敬，總是設法協助他，為了台灣原住民的幸福，而得以略盡微薄之力，這些都是令人懷念的回憶。

有一次，一位名叫麗貝夫・諾幹的原住民女孩子罹患疥癬，並

且傳染給教育所全部兒童，最後連我也被感染了。情況非常糟糕，井上先生乃奮不顧身拚命為我們醫治。

在暮卡布埔或白狗部落赤痢和瘧疾大流行時，井上先生在二里的山路間辛苦穿行，盡心照顧著患者。

台灣原住民缺乏衛生概念，常常連續發生許多疾病，但是托了親切的井上先生之福，他們全部都被救治。

井上先生真的就如聖經上所記載的好撒馬利亞人一般，為了拯救受傷病倒的台灣原住民，伸出他那尊貴拯救之手的人，成為最好的鄰居。

花蓮港廳長本間善庫先生的著作中有台灣山地管制區警備歌：「壯丁在蕃界蒼老，不辭工作的辛勞，得知愛眷疾病倒，重山阻隔人心絞。」正是井上先生的最佳形容。

完全遠離文明，在毫無娛樂也沒有什麼設施的台灣深山裡，在所謂台灣原住民教化這崇高使命上，終身奉獻這件事，是一件很不容易的爭戰。井上先生只有藉著信仰……並決心要埋骨在這台灣原住民深山裡。

很不幸也很遺憾的是：井上先生的努力在半途就終止了。可是井上先生所留下那尊貴的足跡，已經深深地埋在台灣原住民心中，深信總有一天會綻放出美麗的花朵。

台灣原住民山地傳道的老兵井上先生仍未死，他失去了三個孩子，在悲痛中依然奮鬥，為了青年男女的信仰教育，直到今日依然持續地獻身努力著，真是只有感謝而已。

《蕃社之曙》是台灣傳道先驅者，以血淚寫出的福音戰鬥之尊貴記錄。我能夠接受信仰成為基督徒，大部分都是受到井上先生的

感化，我對於能夠有這麼尊貴的傳道報告書出版這件事，由衷地感謝，同時我也很樂意從心裡推薦這本書給所有熱心的基督徒。

跋

　　雖然在台灣傳道的卓越人士，有如馬偕博士那樣的能幹者，然而日本人在台灣，深入殺害他父親的原住民們所居住的高山原住民部落裡，與台灣原住民共同生活三十多年，打從心底深愛他們的靈魂而徹底實現了基督愛的人，只有著者井上伊之助先生一個人，他出自日本福音主義基督教陣營，真是令人深感欣慰也令人感動不已。先前有一位為了海外傳道，而做了非常積極果敢事奉的東亞傳道會會長日匹信亮先生，現在又有井上伊之助先生的祈禱及其業績，做為本系列的一冊，向日本傳道戰線推出。此外，藉著附加山縣五十雄的英文介紹（別冊），很高興得以在普世基督教傳道界上開啟先鋒。希望閱讀這本書之全教會所有讀者，有上帝豐富的祝福。

主後一九五一年十二月聖誕節之前

齋藤敏夫

於文書傳道團燈光社

第三部

雜記

基督的謙遜——我首次被印刷的文章——（腓立比書第二章）

上帝所喜悅的，就是謙遜。對一個基督徒來說，若是沒有謙遜，不管他有如何虔誠的信仰，事業如何有成就，都無法得到上帝的喜悅。上帝向我們所要求的，不是燔祭，也不是善行。上帝向我們所要求的，就是憂傷痛悔的靈。也就是「謙遜」。若擁有這個，就能夠愛別人。若有了這個，也就能夠忍耐。在這裡，有和平、有喜樂，也有滿足。我們所必須追求的，其實就是這個。與此相反，上帝所憎惡的，就是驕傲。因為驕傲，人才會憎恨別人，因為驕傲，人才會埋怨。說來，所有罪的根源就是驕傲，並無言過其實。

我們應該捨棄的，其實就是驕傲。我從前輩那兒也聽過好幾次，聖經也是這樣教導。我自己也深受其感。可是卻無法實踐，在我是沒有實踐的力量。若是越想到耶穌的謙遜，就越知道自己的驕傲，為何無法以基督的心意來愛人如己呢？這是我長期以來所得的經驗。有人說過：若自己說自己現在是謙遜的，其實已經是驕傲了。撒旦在「謙遜」這名詞裡大多是在誇耀自己的義、自己的謙遜，所以我曾經認為自己是無法進入真正的「謙遜」的生涯。

但是感召我們的是一位信實的上帝，絕對不會命令我們去做我們做不到的事情。他既然下命令，也就會教導我們得以完成的祕訣，雖然要達到這個地步，有各種信仰的過程，簡而言之，就是要捨棄驕傲，要成為謙卑，立即將自己的願望捨棄，「要成為怎樣的一個人，就需要先清楚知道自己的願望。」將自己全身全意地奉獻給主，安息在祂的裡面。

耶穌為了要拯救罪人，就成為人的樣式，卑微自己以至於死，甚至還死在十字架上，與其說主謙卑，不如說主自己本身就是謙

卑。我們若是在耶穌的裡面，就是沒有絲毫的驕傲，也沒有做作，以身體力行來表現謙卑。真正的謙卑實在就是如此，為著無法捨棄驕傲而痛苦的弟兄姐妹們！為了無法成為謙卑而感憂悶的朋友啊！請止住您的痛苦，停止您的呻吟，來投身於謙卑的化身──耶穌吧！

　　這是刊載在一九〇七年四月十日發行的《聖經之研究》八六號之文章，是我第一次被發表在該雜誌上的文章。經過了五十五年後的今天，再次閱讀此文，我為這篇文章的內容幼稚而感到很汗顏。當時內村先生提出每月課題，然後從投稿的稿件中挑選幾篇，那一期我得了第一名。從那個時候開始，他肯定了我的存在，常常刊載我的文章，即使我到了台灣，仍舊向我索稿。我多少對寫文章有興趣，能夠將自己

的想法或所見所聞，以文章來表現，全是拜發表我這篇文章的內村先生之賞賜，我自心底深深地感謝他。

歸鄉傳道旅行日記

　　一九四七年五月從台灣返國時，我帶了三個孩子的遺骨回來。當時我打算歸鄉終老，可是直至今日仍未完成。一九五〇年七月

十七日，住大阪的弟弟來東京公差，順便到我家。他勸我回故鄉，若要歸回故鄉，他要陪我前往。

我告訴他要再考慮一陣子，弟弟就在第二天回大阪去了。我經過數日的祈禱與熟慮後，決定回故鄉去。

廿七日早上，我從靜岡縣清水出發，傍晚抵達大阪，在弟弟家住了一晚。花了近二個禮拜的時間訪問大阪、神戶地區的親戚和舊友，一起分享主的恩典，一起祈禱，度過感恩、喜樂的美好時光。

八月十三日　從大阪出發，傍晚換搭乘宇野的連絡船。與弟弟再度一起旅行，事實上已隔了四十年之久了。

弟弟在青山學院就學時，因為罹患嚴重的腳氣病，無法一個人單獨旅行，我陪同他到神戶，那是一九一一年七月十五日的事。那一天我本來是要與內村先生去伊豆的戶田傳道旅行，內村先生從柏木出發，我從惠美須車站乘車，約定在沼津會合。可是為了弟弟的病和長子的發燒，不得已只好中止旅行，而不得不違背與內村先生的約定，我發電報到戶田向他道歉。我記得是內村先生自己一個人前往，在諏訪先生的地方舉行聚會。

這是我第一次乘坐四國鐵道的旅行，在我年輕時代，需要搭汽船從宇和島到神戶去，或是從高知搭船前往神戶。在四國松山和宇和島之間大多是徒步旅行，需要走困難的山路，讚美歌第四〇四首的作者西村清雄先生，聽說就是走這條山路得到靈感而將它做成詩歌的。

第二天下午，在吉野生車站下車，從那裡又搭公車，搖晃了四十分鐘才抵達故鄉。山川草木依舊，可是村民的穿著、樣式、房子等都大有進步了。

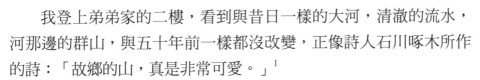

　　我登上弟弟家的二樓，看到與昔日一樣的大河，清澈的流水，河那邊的群山，與五十年前一樣都沒改變，正像詩人石川啄木所作的詩：「故鄉的山，真是非常可愛。」[1]

　　不久就黃昏了，妹妹精心所做的晚餐有用鹽乾烤的香魚，這是相隔五十年的豐盛菜餚。十四日傍晚開始下雨，連續下了二天。兄弟之間和樂融融地交談，這也是別具意義的歡迎。

　　十九日，下午我帶著兄弟前往隣村，我受邀演講，在公車的停車場有島原、五味二位先生來接我們，使我想起我小學校畢業的時候，與這個村一起聯合舉行畢業典禮，由我朗讀開會致辭，雖然那是老師早就做好的，因為是由數百人中被挑選出來的，記得當時我還被村民誇讚呢！

　　二點鐘才開始演講會，弟弟以「日本的思想界現狀與國民的覺悟」為題作演講，我講了關於「日本的將來與青年的使命」。

　　大概集合了四十名聽眾，都是村裡的中堅人物，有數名信徒，堅決地下定決心，今後要研究聖經來進深信仰。

　　二十日早上，為了要清掃祖先墳墓與埋葬孩子們的遺骨，我們前往近一公里遠的墓地，才發覺我出生的老家及附近數間房屋都已成為地瓜田，使我大吃一驚。我自己已經四十年沒有回故鄉，哥哥也去世了，堂兄弟們亦相繼都去世，沒有人可以留守老家。『真的是人生如草，他發旺如花，草會枯乾，花也凋落，永遠長存的是福音的話語。』當我出生時，我們擁有相當的資產，約九十年前新建的老家，現在正如草枯乾，如花凋落。可是我為著我所相信的基督

―――――――――――――――――――

1 意思是儘管世事滄桑，故鄉的山永遠不變，仍然能尋到根。

福音永遠長存而感謝。這裡是將近一百戶的小村落，不，是數百戶的一個村莊，在我之前不曾聽過有任何信徒。我想或者我是第一位信徒吧！那麼，現在我們全家，加上出生已入信的子孫，至少也有三十人左右吧！上帝將像頑石般的我從村裡帶出來，成為亞伯拉罕的子孫，漸漸地增加了一些信仰的子孫。以人來看，這是不可思議的事，可是這卻是為了要彰顯上帝的榮光。

墓地有舊墓碑、新墓標等傍立，連立腳的空間都沒有。自從我離開故鄉以後、父親、叔父夫婦、哥哥、堂兄弟姐妹，還有其他人也都相繼過世了。

當晚小村落的青壯年有志聚集想聽我們演講，所以晚上八點左右，我們兄弟二人就外出前往。地點是在岡村醫院的一個房間，對我來說，是個懷念的地方。以前的主人在東京修完醫學歸回家鄉時，我曾經住在他家幫忙做些事務工作，一面讀書進修，我也是自那時候開始希望去東京的。現在房子是改建了，變得又新又大，可是庭院裡的松樹或楓樹仍然和以前一樣，它好像正悄悄小聲地告訴我：「好不容易啊，你回來了呀！」弟弟引用克拉克先生（北海道大學創始校長）的例子告訴村民，非施行基督教的認真教育不可。我就以使徒行傳十七章，保羅的講道：「未識之神」為題講了一個多鐘頭。勸勉他們要讀聖經，相信基督。聚集的人數約有四十位。有數名信徒和慕道友。也有弟弟過去在主日學學校教過的學生之父親或母親來參加，會後有些茶菓點心一起享用，在感謝中散會。弟弟八年間以主日學校為中心來傳道，播下相當深的種子，這是我這次返鄉首次知道的事。當然我們沒有什麼可以誇口的事物，我們只有羞恥，而榮耀是屬於上帝的，上帝使用了一無是處的我們，成就

了祂那偉大貴重的工作。

　　我在離開故鄉五十年間，連這次只有三次歸鄉而已，可是這次是十天的長期間滯留，得以對村人償還幾分的福音債而感謝。村裡有許多人都以為我會死在台灣，親戚或友人都對我死心，認為不可能再相會，哪知我卻突然返鄉了，完全是浦島太郎的故事[2]。那驚訝和喜悅使得他們都說不話來，在有限的時間內到處相爭招待我們！我認為這次也許是最後一次的返鄉，所以盡量探訪慕道友或病人，祈求上帝的恩惠帶給他們安慰和鼓勵。在村民「近期內要再回來呀」的溫暖歡送聲中，我在二十四日上午離開故鄉，二十七日回到清水。

三十五年前的舊信

　　（以下是我在一九一六年九月寄給東京《靈之糧》雜誌主編，故御牧碩太郎先生的信，曾經刊登在該雜誌上，最近幸得信友末永先生寄來給我，而得以轉載在此。）

　　我的故鄉在四國高知縣的西端，離高知市三十里，離伊予的宇和島七里，到哪裡都是交通不方便的地方，只有徒步，或利用人力車、河船，以外什麼交通工具都沒有，我在故鄉期間，從來不曾有基督教傳道者來過，因此我一點也不明白這個教導是什麼東西的，然而經由上帝不可思議的攝理，我竟然來到東京接受了這個信仰，之後弟弟也來東京，轉學到青山學院的中學校，那時候我在東京，他若與我同居的話，我們就可以結伴上教會，在家裡也可以早晚教

---

2 日本童話，意喻人生變幻莫測。

導他，可惜，還沒見到他接受信仰的喜樂，我就渡台去了。

但是，主是垂聽祈禱的，上帝帶領他，引起他有求道的心，在中學畢業前受洗後就一直參加內村先生的聚會，一年後回去故鄉。如同前面所記，在那個沒有教會的偏僻鄉下，要維持信仰很困難，所以也很擔心，可是主為了祂自己榮耀的緣故，令人訝異地眷顧他，使他的信仰越來越精進，經由他的見證，興起數名慕道友，前年我歸鄉之時，有二名弟兄受洗，之後由宇和島教會開始了出差傳道，今年三月，有一名婦女受洗，現在有二、三位慕道友，製紗場的女子之間也開了傳道的門戶，有女傳道師出差傳道。

但是事情不只停頓在那兒，弟弟的家業（和我不同姓）是經營旅館和養蠶業，客人幾乎都飲酒，村民也是日夜出入來喝酒的人很多，我和弟弟成為基督徒時就希望能夠停止販賣酒類，目前父母仍在經營著（父親並不是我的生父，而是母親再嫁的人），若不賣酒的話，旅館無法持續經營，我想父母也不會答應的，我們二人就暗暗地一直禱告著，最近弟弟寄來信件如下：

（前略）

很久以前就為解決這個問題而苦惱，我們一直在祈求停止販賣酒類這件事，托您的福，終於結束了。關於這件事，我確實很痛苦。誰都知道，販賣酒是旅館的財源，十個客人中有八個是飲酒者，要是不賣酒，則誰都知道事業是無法經營的，所以旅館也就關門不做了。目前財務緊迫之際，要停止既有不少設備又客人繁盛的事業，實在很困難，特別是非信徒的父母，還有妻子也有意見，實在需要迫切的禱告，可是，主卻聆聽了我們的禱告，這件事除了

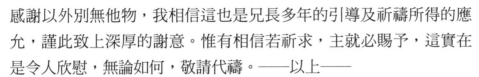

感謝以外別無他物，我相信這也是兄長多年的引導及祈禱所得的應允，謹此致上深厚的謝意。惟有相信若祈求，主就必賜予，這實在是令人欣慰，無論如何，敬請代禱。——以上——

啊！勝利！喜樂！說不出來的感謝。以一個青年的身子，要雙肩擔當整個家，而大膽地執行停止販賣酒類，父母和妻子能夠捨棄他們自己的意見而聽從弟弟，實在是奇蹟，以他的力量來說，當然是不可能的，我們的力量，無論怎樣都無法達成，這是除非藉著上帝的大能，否則終究無法達成的事情。像基甸為了上帝將他父親為巴力所築的壇拆毀，砍下亞舍拉像的耶和華是活著的，在國中最小的村莊裡，在村子裡是最軟弱、最貧窮的家，在家中又是最年輕的他，上帝使用他來完成這件大事，這就是人看做奇妙的事，上帝工作的途徑，為的是叫我們無從誇口，我們是土的瓦器。願榮耀歸於上帝。歸鄉中寫了一些詩詞：

> 故鄉之香魚擺在餐桌上，令我想起家母
> 遇到奶媽，彼此無言以對，只有抓蒼蠅
> 買糖果前往訪問長壽之奶媽
> 螢火蟲在故鄉之深夜滿天飛

△我的弟弟名叫谷茂市，翻譯了慕安德烈的《住在基督裡》。我們雖然不同姓，卻是親兄弟，特別附記在此。

雖然村民和親戚勸我長期滯留，因為大學的後期上課很緊迫，我只好與他們一一惜別，在二十四日離開故鄉，二十七日返回清水。剛好是一個月的旅行。

街上奇人稻垣藤兵衛先生

（《愛光新聞記事》稻垣藤兵衛先生去世了，在台灣總督府時代，身為台北大稻埕的一奇人，在日本人中間，對他的風評不如在台灣人之間高。為了萬華的女子自由停業一面與警察爭戰，幫助她們，一面又將貧民的子弟送進稻江義塾讀書，在多數奇行之中，稻垣先生是一流的人道主義實踐者。收到遲來的通知，是他台灣時代無二的友人，也就是一生獻身於台灣原住民教化的公醫井上伊之助先生，他對於奇人稻垣先生的一生，說了下面這段有趣的話。）

> 稻垣藤兵衛因病住院於日赤醫院中，在三月二十日永眠了，遵照遺言，將之火葬。在他生前，承蒙您許多的照顧，謹在此深深地致予謝意。延至今日方謹此通知。
>
> 六月廿八日　姊稻垣さと

這個通知，拖延了三個月後我才收到。稻垣君在台灣清一色的官僚主義下，站在社會主義的立場，成為貧窮者的朋友，一直與政府當局和富豪社會鬥爭。他出生於千葉縣，一九一一年左右回應招募台灣巡查而渡台來此。在巡查實習生時代，默默地接受文官試驗，生病住院期間，曾經向報紙投稿過一篇激烈的文章，以致引起議論紛紛，因此他的渡台目的也許並不是巡查，主要的是「台灣人的教化」。

他曾經罹患瘧疾，被准許暫時停職還鄉，健康恢復後便再次渡來台灣，在大稻埕六館街上租了一家商社的空屋，掛上稻江義塾的看板，就召集了一些台灣的貧寒兒童來就學。

好像是在一九二三年的樣子，他舉起藝娼妓自由停業運動使得和平的台灣大騷亂。那時候台北的榮座召開了廢娼運動演講會。當時有位在稻江義塾出入姓小泉的木匠，被樓主收買，向警察密告：「稻垣先生帶了類似炸彈的東西進來。」不巧正值某位皇族將來台灣之際，所以稻垣君就因此不敬事件被拘留了二個禮拜。等到他被釋放後，告發樓主和小泉誣告罪，裁判結果，他勝訴，並且從樓主方面取得一千圓的罰金。之後，昭和初期，因為嘉義的竹林問題發生勞資糾紛事件，他接受佃農們拜託，寫了向總督府提出具名的訴願書。一九三五年左右，因大稻埕的建築物被列為危險房屋而被勒令搬遷，他就向政府標購下奎府町的低窪地，建立「人類之家」[3]，收容無家可歸者及出獄者等。

他跟我的工作不同，思想也有不一致，可是立足於基督教的人道主義卻和我同感共鳴，有時我們會見面、討論事情、一起共起居，一直持續著兄弟般的交往。

戰爭結束後一九四七年，被勒令強制遣送歸國，在最後一艘遣送船上，要到佐世保登陸之十天間，我們一起在木板間起居、交談。

那時候他帶著一個毫無依靠的婦人回來，身上背著大背袋，在離搭火車約二公里的路上，一邊慢慢等著那軟弱的女人，他走在那田畦上的那個樣子，至今仍然浮現在我眼前。

因為他在東京落腳，而我在關西或靜岡縣下定居，所以我們見面的機會很少，一九五四年春天，我胃下垂要開刀前夕，寫了一張

3 現今台北圓環附近赤峰街教會對面。

明信片給他：「長久以來承蒙照顧，這次因要開刀，也許就此長眠
也說不定，希望你長命百歲。」結果當時的手術經過情形良好，我
很快地恢復了健康……

　　他比我小二歲，一輩子未曾結婚，大概連個像樣的葬禮也沒有
吧！為了可憐的台灣人，一直過著四十年的犧牲生活，我們彼此是
理念相同的。我很瞭解他的心情。他的一生比小說更曲折，在他人
生的最後一頁，我僅以他的朋友身分，寫了這些，希望能遺留下
來。

　　「誓言將屍骨埋葬在台灣的你，留下我而去世了。」

我愛泰雅

　　看到樹了
　　看到樹了
　　看到那棵大樹
　　看到那紀念長子入學而種植的
　　已長到屋頂的那棵楝木
　　看到家了
　　看到家了
　　看到那白色的家
　　看到那竹茅蓋的家

　　有人來了
　　有人來了
　　泰雅來了

五年間，一日也忘不了
衛 [萊] 撒和他母親要來了

我愛著
我愛著
我深愛著你們
我深愛著泰雅

　　我在台灣的山地加拉排部落居住了六年，因生病回日本住了五
年，這是一九二二年六月再度訪問當地時的感觸，雖已久遠，卻是
我永遠無法忘懷的記憶。

生日

九月二日是我的生日
我是八個月的早產兒
既瘦小虛弱又蒼白
好幾次徘徊在生死關

當作棄嬰而由他人來撿起的話
可健壯長成的迷信成了最後希望
因此被放進柳條包的蓋子內
被丟棄在道路的交叉口上
母親躲在樹蔭裡看事情將如何展開
附近有位相識的人名叫中平之善心人士

他從田裡工作回家時撿我起來
母親就從樹蔭跑出來三拜致謝

從此我成為中平家的小孩
名字也改成　　三
托福地脫離危機來成長
這是家母一再告訴我的
今年我已是七十五歲了
長壽中有失敗也有羞恥

我在去年的除夕時
做了一個異夢
我與一位青年正被審判
（上帝？基督？）
審判者以很嚴厲的語氣
說：有無遺言？
將筆及墨放我面前
我寫著：「身體、靈魂全獻給上帝，如同我已死
活著為祂工作的不再是我自己」
兩人皆手腳被綁
被丟到海裡去
一陣子，我又回到原來的審判室
不經意地向前一看
青年木然地站立著

呀！你也？……叫喊著同時就醒來

我全身顫慄而跪坐默禱

（一九五五年）

上帝的編織品

身體似在燃燒炎夏之午後

我宿泊於東京杉並的 K 教會

有一位膚色黝黑的青年來找我

他站立在我面前：「井上先生！好久不見，很思念您」

說著，低下頭

我沉默著緊緊握住他的手

我與他沉默著並緊握他的手

這是與他分別二十年後奇蹟似再見面

他是在大東亞戰爭中志願當義勇兵

被送往南方的戰場而轉戰到各地

在終戰那年春天，接到「中止戰爭採取自由行動」

的部隊長命令之十一名殘兵

隱居在摩洛泰島之熱帶叢林內

十一年間，保存生命地活下來

軍服已朽鞋也爛得像乞丐般出現在海岸邊

一個美軍也沒見到而自以為日本戰勝了

接受了印尼政府的調查

在一九五六年三月被遣送到日本

他希望永住日本而在工廠工作

我們有說不完的話，捨不得離別地

相偕往有樂町去看「十誡」的電影

他是台灣馬烈霸的出身者

名叫瓦歷斯・宣的青年

他在八月三日與日本女士結婚

我的祝詞是：

「恭喜瓦歷斯君！上帝巧妙地編織了！」

上帝在編織

　　從八月五日起在東京召開世界基督教教育大會，有許多台灣代表出席，我們曾住台灣的信徒有志者就舉行了歡迎懇談會，五日下午五時在神田的 YMCA 聚會。主辦單位一方有四十七人出席，主要人物有協力會的鈴木秀夫、塚原要，教團的平賀德造、大川正、羽鳥又男、近森一貫，學校關係者有矢野東京都立大學校長、室田靜岡英和女高校長及其他諸位人士。

　　台灣代表有十八位，英美宣教師四名，台灣本地教會十三名，台灣原住民出身一名。主辦者都是多年在台灣居住過，一直有信仰交往的，因此大家談起過去懷念的事，台灣語的感謝詞，或原住民話的讚美詩，英語的招呼等，竟忘了時間飛逝，散會時已是九點鐘左右。

　　台灣原住民出身的牧師名叫葉保進，舊名叫依樣・但因，台灣東海岸的原住民部落出身。他在日本統治時代畢業於小學校 [日本人上的小學，台灣人上的稱公學校]，幸好入信，又認真唸書，能夠閱讀日本書刊。中國話也很流利，神學校畢業後當了牧師，目前以

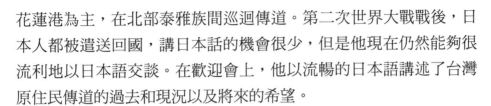

花蓮港為主，在北部泰雅族間巡迴傳道。第二次世界大戰戰後，日本人都被遣送回國，講日本話的機會很少，但是他現在仍然能夠很流利地以日本語交談。在歡迎會上，他以流暢的日本語講述了台灣原住民傳道的過去和現況以及將來的希望。

　　現在台灣原住民間有長老教會三三五間、信徒慕道友五一、六三四名，主日學學生二萬人以上，牧師十六名，傳道者二一八名，其他教派大概也有三分之一左右的傳道人。台灣原住民總人口有十六萬左右，約佔有百分之四十五的信徒，這是日本等國根本無法相提並論的。先進國家的歐美除外，在東洋的任何國家都沒有這麼高的信徒比率！這是終戰後十三年間努力工作的結果，完全是五旬節 [聖靈降臨] 的進展。與會者中有些人稱讚說這是我的功績，當然這是不當的言辭。我只是多年居住在台灣而已，什麼工作也沒有達成，正在懺悔著自己是不忠實的偽善罪魁，是在上帝面前被責罵的僕人呢！

　　上帝是永遠存在，活著做工的，基督是昨日、今日永不改變愛著人類的。聖靈親自用說不出來的嘆息，為人類在工作，無論哪一個民族，祂都日夜工作為拯救人類，祂憐恤那些文化落後，沒有機會接觸到福音的台灣原住民族，台灣的眾教會一直熱心的禱告，傳福音給他們，由於上帝的聖旨意和人的願望一致，因此產生驚人的復興教勢。正如保羅所說：「保羅栽種、阿波羅澆灌，叫他生長的卻是上帝。」泰雅話說：「Tminun Utux」，意思就是「上帝在編織」，宇宙萬象都是上帝的旨意，人類是什麼也不能的，戰爭失敗就說：「織法不好」，當人類幸福、勝利就說：「織得很好」。正像婦人在織布一樣，可以說是上帝在編織著世界和人類的生涯，這

是含意何等深切的言詞啊！

既沒學問，也沒有知識，被文明文化所遺忘的台灣原住民，為什麼會奇蹟性地成為信徒呢？有人這樣質問，我記二、三個理由如下：

1. 他們之間沒有偶像存在。

2. 他們單純、天真，卻持有宗教心，幾近一神教地相信眼睛看不見的神靈。

3. 泰雅族不說謊、不偷盜，男女間謹守貞潔，即使沒有人看見也說神靈知道，神靈的眼睛是大的。

4. 他們相信死後會往神靈身邊去，死靈若渡過彩虹橋，則可以見到死去的祖先。

我已經七十八歲了，眼睛不好，健康情形不佳，我想歸天的日子也近了，即將就要站在審判的座前。可是這次遇到依樣‧但因牧師，聽到台灣的現狀，一起禱告三天，共寢食，所以我重新得到「我的恩典夠你用」的金句，現在若被蒙召，我也心滿意足，我已完成了五十年來的祈禱和使命。在我自己是不可能的事，可是有藉上帝自己及祂所揀選的人替我完成使命。上帝是在編織的， Tminun Utux 我相信上帝會將台灣的民族，在日本人或世界人類前編織成美麗之物來拯救聖化。

夢中之歌

在夢中，我站在上帝面前受審，當被令要留遺言時，突然吟出不可思議的歌。

（一九五四年十二月卅一日）在大阪府信太山

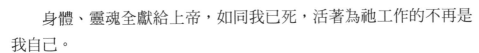

　　身體、靈魂全獻給上帝，如同我已死，活著為祂工作的不再是
我自己。

（羅馬書七章十九節）

病床雜詠（一九五五年十二月）

　　患眼疾古稀躺手術台仰望十架
　　手術終安心回妻正等待之病房
　　雙眼包繃帶須五日安靜老骨痛
　　當光透眼帶入網膜瞬間伏拜主
　　如目盲參孫求最後力量般心境
　　靜聞微聲吾恩夠汝用感淚盈眶

結婚紀念日（一九五六年四月）

　　無人知我二人迎五十金婚
　　青春結伴五十春秋漸入冬
　　登高回首遙望盡是曲折路
　　攜手渡過歲月約旦河紅海

在父親忌日（同年七月卅一日）

　　今迎父五二年忌思神旨深奧
　　聞四萬原住民信徒稱頌主名

　　嗅廁所樟腦香思父此日此時
　　台灣若無樟腦則父將免橫死

接二連三的家人忌日

　　為家犧牲含淚的長女路得子今日逝世（廿年前的八月二日）

　　已過三八年之今日仍無法忘懷之母親（八月十五日母忌日）

　　長子三年忌日守在家細讀路加十五章（八月廿日長子忌日）

　　今日是遠離愛眷寂寞久病台灣正明忌（八月廿五日次子正明忌日）

　　連續家人忌日之八月是我歸天的路標

第四部

台灣關係來信

左起：陳光輝、井上伊之助、廣田誠一
一九五五年十月九日攝於東京久遠教會

嘉樂，莊聲茂先生來信

（井上附記）我去年在《基督教常識》雜誌十一月號上投了一篇小稿〈和平將如何出現〉，提及台灣加拉排部落的事。之後寫了一封信給在當地台灣教會的牧師詢問現況，他回信如下。莊牧師是我在台灣期間新竹長老教會的牧師，受過日本教育，廣東系熱心人士[客家人]，我們常常見面一起分享，一起禱告，也曾經一起吃過飯。他在我最初所踏之地：嘉樂傳道，替我將想做卻沒法做到的事實現了，實在有說不出的感激。真的是『若不是耶和華建造房屋，建造的人就枉然勞力』。上帝要實行祂自己的計劃，是不依靠人，不倚靠金錢，也不靠國家勢力，只有藉著祂自己的能力和智慧及大

愛，慢慢且有組織地來持續成就。我們應該將自己和所有的工夫都捨棄，俯伏在祂面前，將榮耀和讚美都歸給祂。阿們。

敬愛的井上先生大鑒：　　　　　　　一九五三年十二月五日　莊聲茂

　　收到您來信，才首次想起現今之嘉樂就像是井上先生您的家鄉一般。我感覺到好像是什麼奇妙的因緣，讓我成為井上先生的後繼者。現在我所調查的結果：鐵木旺、幼敏・拿巴斯、萊撒・拿巴斯兄弟已經去世，但他們的孩子都有信仰，打那・路巴克現在在嘉樂，很健壯，也加入信仰，他聽到井上先生的事，就好像月亮掉下來那樣，非常高興。拉哇諾・歐偕在丈夫過世後再婚，現在與孫子一起生活，聽到井上先生的消息，非常高興。

　　井上先生：我現在在嘉樂做為井上先生的後繼者，成為屬靈的醫生，每週十二次，巡迴山地教會，有時集合二、三個教會來傳道、講道，舉行聖餐來指導他們。山地信徒的資格是要捨棄一切迷信，漸漸減少香菸和酒，受洗者就完全不抽菸、不喝酒。信徒變好就可以展示好模範。我集合山地教會的指導者開講習會，又自己攜帶米和車資，耐心指導山地弟兄姊妹，我只在後面推動，使他們都成為自給自足的信徒。現今即使天地有大變動，信徒也不會變動的，尖石鄉（舊日本時代的）已經沒有任何一個人是神社的信徒，現在建立了教會，每個禮拜天都有崇拜。

　　現有義興、尖石、嘉樂、水田、錦屏、梅花、那羅、大隘、五峰、桃山、竹林、花園等十二間教會，我在平地教會傳道卅七年，去年離開平地，專心致力於山地的開拓傳道，我自己也自給自足來引導山地的信徒。我今年六十歲，托您的福，還能很健壯地工作。

倘若現今不做工，將來一定會很後悔。上帝為了我，成就了許多值得感謝的事。

我的四子和原住民結婚，現在居住在嘉樂，開設習藝所，向二十多名原住民教縫紉，目標是經過一年學習即可自由自在地裁縫。另外也設了精米工場，對嘉樂的人來說非常方便，是電動馬達式的，所以價錢便宜，大家都很感謝。還有也做一些織布，講習如何養豬，也在計劃著菜園，政府尚未做的工作，我打算一個一個地來進行。

我是救靈魂專家，孩子在物質方面做工，但是現在資本拮据，這是完全信賴上帝、冒險的起步。在山地的傳道，現在正是好時機，這些是井上先生的父親來台灣犧牲，井上先生也來台灣想要報愛的仇恨，卻因為日本政府對基督教的不理解，以致於井上先生來到嘉樂，流著苦難的心血和淚水播種，才能有今日的開花結果，我自期身為井上先生的後繼者，當盡力工作。

井上先生今年已經七十二歲，夫人也六十五歲了，還在日本工作著，實在幸福。我希望我到井上先生這般年紀時，仍然能夠在山地工作，往後尚有十年的時間，十年後山地的教會必定可以結出美好的果實。傳道事業是非常艱苦的，我打算以此地做為試驗地。傳道第一，事業為輔，所以敬請放心。請為尖石的軟弱者熱切代禱，仰賴上帝，除了祈禱，無他路可走。

台北，許鴻謨先生來函

（一）

敬啟者：　　　　　　　　　　　　　一九五八年八月十二日

　　存著感謝拜讀井上先生五月十五日的來信。井上先生在台期間，我曾經拜見過您一次。那時候我還是台北神學院的學生，大概您已經忘記了。我常常在講道中引用井上先生的崇高精神、信仰來做例證。井上先生為了台灣山地的禱告、努力，現在已經結出許多果子。前幾天以普通郵件，寄了二冊台灣教會公報副刊之《瀛光》，因為內中有台灣山地原住民教會的報告，井上先生一定會很想知道。我在淡水中學時進入信仰，台北神學院畢業後，在長老教會牧會了廿七、八年，這中間閱讀了內村先生的聖經研究，對於內村先生的無教會主義實有同感。六年前離開教會，在台北以信仰為主的慈善醫院（林本源博愛醫院，本來並沒信仰，但我們以信仰的態度來事奉）工作，一個禮拜有一、二次的聚會（主要是幫助長老教會），最近長谷川先生來台灣，才開始博愛文庫，想盡量搜集好書（特別是日本無教會主義的書），借給在台灣想追求真理的人閱讀，懇請代禱，祈願這個醫院和文庫能夠在台灣彰顯上帝的榮耀。

　　（下略）

（二）

井上先生：　　　　　　　　　　　　　一九五八年九月十日

　　拜讀來信，同時也謝謝您寄來聖經知識、永遠的生命、基督教常識、聖經的話語。若是能夠承蒙惠贈您已經不用的雜誌，將不勝感激。井上先生雖然已屆七十八歲高齡，卻仍舊相當健壯，實在很

高興。我們現在的醫院共有專職醫師三名，其他有台灣大學附屬醫院和台北省立醫院、陸軍醫院的專科醫師五、六名兼任者，如您所知，這個醫院是慈善醫院，收費比台大、省立醫院低廉，卻完全沒有接受政府或林本源家的補助，從院長起，大家都是靠低薪生活，以共同信仰為中心，很高興地工作。我們不是完全以信仰為主要事業的機構，在事業方面，這六年裡已經打好相當的基礎，得到患者的信任，每天門診患者平均八十名到一百名，住院患者保持十多名，多的時候也有二十多名，這個醫院不是以嘴巴來傳道，而是以生活來做見證，希望能彰顯上帝的榮耀。請為我們代禱。

　　若是井上先生您有機會來台灣訪問，請在我們醫院住宿，它是日式建築的宿舍，要住幾個月都可以，歡迎您自由使用。現在我們還支付不起巨額費用，但是隨時都歡迎您來住宿和吃飯。其他從日本來的客人，特別是主內弟兄（尤其是同信仰的無教會信徒），我們都歡迎。希望在主裡交通。這次承蒙從日本無教會信徒們送來種種的書，謹此致謝。

　　院長郭維租先生是東京大學醫學部出身，在台大附屬醫院服務七、八年，在這個醫院也犧牲服務了六年多。

　　倘若井上先生手邊還有《生蕃記》的話，請寄一冊給我，我在台灣的舊書店找了許久，仍然找不到。有關台灣山地教會的消息，台灣教會報常有報導。每當我看到這種報導時，就不禁想起井上先生過去數十年在台灣的忍耐和祈禱。想起哥林多前書十五章58節：「常常竭力多作主工，因為知道你們的勞苦，在主裡面不是徒然的。」心裡就堅強起來。感謝井上先生的勞苦。

　　無論如何請保重身體。願上帝豐富的恩典常臨在您身上。醫院

的郭維租弟兄、陳茂源弟兄及其他人要我代向您問安。

台北，林正李先生來信

一九五三年九月廿六日

前些日子收到您的來信，謝謝您。在井上牧師身上，看到上帝的祝福，每天都能健壯地傳道，謹代表我全家向您致謝。……

我們家庭還是一樣地蒙上帝祝福，健康快樂地生活，並且也在教會的工作上事奉，敬請安心。祖父今年七十八歲，祖母六十八歲，仍然十分健壯。

自從離別以來，很快就好幾年過去了，想當時我們在一起快樂又有趣地一同在教會服事，承蒙愛護及極大的指教，由衷地感謝不盡。

其次，現在日本的基督教狀況如何？……我們在鄉下的台灣祈求上帝，禱告讓基督教得以發展……

關於在台灣的基督教，山地方面比平地進展得更興盛，信徒平均有人口的三分之一。而平地方面才只有約百分之二的信徒。我們很想知道日本的消息，希望能通知。拜託！

（下略）

台北，林正雄先生來信

……今天從林正李那兒得知恩師的地址，長久以來未曾問候，實感抱歉。……我根據恩師的教導，今日始能得幸在聖經學院學習上帝的話語，將來做上帝的僕人，決定獻身於救靈的工作，目前台灣的神學研究之淺薄令我感到悲傷，希望恩師能加以幫助及不斷地

代禱。

　　換個話題，祖父林李石已於今年蒙上帝恩召，返回天國。我們全遺族，由於上帝的慈愛和保護，大家都很快樂地過著信仰的生活，敬請放心。

　　在遙遠日本的恩師以及全家大小都安康否？想起過去您們在台灣時，我們所受到的恩情，真不知如何言謝。

　　實在很抱歉，若是能告知您們大家的消息，在台灣的我們將不知何等高興呢！只有高興地期待著。

　　（下略）

羅東三星鄉天送埤，徐煥章先生來信

一九四七年十二月十六日

　　……井上先生曾經說過，接到我們的去信，比什麼都高興，我們也是一樣，自離別後，很快就過了半年以上，希望早一日能簽好和平條約，我們期待井上先生再來，正如一日千秋地等待著。井上先生走後，至今仍未有一位醫生來此地，我們的不自由，深信您是極清楚的……（後略）

台北縣南港鎮，徐謙信先生來信

敬愛的井上先生：　　　　　　　　　一九五二年三月十八日

　　前幾天收到來信，謝謝您！久未問候，實感抱歉。前些日子YMCA同盟的近森先生問及台灣消息時，希望得知井上先生是否安然無恙，我們也想告訴您，我們在台灣一直都將井上先生的業績深記在心裡，因此稍微提起這件事。……現在父親和家人，全都很健

康，也很懷念井上先生。

您的著作《蕃社之曙》已經寄出來要送給我，目前尚未收到，在此先向您致謝。您隨信所寄來的《基督教大眾新聞》，我已交給孫雅各牧師了，他說：要從日本直接寄來您的著作比較困難，所以打算先經由香港寄幾本來。我目前在此地惟一的中國主日學協會書籍部擔任協助委員，所以若接到您的樣本書後，再勸協會的蒙哥美利夫婦想辦法將您的著作送進來。總之，現在只是在等著您的著作。

最近台灣原住民信徒大幅增加，根據一九五一年的報告，受洗者三三七八人；幼兒受洗者八四七人；慕道友五四九二人；長老九八人；執事一〇一人；傳道者四四人；教會數四二間。台灣原住民的聖經已經出版布農語的馬太福音了，這是胡文池牧師花了三年苦心才翻譯出來的，在香港印刷，標題是這樣的：

IS-MATAI TO SINPINASKAL TAXO,

Hong Kong Bible House Hong Kong, 1951

關於台灣的山地傳道，我所知道的書刊如下：

1. Edward Band, *He Brought Them Out: The Story of the Christian Movement among the Mountain Tribes of Formosa*, The British and Foreign Bible Society, London, 1950, pages 31.

2. 孫雅各著，范銘恩・倪爾森譯《比傳奇更奇》（二九頁），香港信義宗連合出版部發行。

這是孫雅各牧師的 *Stranger than Fiction*，將台灣山地傳道的歷史翻譯出來。我是先知道譯本的。

　　以上三本書，在此地很方便得手，若有機會我會寄給您。……
您寄放在我處的日記還有其他東西，我想大概都放在松山。我放在
陰暗的地方，也許已經發霉了。我將提醒家父和兄弟，請他們好好
地照顧。……我太太以前在大阪的蘭巴斯女學院唸書時，曾經受
到西阪保治先生非常的照顧，若是西阪先生身體好的話，請代轉告
王采薇向他問安。我太太還受到曾經擔任蘭巴斯女學院的舍監檜
垣逸代老師特別照顧，若是您有她的消息，請告訴我，非常謝謝
您。……（後略）

新竹市，鄭連坤先生來信

尊敬的主內忠僕井上先生：　　　　　　　　一九五八年九月廿四日

　　想不到會接到很是懷念的您之來信，由衷感謝。……那剛好是
我參加在花蓮港所開的全台灣牧師、傳道師的靈修會時收到的，所
以就將您的來信給弟弟（連德牧師）和葉保進牧師看。我不自禁很
懷念地就又想起那天的事來。

　　弟弟在山地舉行的會議上報告了井上先生的事後，大家都非常
高興，歡欣期待著《蕃社之曙》的再版。我相信上帝若許可，您即
可以前來台灣。我很高興地期待著我們再相會的日子。

　　台灣教會現在也認真著手於傳道的工作。今年十月預定在台南
神學院，將聚集香港、馬來西亞、菲律賓、台灣等四個地區的代表
舉行海外傳道的合議會。我也要參加這個會議，為了台灣教會，我
們必須更加計劃對海外的傳道。是應該抱著大的異象來努力呀。

　　隨信附上我在馬先生家，快樂時光的回憶，請笑納。

　　（下略）

葉保進先生來信

第一封 在台北市台灣神學院

親愛的上帝之忠實僕人井上伊之助先生：

前幾天我向徐謙信先生借閱井上先生的著作《蕃社之曙》，從頭到尾花了約四個小時，一口氣讀完。

確實，在井上先生身上曾經發生過一件很值得同情的歷史性事件，這件事也成為井上先生渡來台灣，奉獻為教化台灣山地原住民來做為「復仇」的動機。您攜家帶眷連續數年在辛苦的山地生活，成為一名獻身的公務員從事教化台灣山地原住民工作，這並不是一般的工作，由於政府理蕃政策的不許可，以致無法自由地教育和傳教，一直忍耐著，期待能夠有實現希望的機會，等待著光輝的未來，然而至終猶未得到那個自由，實在是極為遺憾的事。

可是我確信，即使外人的眼光看不出井上先生的工作事業，但您那愛台灣原住民的熱切禱告，在上帝的面前是已經得蒙垂聽的。

井上先生敬請放心！現在上帝的福音已經在台灣山地到處傳遍了，對於未開化的我們泰雅族能夠接觸到上帝的福音，實在是上帝那無法測度的攝理。現在幾乎所有泰雅族都成為信徒了。特別是花蓮港方面，各村落都建有教會，花蓮縣內泰雅族的村落共廿三個，都在部落的正中央建有教會。信徒人數佔了十分之七。

也曾經是井上先生祈禱場所的新竹嘉樂及其他地方，約有八間教會，目前仍然繼續在傳教。在台北縣、高雄縣、台東縣也各有許多教會，工作尚在持續中。特別是在布農族方面，最近已經將布農語的新約聖經馬太福音翻譯出來。尚未有泰雅語的聖經。據說今年九月左右，從加拿大派來一位宣教師 [穆克禮，Claire McGill]，要來

研究泰雅族的語言和風俗，再著手進行聖經翻譯。可是泰雅族有二種語言，主要的大概會以花蓮方面的語言為中心吧！因為現在那邊信徒比較多。

一九四五年左右，在花蓮港為原住民設立了一所聖經學校 [玉山神學院前身]。已經有三屆的畢業生，正在傳教和牧會上努力工作著，倘若以這情形來進行的話，全部原住民的宗教化，絕對不是困難的。相信上帝一定會施恩在我們身上，幫助我們這可憐的民族。我在每日的祈禱中都記得為井上先生的健康禱告。

我住在花蓮縣卓溪鄉立山村。是泰雅族的一個愚青年。再見！

一九五二年五月廿四日

第二封　在花蓮縣卓溪鄉

敬啟者：

好久沒問安了，深信井上先生一直都很安好吧！去年畢業前收到敬愛的井上先生您的回信，我本來打算馬上回信，卻拖延至今，實在很抱歉。去年六月底我離開台北神學院，被派遣到花蓮縣泰雅教會巡迴傳道，現在在此地努力地工作，因此自由時間很少，以致未能回信，實在很失禮，敬請原諒！

井上先生今日身體仍然健壯，而且合歡方面的話語非常流利，我相信您與台灣原住民有切不斷的情結。我已經將您的事情大概都介紹給花蓮港泰雅的會友們了。在禱告中也一直記著井上先生的事，願照上帝的旨意得以再次與您見面，我一直都這樣地祈禱。

目前泰雅族的聖經翻譯，由一位美國宣教師 [穆克禮] 在研究中，現在他住在西部霧社方面，今年六月左右會來花蓮港學習泰雅

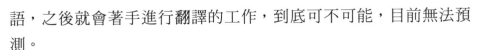

語，之後就會著手進行翻譯的工作，到底可不可能，目前無法預測。

現在 [舊金山] 和平條約已經簽好，上帝若許可，我想去日本深造，雖然自知我非做台灣原住民教會工作不可，因為當今牧者非常少，所以將來在種種事上，我想將會發生困難。

希望井上先生也為我們一起禱告。再見！

一九五三年三月八日

舊名：依樣·但因　改名：葉保進　現年二十八歲的小學徒

第三封　在東京

井上伊之助先生：

感謝前些時候蒙上帝保守，意想不到地在東京青年會館碰到您。對於您那樣真摯地愛我們台灣原住民，連現在都還決心要再去台灣，實在令我十分佩服。井上先生如今年歲已高，我想您要再去台灣大概很困難。只有向上帝祈求。我也會向台灣的同胞以及同道的弟兄姊妹傳達您的事情。現在台灣山地各處已有了教會，並且有許多信徒，敬請放心！我也會不斷地寫信向您報告台灣的傳道狀況和其他事情。即使您不在傳道地，上帝必也垂聽您真心的禱告。您的著書出版，深信在台灣山地有很多人想看，這次我回去時，會詢問大家。（中略）

上個月的第十一號颱風使花蓮山地教會大多數倒塌了，這在《台灣教會公報》上有報導。即使教會被吹倒，可是心裡的教會是絕對不會被吹倒的。（下略）

一九五三年八月十九日

第四封

主內敬愛的井上伊之助先生：

我剛從巡迴傳道回到家就收到您的信。自從我回到台灣至今已收到您四封信了，真謝謝您。我真的很懷念在東京的會面，我常常拿著照片回想那次的會面。

九月中召開了花蓮港太魯閣族任職者的靈修會，我在會中報告了井上伊之助先生的事蹟，每個人都聽得很高興，並且都非常期待您能夠再次來台。可是您住在那麼遠的地方，大家覺得很遺憾。您直到現在還十分關心我們的山地，即使現在年紀已大，身體屢弱，仍然覺悟想再傳道這件事，實在令我們大家感激不盡。

今天收到您的來信和福音新聞，上面記載著您的台灣山地傳道記的報導。特別是您為了父親的遇害，卻無法達成專程來台灣的目的，我想這是您的生涯裡最悲痛的一回事。我在巡迴花蓮港方面的教會時，必定提及這件事，每個人都很驚訝。過去山地人愚蠢的想法，認為獵首是榮譽，現在每當想及此事，在上帝面前，在人面前，都覺得恐懼顫慄不安。人的力量是無法征服人心的，但上帝以祂偉大的力量，引領此等民族走上正當的道路，真是不可思議。

自我從世界基督教教育大會回來台灣後，我到各處去報告大會狀況和日本教會情況，大約不下二十次。有一次遇到一位婦女問我：「葉牧師到日本東京，有沒有被日本人打？因為以前在台灣的日本警察都很可怕。」我回答：「沒有那麼一回事，日本人的信徒也很多。」這裡的人認為日本人都是那麼可怕，有的人還認為日本人是不可能信基督教的呢！

對於住在東京的數位台灣原住民，我感到很遺憾！他們已經變

成日本人了，習慣和從前單純的性格都已經喪失殆盡。若是上帝的旨意，以後這些人也會相信上帝的。

天氣已漸漸涼了，現在日本已經很寒冷了吧！台灣現在還不冷，是日本八月左右的氣候。前些日子我遇到角板山出身的泰雅族人，舊名吼臘・鐵木，改名陳忠輝牧師，我告訴他您的事情，他說：真的很懷念。現在角板山有一位牧師，尖石方面有一位泰雅的牧師，正在做巡迴傳道。

謹代問夫人安。願上帝永遠與您同在！再見！

一九五八年十月六日

第五封

在主內的井上伊之助先生：

數週前我收到您的來信和四張相片，謝謝您！現在仍然很健康吧！日本現在已經很寒冷了吧！台灣到現在仍然不冷，只穿一件襯衫就夠了；只是每次下雨就會寒冷一些，已經是十一月底了。十二月的聖誕節也快到了，現在此地的各教會聖歌隊每天晚上都在練習聖誕節的歌曲，我也因為年末的工作很忙碌，實在很沒有時間。

明年初，也許我會到一個教會去牧會也說不定。以後再通知您，目前正忙著太魯閣語的聖經翻譯，一位北美浸信會派的宣教師專門在做這個工作，有一位太魯閣的牧師在當他的助手，我也在幫忙。大概二年後就可以讀到新約聖經。

另外再寄一張相片給您。是太魯閣的牧師團體照。請代問夫人安！

一九五八年十一月廿八日

橫濱，廣田誠一先生的來信

前些日子蒙您種種照顧，謝謝您。因為時間上的關係，不得不參加總會，在美好的禮拜天愉快地和大家聚會，參加了以丹羽先生為首的青年會，大家一同禱告，得以迎接新希望，更加要謝謝您。當您把我介紹給大家時，我只有感動、感謝流淚，我心裡感到好像見到父親般地說不出話來。我自己已經好幾年沒有回去故國了，在主裡面，大家都是兄弟姊妹，實在很高興。丹羽先生的講道中說到一死的任務、屬靈的工作也就是生命的工作時，我想起自己那可泣的過去，想到從軍隊到戰犯的過程，我領悟到自己對上帝的信仰實在太淺薄，重新回顧信仰。您告訴陳先生，也許我會回去，當時因為是在陳先生面前，所以我不能說實話，事實上我在戰犯當時就已下定決心不再回去了，我想：上帝是無論我在哪裡，靈都不會改變的。若您有什麼事我能夠效勞的話，我會很樂意。只是因為我才剛剛回來，還不能流暢地談話，以後要麻煩您的事還很多，請多包涵。請代向丹羽先生的夫人問安。有空時，希望能再見到兄弟姊妹。

您今後將要在大阪居住，我深信一定會很忙碌，請多加保重！我會為您禱告，並期待我們能再相見。

[井上] 附記：廣田先生是台東縣卑南鄉南王村出身，一九三八年在台灣接受聖教會的赤城四郎牧師的施洗。一九四二年參加太平洋戰爭，轉戰到西貢及其他地方，最後夾在英屬婆羅乃山食人族依班族和美軍之間的苦戰中迎逢戰爭結束，解除武裝。後來被控訴虐待白人俘虜，自指揮官杉野曹長以下十五人，都被宣判死刑，杉野

曹長馬上被執行死刑，剩下的十四個台灣人有一個月緩刑期，在這期間，美國士兵看到廣田先生手中的日語聖經，問他：「你是基督徒嗎？」又質問了許多基督教的事，就突然免除十四個死刑犯的死刑，改為十年的有期徒刑，以戰犯身分被送到拉包爾[1]，在那裡服刑，後來又減刑為七年半，期滿後被送回日本。他在台東時學會做榻榻米，現在在橫濱市內做榻榻米的專業工匠。

1 Rabaul，在巴布新幾內亞附近新不列顛島上。

加拉排診療所舊址，攝於一九九六年十月十一日

左起：陳忠輝牧師夫婦、陳蘭奇牧師夫婦、石井玲子，攝於
一九九六年九月十四日

左起：葉保進、陳忠輝、石井玲子，攝於一九九七年四月卅日

左起：陳忠輝、石井玲子、葉保進、吳義親，攝於一九九七年四月卅日

【年表】

一八八二年	九月二日	出生於高知縣幡多郡西土佐村宇江川崎，為八個月大不足月之早產兒，有生命危險。父名彌之助，母名花。
一八八九年	四月	入小學校，二年級第二學期時跳級念三年級。
★一八九五年		甲午戰爭結束，台灣割讓給日本。
一八九六年	三月	小學高等科畢業。在村裡的岡村醫院擔任事務工作。
一八九七年		成為村役所書記補。
一八九九年		受命為中村町稅務署雇員，第一次聽到宣教師在路邊佈道，也很喜歡聽同地出身的幸德秋水們的社會主義演講。
一九〇〇年	八月	立志要出人頭地，前往東京，從中村到高知，再搭船到神戶。
	八月末	在東京中央郵局匯兌儲蓄課上班，夜間在大成學館就學。
一九〇二年	夏天	在東京衛理公會中央會堂開始基督教慕道。
一九〇三年		開始參加中田重治牧師、笹尾鐵三郎牧師的中央福音傳道館聚會，六月左右從中田牧師受洗，後來才知道，未來的夫人小野千代小姐當年十五歲就在同時同地受洗，八月在神田 YMCA 聽到內村

的演講「聖經的真髓」，以後一直與內村的著書親近。

★一九〇四～一九〇五年　　　日俄戰爭

一九〇五年　　九月二日　　　聖經學院入學，當日在東京有因對和平條約不滿而引起市民燒打事件。

一九〇六年　　七月卅一日　　父親在台灣花蓮港附近的衛里山地管制區被殺害。

一九〇七年　　　　　　　　　從聖經學院畢業，在千葉縣佐倉基督傳道館（Hephzibah Mission）傳道。

一九〇八年　　三月　　　　　與埼玉縣本庄市的小野藤太郎的三女小野千代小姐結婚。

一九〇九年　　四月　　　　　長子出生，命名「獻」。夏天，在銚子的犬吠崎受到對台灣原住民傳道的呼召。

　　　　　　　十二月卅日　　離開佐倉。

一九一〇年　　一月到九月　　在伊豆戶田寶血堂醫院從事醫學研究和實習，秋天起加入鐵道宣道會傳道。

一九一一年　　二月左右　　　辭職鐵道宣道會，做前渡台灣的準備，十月九日從東京出發，在神戶有五天特別佈道會（日本傳道隊），十六日抵達基隆，十二月廿一日以山地事務囑託身分，進入新竹州加拉排部落。

一九一二年　　四月　　　　　妻眷也進入深山。

一九一三年　　四月　　　　　次子正明出生。

★一九一四年	七月	第一次世界大戰開始。
一九一五年	四月	長女路得子出生。
一九一七年	三月	因眼疾、瘧疾、十二指腸蟲病等在台北醫院住院，因須長期住院，被新竹州要求辭職。
	七月廿五日	從基隆出發回國，在九州大學醫院接受治療，十月左右身體復原，為福岡聖公會所聘，一面傳道，一面在神學校進修約一年之久。
★一九一八年	十一月	第一次世界大戰結束。
一九一八年	十二月卅日	舉家前往種子島，以後三年半在那兒傳道。
一九二〇年	三月	三子進出生。
一九二二年	一月	次女知惠子出生，五月得到賀川豐彥的支援，再次前往台灣，將妻眷委託留在神戶，被任命為新竹市日本基督教會的傳道，一面在台灣山地巡迴傳道。
一九二三年	六月上旬	為了與賀川協議而前往神戶，但因為賀川要前往美國等原因，終止台灣山地傳道的協助關係。中旬，家族一起來台灣，在新竹市日本基督教會繼續傳道。
一九二四年		辭去新竹教會工作，在台北繼承經營教友的麵包店，工作就全權交由妻子與員工負責，開始巡迴傳道及《生蕃記》的執筆。

一九二五年	十一月	攜帶《生蕃記》前往東京。
一九二六年	四月	《生蕃記》由警醒社出版，同月從愛宕山發送收音機廣播。在東京滯留期間，接受各教會之邀請傳道。
	四月、五月	回台灣繼續巡迴傳道。
	十二月	進入台中州白毛部落當醫務囑託。
一九二九年	四月左右	因為收音機廣播內容被勒令辭職，回到家眷所在地台北，在總督府文教局學務課上班。
一九三〇年	一月	台灣總督府現地開業醫師檢試合格。
	五月	辭去文教局工作，訪問花蓮港衛里部落，憑弔父親等遭難之遺跡。回台北後，在台北市立傳染病院上班，從事研究與診療工作。
	十月廿五日	發生霧社事件。
	十一月廿五日	四子祐二出生。
★一九三一年		滿州事變。
一九三一年	五月	在台中州眉原原住民部落當醫務囑託，被命令遷居附近的川中島，從事霧社事件原住民三百多人的瘧疾等之治療。
一九三二年	三月末	調職馬烈霸部落（海拔一千八百公尺）。
★一九三二年	三月	滿州國成立。
	十二月	日本退出國際聯盟。

台灣山地
傳道記 上帝在編織

一九三三年	夏	馬烈霸鄰近的暮卡布埔部落傷寒大流行。
一九三六年	六月	調職布農族內茅埔部落。
	八月末	又調職楠仔腳萬部落。
★一九三七年	七月	中日事變開始 [盧溝橋事變]。
一九三七年	八月二日	長女路得子歸天，廿二歲。
	十二月	卅一日至新年期間擔任新高山 [玉山] 遇難學生的救護。
一九三九年	三月	辭去楠仔腳萬部落的工作，在台北市郊外內湖地區開設愛生醫院，致力於自來水道建設。
★一九三九年	九月	第二次世界大戰開始。
一九四一年	四月十八日	就職於台北仁濟院。
★一九四一年	十二月八日	太平洋戰爭開始。[日本偷襲珍珠港]
一九四三年	八月廿五日	次子正明歸天。
一九四四年	春	辭去仁濟院工作，轉到台北松山的養神院工作。
一九四五年	二月	與精神病患者卅名一起疏散到八里庄的樂山園。
★一九四五年	八月十五日	太平洋戰爭結束，日本統治台灣第五十一年。
★一九四五年	八月末	回養神院。十月廿八日養神院由中華民國台灣省衛生局接收，繼續留任。

	十二月十四日	次女知惠子歸天，廿三歲。
一九四六年	四月	辭去養神院工作，接受台灣電力公司及台北縣的聘請，在天送埤發電所開業，於附近傳道。
	十二月十八日	接到歸國命令，已到了羅東車站，聽說命令取消，又再回居所，繼續診療。
一九四七年	四月廿五日	再度接到歸國命令，廿七日從天送埤出發，五月三日到基隆，向一九一一年以來一直居住的台灣告別。
	五月八日	在佐世保上陸，到兵庫縣明石市長子獻的住所卸下行李。五月底在弟弟所經營的大阪曉明館醫院靜養。
	七月中	去北陸訪問旅行。
	八月	上東京訪問教友，在千葉縣傳道。
一九四八年	七月止	在大阪附近傳道。
	八月一日	接受清水市東海大學之囑託聘請，擔任學校衛生及學生指導。
一九四九年	七月	回故鄉傳道。
一九五一年		昇任為清水市東海大學講師，負責講授保健衛生。
一九五三年	十月	去北海道札幌訪問傳道。
一九五四年	六月	右眼白內障開刀。
	九月	因眼疾辭去清水市東海大學工作。

	十一月	搬至大阪府泉北郡信太山聖ヶ丘，致力傳道及設立養老院，並且幫忙附近之八坂町教會，協助設立幼稚園。
一九五六年	六月起	與四子祐二同居於靜岡市。
一九五九年	七月以後	移居大阪府泉北郡八坂町八二七愛鄰兒童園。幫助三子進的幼兒保育事業。
一九六四年		與四子同居於神戶市灘區上野通五丁目。
一九六五年		移居神戶市灘區城之下。
一九六六年	九月二日	歸天，享年八十四歲。
一九七〇年		千代子歸天，享年八十一歲。

日文原著初版後記

/渡邊晉

一九四七年五月三日乘載著井上先生的遣送船從基隆啟航。自從一九一一年以來的，卅五年間，身為「台灣山地傳道之父」，在台灣山地播種福音的種子，也奉獻出全部生涯，可是卻在仍未見到它發芽，就不得不放棄的這件事，對井上先生來說是何等無奈的悲哀呀！他會不會覺得好像以砂砌成的城堡被海浪沖失了呢？

可是，上帝並沒有捨棄，祂將他的勞苦記錄在天上的冊子內，在上帝看來是美好的時機時，讓它實現了發芽、開花、結果。現今在台灣的山地，據報導：光是長老教會就有三二五間，會員數一七四六九人，與其他教會合計起來，有六萬人以上，台灣原住民人口十五萬，信徒就佔了百分之四十。倘若井上先生能夠再去訪問台灣山地的教會及信徒，重走懷念的山路……，啊，我只要這麼想著，就覺得胸口一直火熱起來。

如今「公義的冠冕」已經為他預備好了。身為傳道者，還有什麼比這個更光榮呢？世上的任何一個榮譽也無法和這個相比較。在日本的基督教傳道史上，這是特異的、輝煌的記錄。

井上先生能夠完成這樣輝煌的對上帝和對人的事奉，其中一半是經由夫人的協助，這是不爭的事實。在日夜緊迫的危險中忍耐著不自由，養育子女，支持井上先生工作的信仰和信賴，將與台灣山地教勢的興盛一起被長遠留傳著，我在這本書的「後記」裡，無論如何，都要表示對井上夫人的感謝。

　　井上夫人名叫千代，一八八九年六月二十日在埼玉縣本庄市出生，是小野藤太郎的三女。她有四位哥哥、一位弟弟、二位姊姊，共八位兄弟姐妹，十三歲時，與父母一起遷到東京居住。長兄、次兄成為本庄衛理公會教會的信徒，得與本多庸一、中田重治諸位牧師有親密交往，十五歲時，從中田牧師受洗，小學校畢業後進入駿河台的英語女學校，從二年級起在橫濱的聖經女學校學習，三年級時輟學，成為中田牧師的聖經學院旁聽生，為同學院的入學做準備。

　　當時井上先生是在千葉縣佐倉教會單身傳道，中田牧師為他們介紹。可是井上先生已經決心要去台灣山地傳道，也打算和當地人結婚，但是在中田牧師的催勸下，夫人也表示決意一起去台灣山地，所以才在一九○八年三月十八日，由中田牧師當媒妁，笹尾鐵三郎牧師當司儀，在東京聖經學院舉行結婚典禮。第二年四月一日長子獻出生。井上先生於一九一一年十月，單身渡去台灣，夫人在第二年四月，帶著長子隨後跟去，住在山地的獨棟房子，雖然井上先生常常不在家，可是她很能忍耐，從來沒有妨礙過井上先生的工作。

　　一九一三年四月次子出生，一九一五年四月長女出生，在那連助產士都沒有的深山裡，想必是如何的不安，幸好都是順產。一九一七年七月，井上先生因為生病回到福岡，她也伴隨住在日本國內，一九二二年五月，跟隨丈夫再度渡台，居住在台北。井上先生進入山地，夫人為了五個孩子的教育而留守在台北，擔任盲啞學校宿舍和炊事的監督，在那裡曾經發生一件事。

　　從中國福州來了一位青年，他因天花而失明，夫人很親切地照

顧他，但是那位青年因為和女學生發生不純的關係，她親切地忠告他，卻反遭誤解，青年竟要殺害夫人，引起一場騷動。夫人寫信給出外在山地傳道的井上先生說：「我若被他殺了，也請不要向警察告發他，祈求上帝使他悔改，回到中國去為同胞工作。」最後，這位青年深深地悔改，將心意更新回國去了，由此可見夫人深切的愛及強烈的傳道心。

終戰後，歸國住在清水市，由於糧食缺乏，自己種地瓜或蔬菜，也分給鄰居，大家都很高興。因為東海大學校園有廣闊的空地，她就種植稻米，飼養山羊來擠乳。完全是外行人，卻因為積極熱心所以成功。「連大學的太太都那麼認真地在工作，我們不能輸給她。」如此鼓勵了附近的農家。根據井上先生說：夫人的個性是消極的，聚會時的講道或是在公眾前的禱告，都只在不得已時才做，她常常坐在角落，照顧來參加聚會的大人或小孩子，端茶給人家等，只喜歡工作，所以井上先生說：「她是個工蜂，給我家帶來蜂蜜，在勤勞、無我、無欲等點上，她是我的老師。」夫人的母親個性溫和，很喜歡照顧人，父親則意志堅強，到一九〇二年都還不剃長髮，隨身帶著消防組的徽章，夫人的體內流著雙親的血呢！

傳道者只要是上帝的旨意，都必須超越對妻子或家族的愛情而勇往直前，特別是井上先生所走的路很特殊，夫人是如何勞苦，我們可想而知。並且這是除了天上的報償以外，什麼都沒有的，我私下希望本書的出版能夠讓井上先生忼儷高興。我擔負這個責任，但是我實在不是一個適任者，假使「勉強背負著」這件事是基督徒的道路，我僅有感謝。只是，以文言文寫的文章，要改成口語化的文體是很困難的，也有不適當的東西，我耽心是否有曲解了井上先生

的意思。

　　這個刊行會自從成立以來，正好屆滿一年，實踐了井上先生尚健在時能讓他親眼目睹的願望，實在是感激不盡。在預約期間就有二八〇位人士應募，在此我深深致謝。刊行會的實行委員有石原正一、岩邊賴春、岡藤丑彥、佐佐田良勝、辻宣道、西川勇平、室田有、望月秀二、渡邊晉共九位先生，特別是岡藤先生，他擔任將舊著重新抄寫的麻煩工作。很樂意答應出版的新教出版社，特別是直接在各方面張羅的秋山憲兄先生，我也非常感謝。

　　在這新教宣教第二世紀，正是需要更多人來跟隨井上先生足跡的。

一九六〇年八月三日夜

附錄
井上伊之助先生的生涯

/ 伊藤邦幸

　　前些日子在井上先生的葬禮中，有位先生唁電：「既高貴又有勇氣者，其生命之燈是不會熄滅的。」井上先生之一生，若只用一句話來形容的話，再也沒有任何一句比這個更貼切適當的了。在此，今日何謂高貴？真正的勇氣又是什麼？既高貴又有勇氣的生涯是如何被建造的呢？支撐它的又是什麼？由此來思考井上先生的生涯，我們應該學習些什麼事？

　　戰後的現在，我們居住在打著民主主義旗幟的社會，也許是受了它的影響，靈魂的高貴就是表現在薄弱緣份的精神狀況中，人們對現今孩子的評語是：「太會計較。」「太小市民。」或是：「沒有夢想也沒有希望。」因此是「完全沒有膽識」。為此，大家極力鼓吹膽識的必要性，但是我們若徹底來思考井上先生的生涯時，就知道支撐他的並不是「不屈不撓的膽識」。假使僅是為了自己個人來存小錢或是引起大眾傳播的騷動，單單膽識就能做到。可是，聽從義務之聲音，堅守自己的崗位，對上帝至死盡忠，不是單有膽識就可以達成，還必須要有個人高貴的靈魂才行。這麼說來，高貴的靈魂可以說是心中常將別人事、全體事放在首位來思考，這在現代民主社會中是最欠缺的，但卻是民主主義存在最必要的東西。

　　其次，勇氣又是什麼呢？參照井上先生的生涯來思考看看，一

般所謂勇氣，在積極方面，就是不計較結果的存心。按照常人來說，認為是不可能的，惟恐失敗而後退時，反而要勇敢地去嘗試，將結果完全委託給上帝，這就是勇氣。並且，勇氣在消極方面，就是勇於承擔失敗，即使在慘澹失敗中，仍然能夠持續地熱愛自己的使命，以及加諸自己身上的命運。

回顧井上先生的生涯，我們不容易判斷哪些是出於冷靜的勇氣，哪些又是毫無章法地蠻莽。例如，為了傳道，在法律上、經濟上都沒絲毫保障時，手持單程旅券就前往台灣，令人想起有點像「大和」戰艦的最後出擊。但是老實說，像這種行為，哪個地方是蠻莽，哪個地方是真正的勇敢，並無法單憑結果來論斷，若僅從動機來評價，也不能說是沒有危險的。只是我們必須要注目於井上先生的勇氣，並不是出於一時的興奮，也不是由於集團的氣氛所支撐，更不是一股玉碎的決斷，只可以說是經由多年默默艱忍辛苦，及立定志向有所期待地度過每一天。

井上先生的生涯，除了高貴及勇氣以外，我們還可以學習許多事，隨意挑選幾件打動我心的事情來看看。

我自己，最深受感動的是井上先生對待當地人的態度。井上先生不是去傳達進步的先進文化，也不是為了促進當地人社會的現代化，而是有「從台灣原住民面貌來體認上帝存在」而受差遣的自覺。井上先生廢止了「生蕃」這個名詞，普及「高砂族」這名詞。在民族學上以客觀公平的立場來觀察，從台灣原住民共同體的優良習慣開了自己（以及眾日本人）的眼界，特別是他們的公平分配法、男女之間的平等，堅固純潔的貞操觀念等等，給予極高的評價並且不斷地加以讚揚，那與這樣的自覺是有深切關連的。

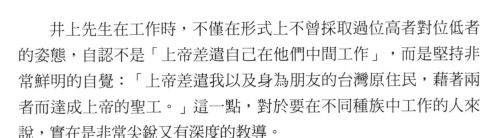

井上先生在工作時，不僅在形式上不曾採取過位高者對位低者的姿態，自認不是「上帝差遣自己在他們中間工作」，而是堅持非常鮮明的自覺：「上帝差遣我以及身為朋友的台灣原住民，藉著兩者而達成上帝的聖工。」這一點，對於要在不同種族中工作的人來說，實在是非常尖銳又有深度的教導。

此外，在回顧井上先生的生涯時，不得不讓人重新思考「傳道」到底是什麼樣的工作。井上先生的生涯很清楚教導我們：對基督徒來說，傳道並不是只傳講聖經，讓人成為信徒。井上先生因為始終無法得到台灣總督府對當地人傳道的許可，自認為虛度光陰，所以有位前輩寫信鼓勵他：「我們真心努力行善，他日必定會結出相應的果實，必須信賴收穫的主而徐徐地一點一滴地來行善。」那個人在井上先生因為生病而被迫從傳道生活暫時休息時，也寫信安慰他：「得知你還在生病的消息，深表同情，這正是你多年來對台灣原住民所付出苦心的結果，你不必感到悲傷，因為我們活在這世上，倘若能夠與基督一同受苦，這是至高的幸福。（中略）休息十年，若得一年的善工就夠了。」[這是內村鑑三先生在一九一七年九月二日寫給井上先生的信內容。]

井上先生的生涯確實是忍耐又等待的生涯。卅五年之久，等待又期待，至終甚至未能得到為一個信徒施洗的喜樂而離開台灣。但是若認真來思考，像這樣等待又期待，也就是不可能期待時仍舊忍耐期待時機，惟有看不見仍然堅信的人才可能做到這樣的工夫。意思就是：最偉大的傳道不是站著等待的信仰見證，而是堅忍的期待。

井上先生生涯的特色之一是，若以世俗眼光來看，他完全沒有

獲得精英訓練課程，甚至缺少正規學習的機會。比如在神學院約只唸二年書（之後一邊傳道再進修一年），而醫術上亦無醫學院學習的機會，直到四十八歲才終於通過殖民地開業醫師合格檢驗考試。在性格上，他不屬於才華洋溢或圓融無礙的高手型，也不是那種能夠從逆境出身而大事成功的偉大傳奇人物。一言以蔽之，井上先生並不是所謂的有才能人士。例如他與台灣總督府之間的交涉，在今日看來完全是不得要領，怪不得會落得束手無策的地步。這點，相較於史懷哲先生敏銳的觀察力及圓熟的人際關係，井上先生顯然略遜數籌了。

　　但是假使一個人太能幹的話，將會突顯那人的偉大，導致忽略掉他背後的事物。相對的，當一個人無能時，他的所作所為將不會被留意，反而會彰顯推動他成事的那位主宰。所以，不是因為他的才華，而是由於他的無能，就算是凡夫俗子之眼也看得出，推動他、擺佈他的，不是他的思想，而是超越他全然不同的存在。

　　雖然有道「上帝的能力是在人的軟弱上顯現出來」。在這點上，領受二兩銀子的比領受十兩銀子的，在上帝看來是更有用的僕人，井上先生的生涯，正是把這個信息做了最佳的詮釋。

　　在這世間，與人的無能關連而深入思考時，就是靈魂的偉大與失敗之間的關係。大抵人在失敗時，回過頭來仔細思考時，常常是指責人的缺點或是欠缺適當周密的考量。在井上先生身上，我雖然沒有充分的資料去得知壯年時期的井上先生是怎樣的人，但是卻能指出偏激、心胸狹窄、頑固、不通人情、獨善、缺乏協調性等等失敗的原因。相對的，所謂的偉大成功的背後，常是指人的卓越性和細密的思考以及能言善道，因此才會有許多人類的奸詐臭味存在。

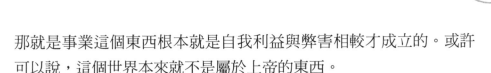

那就是事業這個東西根本就是自我利益與弊害相較才成立的。或許可以說，這個世界本來就不是屬於上帝的東西。

「以長遠的眼光來看，這世間的評論竟是意外的公平。」這似乎是一句很有智慧的言詞，可是，即使是遲來比較公正的世間評論，也是傾向於成功上的偉大。就好似伴隨諾貝爾獎的榮譽那般。但是靈魂真正的偉大，不正是在失敗時顯露出對上主的信心嗎？因此，相信上帝的人在這世間，應該是不畏失敗，不從失敗逃逸，並且不沉溺於失敗，在失敗中亦不墮於自嘲，始終不轉嫁周圍的責任化為非難攻擊，以世俗的言詞來說，就是「貧亦不鈍」，其真正的意思就是：「勇於承擔失敗」。

進一步說，世人在這世界會失敗的原因正是真誠，這卻是支撐井上先生的人生價值觀之根本。

不管怎樣，針對失敗生涯與人生意義的關聯上，井上先生的生涯教導我們的地方真是意義無窮。

當我們回顧井上先生的一生時，雖然有種種想法，但是常常會歸諸於一個焦點上，那是我們隨時都可以聽到的概括整體或細節的一個基本調，即：人真正的價值絕對不是由於缺點很少（也就是溫厚篤實的圓滿人格），或是有多大的優點、才能、業績等來決定的，倒不如說，他是以什麼為敵，如何地奮鬥爭戰，如何地熱愛著什麼，也就是說他為了那個緣故而投入了自己的全部生涯，有明確的動機及目標引導著他的一生。井上先生的生涯，非常鮮明地教導我們，人生的價值並非他「做」了什麼，而是他「是」什麼。這樣的生命實例，在日本歷史當中可以說極為稀罕。

我自己首次見到井上先生，是他為眼疾而隱居大阪後的時期，

不久之後他又患了腦軟化症，進而連從床上起來都不能，意識亦時常不清，說話常常不合條理。在那般情況下，他出口的話常常是大體相同的事，其中之一是如何在台灣好好地種植樟腦樹這件事。現在樟腦已經可以很便宜地化學合成了，井上先生的耽心實在是太落伍不合時尚了，可是這件事卻令我深刻地受到感動。

有時候他會說今天可以撒手去世，接著下一句就吟「與太魯閣的子孫看十誡」的詞讓我聽。太魯閣是殺害井上先生之父親的種族，那個種族出身的一位青年，戰後偶然來日本訪問過井上先生，井上先生與他一起去看電影「十誡」。井上先生感到那件事就是上帝垂聽了自己生涯的願望及夢想的記號，將那喜悅做成歌詞來吟。（因此，那詩詞實際上是一九五八年左右的作品，可是因著記憶的障礙，井上先生自認為是那天才完成的。）

此外，在去世前一週左右，我去拜訪他時，他一直說：「Tminun Utux」那是「上帝在編織」的意思。亦即人的一生就像在織布一般，上帝業已將井上先生的一生編織完成的感慨。井上先生年輕時曾經說過：即使是粗陋的東西，也要「織完才死」。在他接近離世的日子，道出上帝垂聽了他年輕時的願望。

大部分人在自己將死前最關心哪些事，說哪些話，大多數都是那個人的人格特徵，當然，為了老年失智症的緣故，晚年的言行會與壯年時的思想及信仰相背，但是面臨死亡時，人常常是意識範圍越縮越小，那個人的人格才會更清晰。

中日戰爭以來，我們周遭有許多人以「死也要當護國鬼」「以死報皇恩」的心態留下遺書或決心，但是在「戰歿學生遺書」中有篇「烏鴉上尉的祈禱」留下來：「希望這個世界早日成為可以不去

殺害自己無法憎恨之仇敵的和平世界，為此，即使讓我粉身碎骨也在所不惜。」也許因為有歷史性的事件發生過，在我國國民的歷史中像這樣祈望異族的幸福，奉獻其生涯，即使臨終前仍然耽憂異族的前途，為了其道德之健全發展及拯救靈魂而祈禱的人，據我所知是非常地稀少。古時候，當佛教傳到日本島時，像那樣偉大的靈魂也許不少吧！鑑真和尚是其中最傑出的一個例子！及至近代基督教宣教師渡來日本，不難想像也有在迫害中將其生命犧牲的，他最後的祈禱是拯救這個島上的國民。在明治時代後渡來這個國家，將其生涯全獻給這個島而鞠躬盡瘁的宣教師們中，持同樣的祈禱而長眠者亦不少吧！可是，這些都是從外國前來我國的人士，而非從我國出去的。因此像井上伊之助先生這般，在日本歷史上完全是個嶄新形態的精神。故此，若說日本民族的精神透過井上先生的生涯又跨越了一步，絕非過言。

加上，當井上先生結束極端的勞苦及忍耐的生涯時，在瘦削萎縮的肉體和明顯健忘的意識中，井上先生想起那位在他年輕時使他立志的那一位上主，藉由他的生涯，達成超過他自己本身所期望的聖業，以致於不得不從心中歌詠讚美。事實上，我們不得不說，在這世上，在這絲毫也看不起眼的肉體中，有位我們祖先以前不知道的偉大靈魂住宿著。

最後，我來總括井上先生的生涯意義：

第一、在客觀上，我必須評價井上先生的生涯是緩和中國人（包含台灣人）和日本人之間仇怨的祭品。

帝國主義下的殖民地政策再怎麼合理地執行，其本質仍是取向於徹底剝削的，台灣當然亦不例外，我們的前輩在台灣，經由合法

的暴力奪取了他們的土地、奪取財富、他們的傳統、言語、思想及靈魂。即使瓜分時，也是完全不在乎對他們的公義之感覺。對於那樣深受創痛的人民——住在那土地上的基督徒——來說，最大的痛苦是什麼呢？不就是無法消除對日本人的仇恨及憎惡、不信任和侮蔑嗎？但若他們知道，在此有一位日本人被真實的愛所激勵，將其生涯完全奉獻為緩和仇怨的祭品時，或許可以解開仇怨及和解的結也說不定呢！

第二、我們來回顧一下井上先生生涯的主觀面，在井上先生過世時，《朝日新聞》的天聲人語評論井上先生的生涯為：「對於未開化地帶的奉獻活動先驅者。」總結是：「在日本也有史懷哲博士存在過。」這也是另外一種評價方式吧！但是當我們回顧井上先生的生涯時，非常清楚的是，井上先生渡去台灣的第一目的並不是為了對未開化地帶的奉獻，也不是為了海外醫療協助（當然在活動途上，也期待達成現代弘法大師的工作效果），並且在主觀上，其主要目的也不是要為殖民者日本人贖罪。井上先生渡台的目的僅有一個，就是為了在台灣山地揭揚基督福音的旗幟。在這一點上，正如李文斯敦與史懷哲的不同，我們必須說，井上伊之助與史懷哲也並不相同，井上先生不是一位思考的人，也不是優秀的藝術家，只是做為一個祈禱者，一直為台灣民族祈禱，抱著拚死也要以祈禱的姿態來死，忍耐著疾病及貧苦的。

井上先生在台灣原住民工作中的所有作為，即使看起來是符合人道主義的，那不過是井上先生的信仰結果，井上伊之助先生本身所闡釋的人道主義，其實是基督教的果實，不是根。

當然，單從人道主義的立場來看的話，對於未開發地帶的奉獻

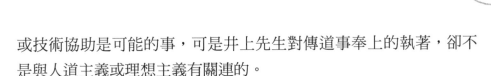

或技術協助是可能的事，可是井上先生對傳道事奉上的執著，卻不是與人道主義或理想主義有關連的。

　　井上先生的渡台動機，以及引導他生涯的照明星，是極其單純明白的，那就是「做為基督徒來報父仇」這件事。假如以冷靜的眼光來評論，就是接受基督差遣者的瘋狂吧！那個瘋狂的內容，雖然很困難以言語來表達，但是若勇敢地來嘗試時，井上先生的生涯形成可以說是「為台灣原住民來活並且祈禱，基督的愛迫使他一面勞苦一面等待」。在井上先生自己的詩詞，

　　「身體、靈魂全獻給上帝，如同我已死，
　　活著為祂工作的不再是我自己。」

　　這雖然是在夢中所得到的東西，但是我們可以十分明確知道，在井上先生身上動工的那一位，是超越人的意志和思想的。我們若忽略了這一點，等於是失去了井上先生生涯的核心意義。

（一九六六年七月十四日，台灣田野工作（Field Work）出發前，在京都美極教會獎勵祈禱會上的致詞，主要引用了井上伊之助著《台灣山地傳道記》，一九六〇年新教出版社出版。）

日文原著再版後記

/ 井上進

今 [一九九六] 年是父親井上伊之助逝世屆滿三十年。在他生前，這世間完全無視於他的存在，可是在他去世後，就我所知，已經出版了三本關於父親的書。

田中鐵雄著　一九八六年
《戲曲──傳道──井上伊之助傳》（青木書店）
文化廳戲曲甄選佳作入選作品

著者雖不是基督徒，偶然間卻在書店看到《台灣山地傳道記》而被吸引，因他自己也曾經在台灣居住過，所以十分仔細閱讀，認為要將父親的生涯以戲曲演出，非獨力來做不可，可是過了二十年仍未寫出，偶然又遇失業，才得以寫完這戲曲，二年後參加甄選。太多的偶然一再發生，讓他完成這個作品，與原著不同的，這個戲曲卻非常吸引人地展開父親的生涯，是非常優秀的作品。

伊藤邦幸著　一九八八年
《海外醫療協力論》之一部：〈井上伊之助的生涯〉
（基督教圖書出版社）

伊藤先生是內村鑑三的學生，出身於京都大學醫學部，決意終生奉獻海外醫療協助，實際上他們伉儷已在尼泊爾的歐卡多溫歌的宣教機構 [United Mission Nepal, UMN] 共同參與協助海外醫療多

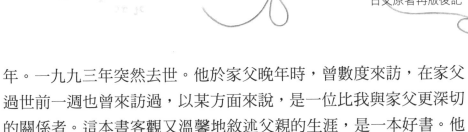

年。一九九三年突然去世。他於家父晚年時，曾數度來訪，在家父過世前一週也曾來訪過，以某方面來說，是一位比我與家父更深切的關係者。這本書客觀又溫馨地敘述父親的生涯，是一本好書。他認為父親事業的失敗，是由於父親性格的缺點所致，我覺得實在是一針見血。並且我知道我有遺傳到那個缺點，常常自加反省。

石倉啟一著
〈井上伊之助──終生獻身於台灣原住民的愛心者〉
《內村鑑三的繼承者們》一九九五年（教文館）刊載

　　石倉啟一先生本來是三菱商事職員，在無教會的一個集會當領導者，他親自到父親生涯去過的地方，並且訪問相關者，將父親的生涯十分詳細地分析研究，是一本好書。

　　值此再版之際，上記伊藤邦幸先生的文章，在附錄中轉載，對於原出版者基督教圖書出版社的岡野行雄先生的好意，由衷地感謝。

　　我已經七十六歲了，去年一整年都在住院療養，妻嘉津子也已六十九歲，大手術後，不得不住院八個月，雖然曾經有段期間夫婦同時住院，現在二人都已經出院，正在復健中。想到我們在這世間剩餘的日子不多，為了盡最後的孝道，極想舉行家父逝世卅週年的紀念會，可是以我們目前的狀況，實在沒有體力也沒有力氣，此次，將父親的書《台灣山地傳道記》再版，贈送給沒有收到賀年卡的人、在我們住院期間照顧我們的人，以及其他親戚朋友。盼望對於上了年紀的人，能夠再次喚起對父親的回憶，而對年輕人來說，

　則希望能夠讓他們知道，在那個時代有這樣的日本人存在過。

　對於賜與序文、常年以來是父親理解者的石原正一先生（清水市江尻東一之一之十六），他對我這突然又無理的要求，欣快地答應，實在十分感謝。

　此外，關於出現在《生蕃記》《蕃社之曙》文中所使用的「蕃」字等，這種差別用語，在著者本身的「代替序文」中已有敘述。但此次再版，仍做為執筆當時的文獻而維持原狀。

　值此出版之際，對新教出版社秋山憲兄先生之懇切協助及不吝賜教，謹此致謝。

井上進
一九九六年九月

漢譯版初版跋

/ 張立夫

　　上主的教會總是生活在慶典的氣氛中，因為上主的恩典時時與祂的子民同在。一九九五年台灣教會慶祝（新教）福音來台一三〇週年，一九六六年是玉山神學院開創五十週年慶，同年也是彰化基督教醫院慶祝百週年，在許多具歷史意義的慶典中，原住民傳道的進展及成就，曾被喻為「二十世紀的奇蹟」，然而，這個事蹟的背後卻有非常豐富的故事。

　　原本自一八九五年日本據台以來，為征服原住民部落，積極的用日本語文、文化、宗教來同化之，而宗教同化的手段，就是以日本神道教，主張效忠皇室、祭拜皇室祖先等習俗推廣到原住民的部落中，將神社普遍設置於各地，強迫神社參拜等效忠皇室的行為。至於其他宗教之宣道，則一概禁止之。在日本據台的五十年間，這個政策被嚴格地執行著。

　　但是，在這樣的情形中，基督福音的溫床還是漸漸的形成了，等待那二十世紀奇蹟的發動。其中，井上伊之助先生的一生就是其中的一個例子。井上伊之助先生的父親是日本駐台灣樟腦會社（公司）的職員，於一九〇六年在太魯閣被原住民殺害，井上先生是基督徒，他決心用基督的精神，以德報怨，來洗雪他父親慘死之憾，於是在日本經過神學校訓練之後，傳道工作一年，又進入醫院習醫受造就，於一九一一年來台灣，經由醫療工作來傳基督的福音，曾先後在新竹山地醫療站、霧社山地醫療站、羅東山地醫療站等地工

作。他的工作實在是宣道，雖然他常以自己未曾帶領人信主入教會而深感遺憾，然而與他接觸過的原住民，無不對他尊敬備至，認為他是基督真實門徒的好榜樣，也因為如此，原住民宣教的溫床逐漸形成，以致於倍加運動（PKU，一九五六至一九六五年）期間，原住民宣教的進展能突飛猛進。

井上伊之助先生以其個人單薄的力量，卻能為宣教事工做這麼偉大的預備工作，他卻沒有獨自居功，因為他深信，這一切乃是上主恩典的安排，當他走完一生的路途，還遺志要人將陪伴他長眠的墓碑其上之墓誌銘刻上「トミヌン・ウットフ」（Tminun Utux 泰雅語），意即「上帝在編織」，這樣一位偉人的一生，正是由於體認上主攝理的奧秘而發出感人的生命力所致。

台灣教會公報社張立夫

一九九七年二月

譯註

壹、說明

1. 時人專有名詞或慣用詞彙維持原稱呼，例如蕃語講習所、蕃童教育所、蕃人療養所、愛國婦人會、理蕃課、蕃務總長、樟腦會社等，此係還原歷史事實，無任何特殊之意。

2. 「蕃人」譯為台灣原住民，「蕃界、蕃地」譯為山地管制區，「社、蕃社」譯為部落，「氏」譯為先生或省略。

3. 井上伊之助稱的「泰雅族」，部份為今「賽德克族」，例如霧社地區。除部份以註腳標示之外，其他維持日文原著寫法。

4. 日文原著多處採取日記式的寫法，故加入年代以利掌握時序。

5. 日文書刊均譯為中文，例如『聖書の研究』作《聖經之研究》。

6. 日文原著稱「神」者，若指涉基督教則譯為「上帝」，序文亦同。

7. 原住民語ウットフ（Utux），一般情況譯為「神靈」，若指涉基督教則譯為「上帝」。

8. 原住民人名用漢字拼音，其他器物名稱用羅馬拼音。

9. 日本幣值一圓等於一百錢，當時的一圓的購買力，約可比擬現在新台幣七百至一千元。當時台灣基督長老教會傳教師每月謝禮約卅圓，屬中等待遇，關於日治時期台灣物價水準概況可參考陳柔縉著，《囍事台灣》（台北：開啟文化，2009），頁 212-217。

10. 書名號為《》，篇名號為〈〉，作者補充為小括號（），譯者註解為中括號 []，較長的說明以註腳呈現，年月日和數字均作漢字。

貳、地名（校註感謝 Taya Yumin 傳道、Yumas Walis 牧師、Sani Islituan 牧師及 Banitul 牧師。）

多次出現之古地名或部落，今昔稱謂譯註於此，文中不再說明。

桃園：大嵙崁 [大溪]

新竹：加拉排 [嘉樂]，樹杞林 [竹東]，拉號 [煤源]，天打那 [錦屏]，巴克巴克窪 [大霸尖山]，西拉克 [水田]，馬里光 [玉峰]，西巴濟 [五峰]，基那吉 [秀巒]，斯卡路 [石鹿]

南投：馬烈霸 [新望洋]，白路莫安 [大洋]，白狗 [瑞岩]，楠仔腳萬 [久美、羅娜、望美]，暮卡布埔 [翠巒舊社]，內茅埔 [明德]

宜蘭：留茂安 [茂安]，隆必亞 [崙埤]，比雅南 [南山]

花蓮：衛里 [佳民]，玻士岸 [富世]

叁、人名

本書常見、重要或僅列姓氏者，經查考後譯註於此，文中不再說明。人名依姓氏筆劃排序之，基督徒則先以教派區分。

一、台灣人

高俊明（1929-）：台灣基督長老教會牧師、玉山神學院前院長、長老教會總會前總幹事，於「美麗島事件」時因協助藏匿政治犯施明德先生而被判刑入獄，為義受苦。

樂信‧瓦旦（1899-1954）：泰雅族人，醫師，日名渡井三郎，漢名林瑞昌，曾任第一屆台灣省臨時省議會議員，因主張「高砂族自治」被政府以「高山族匪諜案」罪名下獄，於 1954 年遭處決。

哈勇‧吳松（1900-1960）：泰雅族人，醫師，日名宇都木一郎，漢名高啟順。亦為日治時代少數接受醫學教育的原住民之一。戰

後曾任衛生所主任及角板（現復興）鄉長。

二、日本人
（一）教會相關人士
1. 日本基督徒領袖

內村鑑三（1861-1930）：在札幌農學校接觸基督教，人道和平主義者，創立無教會主義，軍國主義期間曾因拒絕向明治天皇敬禮而得罪當局。

植村正久（1858-1925）：日本「新正統神學」代表人物，東京神學社創辦人，曾服務於東京富士見町教會，且數度來台演講，對日本的社會問題及在台統治政策具批判性。

賀川豐彥（1888-1960）：兵庫縣神戶人，因在貧民區的工作而被尊為「聖者」，是日本著名社會運動家及社會福音的踐行者，曾數度來台演講，也數度獲得諾貝爾獎提名。

2. 日本基督教會

大谷虞（1869-1919）：牧師，也曾任東京神學社教授，曾任台北日本基督教會（現今台北濟南教會）第二任牧師。

上與二郎（1884-1984）：牧師，曾任台北日本基督教會第四任牧師，也是日本基督教會台灣中會後期負責人，二次大戰末期時局緊張，曾擔任台北神學校（現今台灣神學院）理事長及兼任院長，並擔任「日本基督教台灣教團」統理者，扮演幹旋者角色。

子島友雄：牧師，曾於台北服務。

伊江朝貞（1875-1951）：牧師，曾於高屏服務。

光小太郎：牧師，曾短期任台北日本基督教會第三任牧師。

河合龜輔（1876-1933）：牧師，曾任台北日本基督教會第一任牧師，也是日本基督教會台灣中會早期負責人。

長尾半平（1865-1936）：曾任台灣總督府土木技師，也曾任台北日本基督教會長老。

3. 日本聖公會

大橋麟太郎（1867-1947）：牧師，曾於台北服務。

元田作之進（1862-1928）：牧師，曾任台南聖公會監督、東京立教大學校長

木村光二（生卒年不詳）：牧師，曾於台中服務。

牛島惣太郎（1867-1944）：牧師，曾於台北服務。

吉本秀正（生卒年不詳）：牧師，曾於台北服務。

名出保太郎（1865-1945）：日本首位聖公會主教。

4. 日本天主教

西六左衛門：道明會修士，教名 Rev. Thomas de San Jacito, O.P.

佐藤園永：道明會修士，教名 Rev. Santiago de Santa Maria, O.P.

井上伊之助原書誤植為 Sato Tomonaga（佐藤友永），正確拼音應為 Sato Sononaga

5. 其他

千葉勇五郎（1870-1946）：教會連盟派遣之台灣傳道者。

中田重治（1870-1939）：牧師，日本聖潔教會創始者。

中田羽後（1896-1974）：秋田縣北秋田郡人，基督徒，曾至台灣傳教。

平出慶一（1882-1975）：長野縣人，內村鑑三之同工。

本多庸一（1849-1912）：牧師、教育家、政治家。

矢內原忠雄（1893-1961）：四國愛媛縣人，經濟學者，專研殖民

政策，對日本在台施政多所批評，曾任東京大學校長，終身信奉無教會主義，也是和平主義者。

石川啄木（1886-1912）：岩手縣盛岡市人，詩人。

石河光哉（1894-1979）：長崎縣人，畢業於東京美術學校，藝術家，作品曾入選「帝展」。

西村清雄（1871-1964）：愛媛縣松山市人，音樂家。

西阪保治（1883-1970）：大阪府人，井上伊之助舊識。

沖野岩三郎（1876-1956）：和歌山縣人，基督徒，井上伊之助舊識。

松野菊太郎（1868-1952）：教會連盟派遣之台灣傳道者。

金森通倫（1857-1945）：熊本縣玉名市人，基督徒，曾至台灣傳教。

政池仁（1900-1985）：愛知縣人，曾任《聖書の日本》主編，堅信和平主義，終身信奉無教會主義。

秋山憲兄（1917-2013）：札幌人，曾任新教出版社社長。

畔上賢造（1884-1938）：長野縣上田市人，內村鑑三之同工。

留岡幸助（1864-1934）：高梁教會信徒，曾任東京家庭學校校長。

塚本虎二（1885-1973）：福岡縣朝倉市人，井上伊之助舊識。

新渡戶稻造（1862-1933）：岩手縣盛岡市人，農學家與教育家，又稱台灣糖業之父，其著作《武士道》對後代影響深遠。

笹尾鐵三郎（1868-1914）：牧師，大眾傳道者。

（二）歷史人物或公職者

乃木希典：日本陸軍大將，曾任台灣第三任總督。

下村宏：曾任台灣總督府民政長官。

丸田儀三郎：曾任警部。

田淵藤生：曾任鐵道部工務課技手。

伊藤兼吉：曾任理蕃課長。

吉田垣藏：兵庫縣人，一九〇二年來台，一九二二年在台北市開設
　　吉田醫院。

江口良三郎：曾任理蕃課長。

佐塚愛祐：曾任霧社分室主任，警部。

角源泉：曾任土木局長。

西鄉隆盛：明治維新志士，弟西鄉從道曾涉及牡丹社事件，兄弟並
　　稱大小西鄉。

赤木榮太郎：曾任新竹廳公醫。

河南宏：曾任台北高等學校教授。

芳賀鍬五郎：曾任園藝試驗場場長。

長谷川照雄：曾任角板山主任警部長。

後藤文夫：曾任台灣總督府總務長官。

秩父宮雍仁親王：大正天皇二子，一九二五年訪台。

高木友枝：曾任中央研究所所長。

野口要一：曾任台中州警部。

森丑之助：曾任陸軍通譯，人類學家，被稱為台灣原住民研究先驅。

新元鹿之助：曾任鐵道部長。

緒方正基：曾任新竹廳樹杞林支廳警部。

稻垣藤兵衛：京都同志社大學畢，人道主義者，曾在台北辦稻江義
　　塾、人類之家等社會事業。

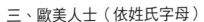

三、歐美人士（依姓氏字母）

巴切勒（Batchelor, John, 1855-1944）：英國宣教師，曾於北海道服務。

文安（Butler, Annie E.）：英國長老教會女宣教師（當時稱「姑娘」），1885-1924 在台服務。

甘為霖（Campbell, William, 1841-1921）：英國長老教會宣教師，荷蘭學研究始祖，也是台語及台灣文史專家，在台南創辦台灣第一所盲人學校——訓瞽堂。

孫雅各（Dickson, James, 1900-1967）：美國人，加拿大長老教會宣教師，長時間擔任台灣神學院院長，也是戰後原住民宣教的最重要功臣。

戴仁壽（Gushue-Taylor, George, 1882-1954）：加拿大人，先後擔任英國及加拿大長老教會宣教師、醫師，創辦八里樂山園，一生以「不離不棄」的精神服務癩病患者。

賈德遜夫婦（Judson, Adoniram & Anna, 1788-1850）美國宣教師，曾於緬甸服務。

李文斯敦（Livingstone, David, 1813-1873）：英國宣教師、探險家，曾於非洲服務。

馬偕（Mackay, George Leslie, 1844-1901）：加拿大長老教會宣教師，是北台灣最重要的宣教開拓者，創辦淡江中學及台灣神學院，馬偕紀念醫院以他為名。

劉忠堅（MacLeod, Duncan, 1872-1957）：加拿大長老教會宣教師，著名佈道家，曾任台北神學校校長，後也曾任教於台南神學校並擔任校長。

慕安德烈（Murray, Andrew, 1828-1917）：南非基督教牧師、靈修作
家。

桑基（Sankey, Ira David, 1840-1908）：聖樂家，曾長期協助佈道家
慕迪（Dwight L. Moody）。

華盛頓（Washington, Booker Taliaferro, 1856-1915）：美國黑人教育
家，是黑人政治運動及種族和平主義的重要代言人。

參考資料

- 鄭連明主編《台灣基督長老教會百年史》（台北：台灣基督長老
教會總會 ,1965）。

- Otness, Harold M. *One Thousand Westerners in Taiwan, to 1945: A Biographical and Bibliographical Dictionary.* Taipei: Institute of Taiwan History, preparatory Office, Academia Sinica, 1999.

- 高井ヘラー由紀，〈日本統治下における日本人プロテスタント
教　史研究（1895-1945 年）〉（東京：國際基督教大學大學院比
較文化研究科博士論文，2003）。

- 編集委員　，《キリスト教人名辞典》（東京：日本基督教団，
1986）。

- 編集委員　，《日本キリスト教歷史大事典》（東京：教文館，
1988）。

- 賴永祥長老史料庫 http://www.laijohn.com/

- 台灣人物誌資料庫 http://tbmc.ncl.edu.tw:8080/whos2app/start.htm

- 台灣總督府職員錄資料庫 http://who.ith.sinica.edu.tw/mpView.action

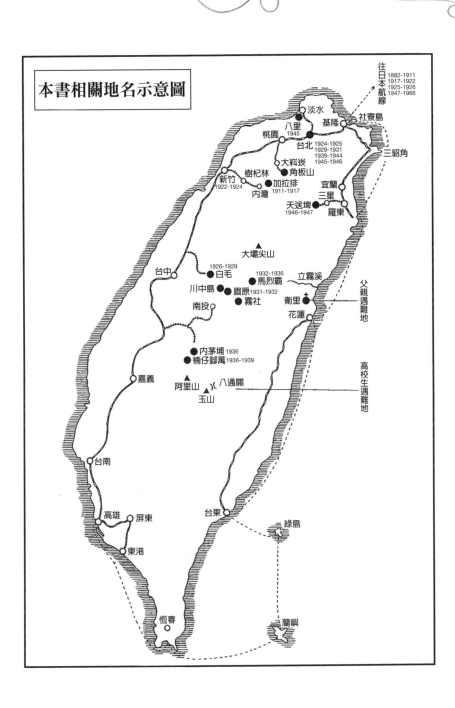

本書相關地名示意圖

淡水
八里
1945
桃園
基隆
社寮島
台北 1924-1925 1929-1931 1939-1944 1945-1946
三貂角
大嵙崁
角板山
樹杞林
新竹 1922-1924
加拉排 1911-1917
內灣
宜蘭
三星
天送埤 1946-1947
羅東

大壩尖山

台中
白毛 1926-1929
1932-1936 馬烈霸
立霧溪
川中島
眉原 1931-1932
霧社
衛里
父親遇難地
南投
花蓮

內茅埔 1936
楠仔腳萬 1936-1939

嘉義
阿里山
八通關
玉山
高校生遇難地

台南

高雄
屏東
東港

台東
綠島

恆春
蘭嶼

人名索引

國家圖書館出版品預行編目（CIP）資料

臺灣山地傳道記 / 井上伊之助原著；石井玲子漢譯
-- 初版 .-- 臺北市：前衛, 2016.07
360 面；17x23 公分

ISBN 978-957-801-794-8(平裝)

1. 傳教史 2. 日據時期 3. 臺灣

248.33　　　　　　　　　　　105002374

台灣山地傳道記：上帝在編織

原　　著	井上伊之助
漢　　譯	石井玲子
校　　註	鄭仰恩、盧啟明
文字編輯	陳淑燕、盧啟明
美術編輯	主意文創
出 版 者	前衛出版社
	10468 台北市中山區農安街 153 號 4 樓之 3
	Tel：02-2586-5708　Fax：02-2586-3758
	郵撥帳號：05625551
	e-mail：a4791@ms15.hinet.net
	http://www.avanguard.com.tw
出版總監	林文欽
法律顧問	南國春秋法律事務所林峰正律師
總 經 銷	紅螞蟻圖書有限公司
	台北市內湖舊宗路二段 121 巷 19 號
	Tel：02-2795-3656　Fax：02-2795-4100
出版日期	2016 年 7 月　初版一刷
定　　價	新台幣 400 元

───────────────────────────────

* 請上「前衛出版社」臉書專頁按讚，獲得更多書籍、活動資訊
　http://www.facebook.com/AVANGUARDTaiwan